精品课程新形态教材
安徽省一流教材建设项目成果

U0662698

# 服务营销

FUWU
YINGXIAO

主编 汪 婷 余呈先

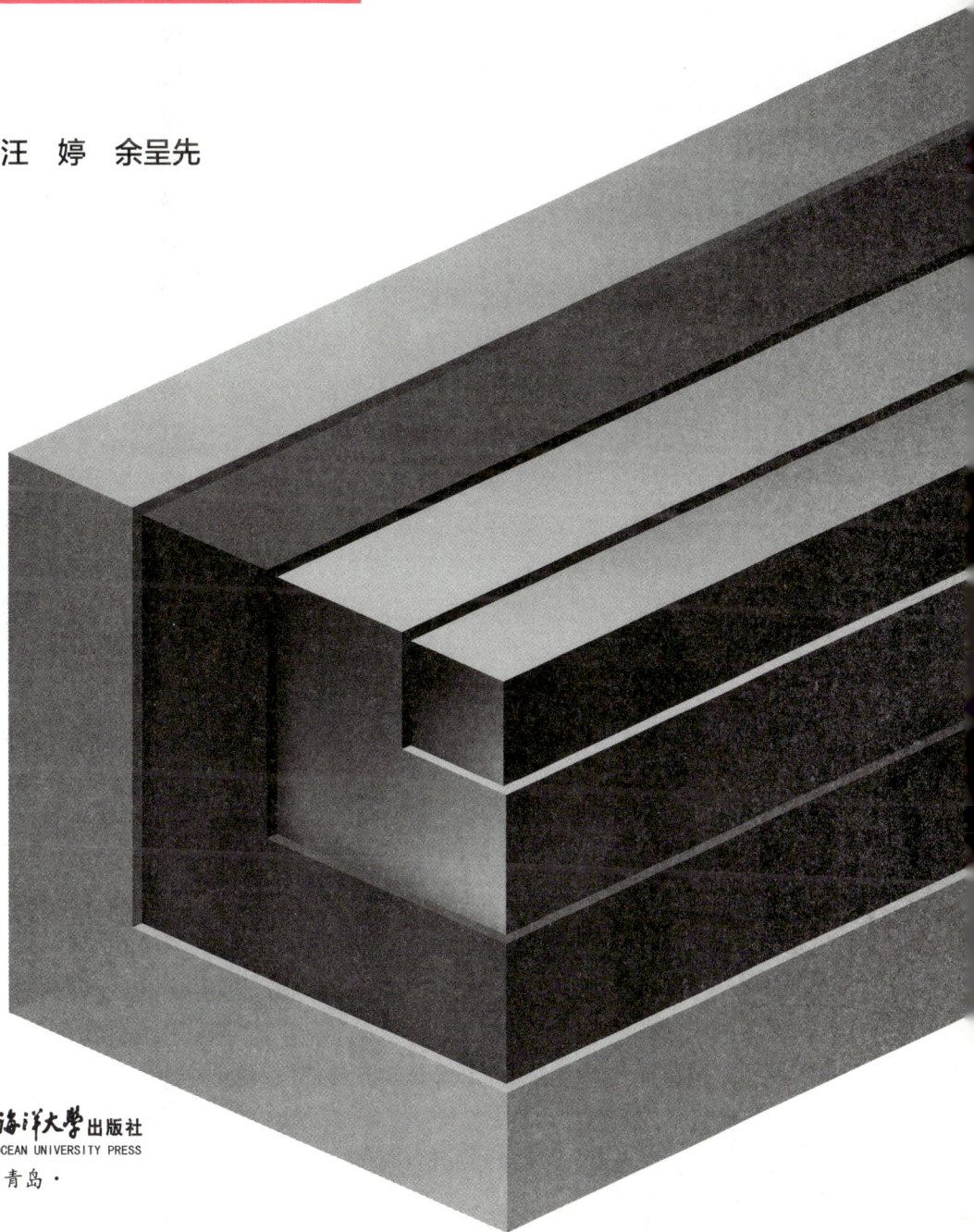

中国海洋大学出版社
CHINA OCEAN UNIVERSITY PRESS

· 青岛 ·

图书在版编目（CIP）数据

服务营销／汪婷，余呈先主编 . —青岛：中国海洋大学出
版社，2022.6（2025.7 重印）
ISBN 978-7-5670-3194-4

Ⅰ.①服… Ⅱ.①汪… ②余… Ⅲ.①服务营销-研究 Ⅳ.
①F713.50

中国版本图书馆 CIP 数据核字（2022）第 105332 号

| | | | | |
|---|---|---|---|---|
| **出版发行** | 中国海洋大学出版社 | | | |
| **社　　址** | 青岛市香港东路 23 号 | | **邮政编码** | 266071 |
| **出 版 人** | 杨立敏 | | | |
| **网　　址** | http://pub.ouc.edu.cn/ | | | |
| **电子信箱** | 2880524430@qq.com | | | |
| **订购电话** | 010-82477073（传真） | | **电　　话** | 0532-85902349 |
| **责任编辑** | 王积庆 | | | |
| **印　　制** | 涿州汇美亿浓印刷有限公司 | | | |
| **版　　次** | 2022 年 6 月第 1 版 | | | |
| **印　　次** | 2025 年 7 月第 2 次印刷 | | | |
| **成品尺寸** | 185 mm×260 mm | | | |
| **印　　张** | 18 | | | |
| **字　　数** | 390 千 | | | |
| **印　　数** | 10001-16000 | | | |
| **定　　价** | 46.80 元 | | | |

# 《服务营销》编委会

主　编：汪　婷　余呈先

副主编：徐厚珍　李明慧　杜　晓　唐代芬

　　　　赵　晶　张　元　杨志鹏

# 前　言

近年来，我国服务业发展迅速，服务在国民生产总值中所占的比重越来越大，对经济结构的调整完善作用也越来越大。服务业已经成为国家吸纳就业的主渠道，不仅是经济增长的重要推动力量，而且对于扩大就业、提高人民生活水平发挥了重要作用。

党的二十大报告中指出："必须坚持科技是第一生产力、人才是第一资源、创新是第一动力，深入实施科教兴国战略、人才强国战略、创新驱动发展战略，开辟发展新领域新赛道，不断塑造发展新动能新优势。"

随着社会经济的发展和人民收入水平的提高，无论组织用户还是个体消费者对服务的需求量都在日益增长，对服务的需求内容也越来越丰富和多样化。尤其到了今天的数字经济时代，科技创新推动了服务创新，从而激发出了用户更深层次的服务需求。大数据、移动互联网、人工智能、电子商务都在迅速改变服务业的生态环境和价值链结构，也对服务营销产生深刻的影响。因此，传播服务营销经典思想和知识，探究服务营销的新思想和新知识，研究服务营销的新发展，在今天十分重要且必要。

本书将经典的服务营销理论与大量新的服务营销案例相结合，力求内容精炼，通俗易懂，方便在教学与培训中使用。案例选择注重典型性和新颖性，每章开篇设有导入案例，后面还有资料链接与分析案例介绍国内外企业的服务营销与管理实践，使学生了解服务营销理论在实践中的应用，加深对服务营销知识的理解。

本书得到安徽省高等学校质量工程的支持，被列为省级规划教材。

本书的编写得到了田莉、张毅芳、向隅在资料收集等方面的协助，在此表示衷心的感谢。

本书在编写过程中参考和引用了国内外大量优秀的文献资料，在书中标注了资料的出处，如有遗漏未列出的资料和文献，敬请作者见谅，同时向所有引用资料的作者表示衷心的感谢。

由于编者水平有限和时间关系，书中不当之处在所难免，在此恳请各位专家和读者不吝赐教和批评指正。

编　者

# CONTENTS 目录

# 目录 | CONTENTS

# 目录 | CONTENTS

# 第一章　服务营销概述

了解服务的兴起与发展、概况与表现；理解服务兴起与发展的动因；熟悉服务的特征、服务的类型；掌握服务的概念、服务营销的内涵。

## 导入案例

### 海底捞用服务打造品牌

海底捞最负盛名的其实就是它的服务，通过对顾客无微不至的"超级服务"，海底捞在全国范围内成功塑造了专业贴心的品牌形象。进入海底捞的消费者，常因为热情周到的服务和照顾而受宠若惊，进门点餐时服务员会送上热毛巾和围裙，用餐时端茶倒水帮忙涮锅也是随叫随到；对于长发女士总是会细心地提供橡皮筋，对于戴眼镜的顾客也会准备眼镜布，以免在用餐时有所干扰；同时，还会额外准备一些小礼物、水果等赠品，在等候时提供美甲、杂志、擦皮鞋等一些"奇葩"的服务。

很多消费者在受到如此热情的服务之后，都大呼"过瘾"和"变态"，因为这些无微不至的服务独此一家，而且通过这些服务，大多数消费者的用餐体验提升很多，对于海底捞也产生了深刻的印象和好感。

这些优质、深入人心的服务，主要是顾及了消费者在用餐时产生的多种需求。海底捞做到了面面俱到和人性化的照顾，真正让消费者有了宾至如归的体验。

**思考：**海底捞打造竞争优势的手段是什么？

# 第一节　服务的兴起与发展

课堂讨论

1. 服务与服务业的区别与联系；
2. 说说你身边的各种服务；
3. 为什么要学习服务营销？

## 一、服务兴起与发展的概况

服务是服务业的基本职能，服务业是服务的集合与体现。所以服务、服务业在一定语境下是同义语。服务业从来没有像今天这样在不断扩张的世界经济领域中占据着举足轻重的地位，在这个迅速变化的世界中没有任何事物是停滞不前的。技术的发展仍然以激动人心的方式在演进，传统行业要么力图革新以求发展，要么裹足不前终陷衰亡。随着新兴产业的出现，崛起的企业新星不断地抢占商业头条，知名的老牌公司或重组或消失。商业竞争愈演愈烈，企业不得不经常运用新的战略与手段，以对消费者不断变化的需要、期待和行为做出响应。有一个结论是众多学者的共识：消费者在市场中的地位越突出，服务营销与服务管理的技巧越重要。

服务业的兴起及在一国经济中的地位与作用的日益重要已成为服务经济社会的重要特征。围绕服务业的相关研究也成为理论关注的重点。当前，无论从就业比重还是产值比重来看，所有高度工业化国家的经济已演变成"服务经济"。服务业的发展已成为影响一国经济增长、吸纳就业和提高国际竞争力的决定因素。与此同时，经济学家对服务业的关注也与日俱增。

服务消费已经成为人们的一种主要消费。随着人们生活水平的提高，可支配收入增加，人们在满足基本需求后，会用一些收入来满足自己的精神层面的需要，如欣赏音乐、旅游山水间、在银行投资理财、去美容美发店美化自己。同时国际间的服务贸易也不断增多，而且由于服务业的附加值大，消耗资源相对少，各国特别是发达国家越来越注重发展服务业，来获得外汇，增加本国财富或者购买财富的资本。

【资料链接】1-1

习总书记在十九大报告中指出，经过长期努力，中国特色社会主义进入了新时代，这是我国发展新的历史方位。2017 年 12 月 6 日党的十九大明确指出，中国特色社会主义进入新时代，我国社会主要矛盾已经转化为人民日益增长的美好生活需要和不平衡不充分的发展之间的矛盾。

从供给侧结构改革到新时代我国社会主要矛盾的解决，都离不开营销，更离不开服务营销。一提到供给侧结构改革，我们马上想到要去产能、去库存、去杠杆、调结构、降成本（补短板）等。在这个过程中，之所以出现产能过剩，之所以出现库存积压，很重要的一个原因是我们没有按照市场的需求来提供市场所需要的产品和服务。一方面，有些产品过剩积压；另一方面，人们日益增长的美好生活需要没有得到很好的满足。所以在这种情况下，我们可以看到，我们国家经济的增长已经从传统的数量扩张转移到高质量发展，消费者的追求也从物美价廉转移到了顾客体验。相应地，企业竞争优势也从传统的规模经济发展到了当前的定制化经济、定制化营销、定制化服务。在整个过程中，一定离不开服务和服务营销。我们可以看到，服务营销在整个经济发展，在整个企业转型升级，在整个企业竞争力提升中都扮演着非常重要的角色。

## 二、服务兴起与发展的动因

对服务业兴起及其成因的探讨是经济学界服务理论研究的焦点之一。对服务业的研究虽然早在亚当·斯密时期就涉及，但由于服务业发展缓慢并且在经济中处于附属地位，人们对它的研究主要针对它是否具有生产属性。对服务业的兴起及其成因的深入研究是在服务业迅速崛起之后，其中费希尔（A. G. B. Fisher）、克拉克（C. Clark）、福拉斯蒂埃（J. Fourasti）、鲍莫尔（W. J. Baumol）和富克斯（V. R. Fuchs）等学者进行了开创性的研究，他们为服务业的兴起及成因的研究提供了经典性的文献。

费希尔、克拉克提出了三次产业理论。克拉克在《经济进步的条件》中，提出了劳动人口由农业转移到制造业，再从制造业移向商业和服务业。虽然强调产业转移过程中需求的重要性，但他也认识到生产率的差异也是就业结构转移的重要因素，认为由于制造业生产率高但需求增长滞后，而服务业生产率增长缓慢但需求增长快，劳动力必然从制造业向服务业转移。福拉斯蒂埃在《20世纪的伟大希望》中依据各产业间生产率的不同，也把产业划分为三大类：第一产业指生产率增长大约处于平均水平的部门；第二产业指生产率增长较快的部门；第三产业指生产率增长缓慢甚至不增长的部门。鲍莫尔认为，服务业的发展不是来自总需求的变动，而是来自生产率增长的差异。他提出：当以不变价格衡量时，商品和服务的需求是与收入无关的。由于服务业生产率的增长速度低于制造业的增长速度，如果服务业的工资增长速度与全社会工资增长速度同步，服务业的名义产出必然随着收入水平的提高而提高，但这种增长反映的不是服务需求的增长，而是服务生产技术的滞后。富克斯也认为生产率增长缓慢是影响服务业的决定性要素，但他提出名义的服务业占总产出的比例可能高估服务业的发展，实际的服务业占产出的比重可能低估服务业的发展，真实的情况可能介于二者之间。上述五位学者经典性的研究成果，为服务业兴起及成因的研究奠定了基础。其后的学者在此分析框架的基础上，对经典文献中的各种观点进行了验证和发展，形成了"需求论""供给论"和"分工论"等不同观点。

## 1. 需求论

需求论的研究包括两方面：一是研究最终需求结构变动对服务业增长的影响；二是研究服务业内部结构的变动对服务业发展的影响。对最终需求结构及其变动与服务业增长的专门研究不多。许多研究实质上是假定最终需求模式是不变的，还有人认为可以用就业结构的变化来反映需求的转变。针对克拉克提出的最终需求结构的变化是服务业扩张的主要原因，格舒尼（J. Gershuny）对最终需求变动与服务业增长之间的关系进行了实证分析。结果表明，如果把健康服务和教育支出包括在内，服务支出略有增加；但从家庭支出的比例看，服务需求是下降的。桑默（R. Summers）以产出结构作为各个国家不同收入水平下需求结构的反映，也对克拉克的观点进行了检验。结果表明，当以国内价格计算时，收入和服务业产出份额存在正相关。但当以国际价格（购买力平价 PPPs）表示服务业的产出份额时，回归曲线变成水平直线。但随着时间的变化，贫穷国家的服务业比重会逐渐上升，富裕国家的则基本保持不变。除了个人消费需求，其他需求（政府消费、出口）也会影响服务需求的变化。罗森和威尔斯（R. Rowthorn & J. R. Wells）提出一国的贸易特化（trade specialization）水平是解释发达国家就业结构的唯一的最重要因素。这意味着在分析需求因素对服务业发展的影响时，不能仅仅局限于国内需求和家庭消费。

随着服务业的发展，除了满足最终消费的服务业以外，其他服务业也迅速兴起。更多的学者通过从服务业内部结构变化的角度分析服务业的发展。格舒尼和迈尔斯（I. Miles）的研究表明，满足中间需求的生产性服务业和非市场化的最终服务业需求处于增长的态势，而许多市场化的最终服务需求是下降的。厄夫林（T. Elfring）的研究表明，最终需求的变化只能解释服务业增长的 20%~30%；20 世纪 60 年代服务业发展主要源于社会服务需求的增加；70 年代和 80 年代的发展则主要是由于生产者和个人服务需求的增加。克鲁伯（H. G. Grubel）和沃克（I. A. Walker）将服务业分为消费服务、生产服务和政府服务三种类型。他们的研究表明，生产性服务业占一国名义 GDP 的份额在 28%~33%之间，占本国服务业名义 GDP 的一半以上。因此，生产服务是服务业的最大组成部分，也是增长最快的组成部分。

## 2. 供给论

供给论认为，服务业的发展不是来自总需求的变动，而是来自服务业和制造业生产率增长速度的差异。但如何合理地测度这种差异是供给论需要解决的难题。格里利克斯（Z. Griliches）指出，对服务业的测度存在一个明显向下的偏差，服务价格的高估是低估服务业生产率增长的主要原因。他同时指出，对服务业整体而言，产出的异质性必然导致测度偏差的存在，并且这种偏差还很难把握，他认为服务业生产率的下降可能是由于人们不能正确地观察和解释历史发展所产生的虚假的结果。高登（R. J. Gordon）认为，服务业生产率及其增长率测度中存在的主要问题是对其他服务业（missellaneous services）的测度。他指出金融、房地产以及其他服务业的生产率增长数据存在的问题，认为它们的生产率增长没有出现下降。麦肯锡全球研究所（The McKinsey Global Institute）对服务业生产率进行了国际比较。他们认为美国服务部门生产率较高主要源于管理因素，产出组合的差异、规模经济、资本的密集程度和非管理者的技能，对服务部门的生产率影响很小或没有影响。然而，供给论所主张的服务业缺乏效率、成本瑕疵等观点，并没有被麦肯锡的研究所证明。

### 3. 分工论

分工论是总结需求论和供给论的基础上发展起来的，他们认为分工与专业化的发展是现代生产方式变革的主要特征，服务业是分工发展的结果，同时服务业对分工又有促进作用。舒干（Shugan）从分工的角度详细论述了服务业增长的原因，指出了以往经济学家认为的各种用于解释服务业增长各项指标或因素的不足。罗森和威尔斯提出了积极的工业化的观点，即制造领域的生产率提高很快，尽管产出增加，但该部门的就业是下降的，而这并不导致失业，因为服务部门的扩张能充分吸收制造业过剩的工人。里德尔（Riddle，1986）通过构造一个"经济部门相互作用模型"向我们描绘了服务在分工经济中的独特作用：服务不是边缘化的或奢侈的经济活动，而是位于经济的核心地带。弗朗索瓦（Francois）指出，在经济全球化、企业国际化过程中，企业的规模得以扩大，有利于劳动分工进一步深化，使企业获得了规模经济和专业化经济。分工论认为，投入产出法是研究服务业发展的最合适的办法，它能够判定哪一部分服务产出作为制造业的中间投入，哪一部分直接用于最终需求。格里高利和格林哈尔希（M. Gregory & C. Greenhalgh）运用投入产出法对行业间劳动分工和制造业服务外包的程度进行了分析。与传统的观点不同，分析结果表明，服务业生产率等于或超过制造业，但在服务部门之间生产率存在较大的差别。同时，服务业内部分工不断深化，但制造业与服务业之间的分工趋势并不明显。

服务业研究的文献显示，西方发达国家的服务业是在"不知不觉"中发展起来的。一方面，服务业在其发展的初期并未引起人们包括学者的注意；另一方面，当服务业的发展引起人们及学者关注的时候，服务业已经具有相当的规模和比重。需求论认为最终需求及其结构的变化是服务业发展的主要原因，但一些学者的实证研究并不支持这种观点。虽然从服务业内部结构变动的角度能够解释部分服务业的发展，但总体上看服务业的各种分类还是粗线条的。供给论强调供给因素即制造部门和服务部门在生产率方面的差别是促进服务业不断扩张的原因。但其"成本病"理论是以商品和服务在实际产出中的比重保持不变的假定为前提的。这种假设意味着服务业价格上升幅度高于制造业，这在部分服务业中得到验证，但不是所有的服务业都是如此，并且服务业价格水平高出制造业价格水平的程度还有待进一步研究。分工论试图从产业分工的角度解释服务业的发展。他们运用投入产出分析法所进行的研究表明，制造业向服务业的业务外包是不断上升的。但这种上升并不足以解释服务业就业趋势的变动。这些问题有待我们做进一步深入的研究。

上述是理论层面的分析，从相对具体的视角看，服务业的发展与下列因素息息相关：科学技术的进步和发展是服务业扩张的前提条件；社会分工和生产专门化使服务业独立于第一、第二产业之外；市场环境的变化推动新型服务业的兴起和发展；人们可支配收入的提高，导致消费水平的提高促进了生活服务业的发展；人们生活方式的变化，如追求个性化、追求绿色环保、喜欢保健与休闲，也导致了更多服务业的诞生。

**【资料链接】1-2**

中国服务市场营销中存在的主要问题表现在三方面，第一，营销观念陈旧。大多数企业没有完善、系统的营销战略，营销策略没有活力。第二，营销方式单一。许多企业缺乏营销知识，竞争方式缺乏理性，最终导致了市场上的无序竞争。第三，营销组织不健全。许多企业没有设置规范的营销组织机构，没有专门的营销人员。可喜的是这些问题随着市场的演进，也在不停地得到纠正，向积极的方向前进。

## 三、服务业兴起与发展的表现

### （一）服务业兴起与发展在经济上的表现

世界各国，无论是发达国家还是新兴国家，服务业的规模都在不断扩大。服务业的发展程度，已成为衡量一个国家、一个地区、一个城市经济发展水平的重要标志。

如图 1-1 所示，2017 年度服务业占 GDP 的比重最高的是美国达到 80%，次之的是法国和英国，分别是 78.8% 和 79.2%，世界平均水平已经达到了 63%。中国 2017 年的数据显示，服务业占中国 GDP 的比重是 51.6%，低于俄罗斯与印度，这两个国家都在 60%以上。

同样，发展中国家服务业发展潜力也很巨大。以中国为例，自 1978 年改革开放以来，经过了 40 多年的改革开放和发展，中国服务业一直呈现出快速增长的态势，它占 GDP 的比重也是持续稳定地增长。根据我们看到的相关数据，从 1978 年到 2017 年，服务业在中国已经增长了 470 倍。

服务业创造了大量新的工作岗位。根据 1978 年到 2017 年服务业就业人数的统计显示，在 1978 年服务业创造的工作岗位是 4 890 万个，发展到 2017 年这个数字已经增长了 3 亿 4 872 万个，年均增长达到 5.2%，远远高于第一、第二产业的 3.5% 和 2.2%。更有数据表明，在 2009 年到 2012 年，服务业每增长一个百分点，新创造工作岗位数量能达到 70 万个。根据 2016 年的数据，服务业每增长一个百分点，能创造的新增就业岗位竟然达到了 120 万个。可以说，服务业比第一产业第二产业都能够给我们创造更多的就业机会。

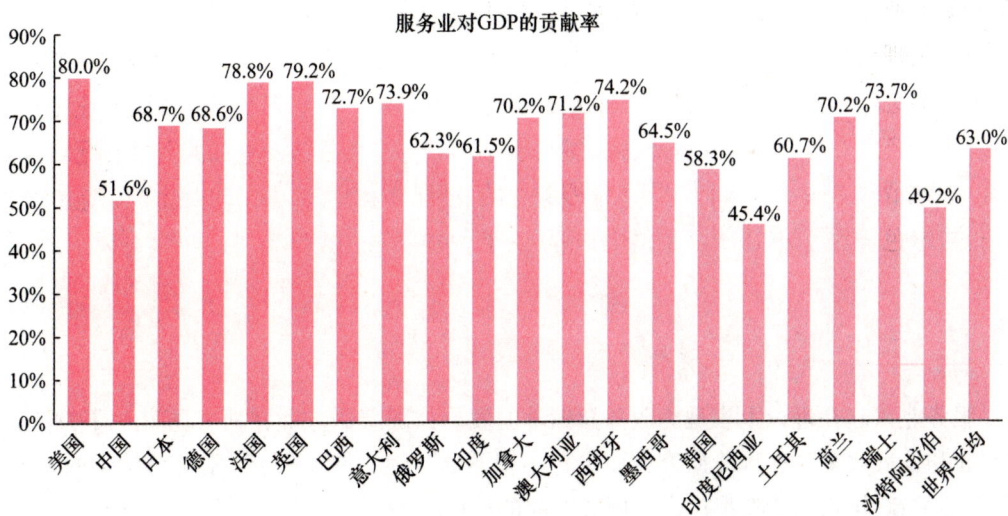

服务业对GDP的贡献率

图 1-1　2017 年世界上主要国家服务业占其国民经济 GDP 的比重

资料来源：中国国家统计局 2017 年数据

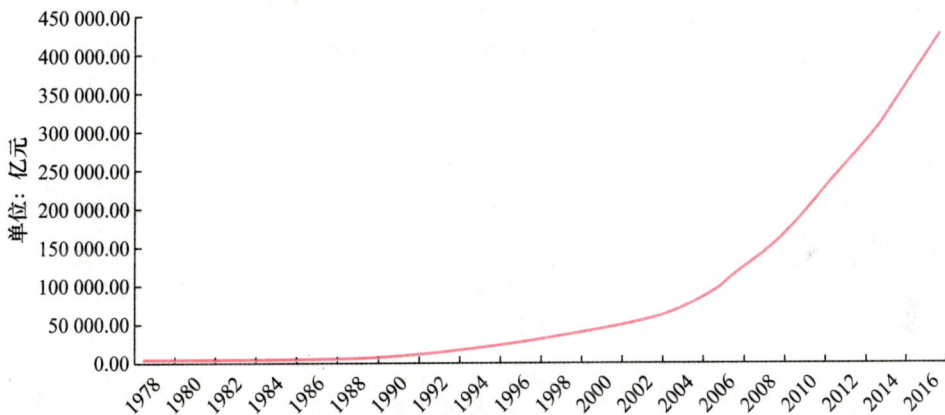

图 1-2　1978—2017 中国服务业（第三产业）产值增长情况

资料来源：中国国家统计局 2017 年数据

【资料链接】1-3

　　自 20 世纪中叶以来，以服务业和服务贸易为主要内容的服务经济迅猛发展，很多发达国家已经从工业经济时代过渡到服务经济时代。这些国家经济的发展已经建立在强大的服务基础之上。例如，1951 年美国制造业占 GDP 的比重为 27.90%，而在 2020 年美国制造业完成的行业 GDP 为 2.27 万亿美元，仅占其 GDP 的 10.83%，已不足 11%，而其第三产业（即我们所说的服务业）创造的 GDP 则高达 17.065 万亿美元，占 GDP 比重上涨至 81.5%。由此可见，服务业已经成为美国经济发展最强劲的增长点。与此同时，发展中国家的服务业在经济中的所占的比重也在日益增加。以中国为例，自改革开放以来，随着中国经济的快速持续发展，服务业规模日益扩大。中国服务业增加值年均增长 10%，根据我国国家统计局公开的 2021 年第一季度，我国完成的名义 GDP 以及三大产业主要行业完成的 GDP 数值显示，第三产业创造的 GDP 为 145 355 亿元，同比实际增长 15.6%，占 GDP 的比重由 1978 年的 23.7%提高到 2020 年的 58.30%，占比已经接近 60%。服务业已经成为国家吸纳就业的主渠道，不仅是经济增长的重要推动力量，而且对于扩大就业、提高人民生活水平发挥了重要作用。可以说，全球经济正呈现出日益服务化的趋势，服务经济慢慢地取代工业制造业这些传统的经济实体，在全球经济中扮演着越来越重要的角色。

### （二）服务业兴起在理论研究上的表现

服务业兴起在理论上表现为服务营销学的发展，随着服务业在西方国家"不知不觉"地兴起和发展起来，在理论研究方面也"不知不觉"地发展起来了。服务营销学的发展源于 20 世纪 60 年代关于有形产品与服务产品的争论。1966 年美国的约翰·拉斯梅尔（John Rathmell）首次对无形服务与有形产品进行区分，提出以创新的方法研究服务的市场营销。他于 1974 年出版了第一本服务营销的著作，随后有关服务营销的研究甚嚣尘上。从那时起，伴随服务业的蓬勃发展，众多学者投入对服务营销学的研究中，服务营销学的发展经历了四个阶段，表 1-1 简要列举了四个阶段的名称、时间、主要研究内容和代表人物或机构。

表 1-1　服务营销学发展阶段

| | 名称 | 时间 | 主要研究内容 | 代表人物或研究机构 |
|---|---|---|---|---|
| 第一阶段 | 萌芽阶段 | 20 世纪 60 年代—70 年代 | 研究服务与有形产品的异同，服务营销学与市场营销学的差异，界定服务的特征 | 约翰·拉斯梅尔、约翰·贝特森、林恩·肖斯塔克、洛夫洛克、兰吉尔德 |
| 第二阶段 | 探索阶段 | 20 世纪 70 年代—80 年代中期 | 研究服务的特征如何影响顾客的购买行为，顾客对服务的特质、优缺点以及潜在的购买风险的评估，服务特征对营销战略的影响，服务的分类 | 瓦拉瑞尔·A. 泽斯曼尔、亚得桑那州第一跨州服务营销研究中心等 |
| 第三阶段 | 突破阶段 | 20 世纪 80 年代后期 | 研究服务营销组合，服务营销中的"人"（顾客和企业员工）所扮演的角色，服务质量，服务接触，服务系统设计，实证方法在服务营销研究中的应用，关系营销学 | 巴巴拉·邦德·杰克逊、格罗鲁斯、詹姆斯·A. 菲茨西蒙斯、帕拉苏拉曼、贝瑞、泽斯曼尔、贝特森 |
| 第四阶段 | 发展阶段 | 20 世纪 90 年代至今 | 围绕 7P 组合理论的研究，一些特殊的市场营销论题，内部营销，服务企业文化，服务设计与市场定位战略 | 雷蒙德·P. 菲克斯、伊夫林·古特曼、比特纳等 |

【资料链接】1-4

中国服务营销的研究起步较晚，大约始于20世纪90年代，在借鉴国家理论的基础上，结合中国特点，中国的服务营销理论也获得了长足发展，至今经历了四个阶段。理论导入阶段，主要以服务营销案例的方式介绍服务营销；基础理论研究阶段，探讨基本概念、基本理论，如服务质量、服务企业品牌建设、顾客满意度和顾客忠诚度；内涵拓展阶段，研究了体验营销、内部营销等理论；深入研究阶段，研究服务与环境可持续发展，服务与经济总量增加，服务便利，服务忠诚，顾客参与，各种服务理论视角及其影响因素研究，服务研究实证化等。与国际服务营销的研究相比，中国服务营销理论呈现出领域创新、方法创新、组织创新等多方位的研究创新。

# 第二节　服务的内涵、特点与分类

## 一、服务的内涵

### （一）基于所有权的思考

那么到底什么叫服务呢，哪些活动属于服务，服务是什么呢？让我们来做进一步探讨，亚当·斯密在《国富论》中区分了两种不同劳动，一种是"生产性劳动"，一种是"非生产性劳动"。他认为生产性劳动的产物可以在制造出来后储存起来，并用来换取金钱或其他价值物；但非生产性劳动，无论是多么"受人尊敬、多么有用或必要"，创造出来的服务都在其产生之时就消亡了，因此不会创造财富。在这种论调的基础上，法国经济学家让·巴蒂斯特·萨伊（Jean Baptiste Say）辩称，生产和消费在服务上是不可分割的，并创立了"非物质产品"来描述服务。其实，的确许多种服务中，生产和消费是不可分割的，譬如餐饮业，既需要做出饭菜（这也是一种生产活动），又需要服务人员在热情的态度下，让顾客愉快地享用。而且，并不是所有服务行为都是完结后就消亡的，比如，我们接受大学教育或其他类型的教育后，我们在社会生活和工作中仍然会受用，有的甚至会受用终身。

学者经常用所有权的拥有与否来谈论服务，他们认为只有转移所有权的交易活动对人才有益处，甚至借此宣扬"服务无用论"。其实，从所有权的视角来看，并不一定要拥有所有权才能得益。比如，一个旅行者住了旅馆，享受了旅馆温暖的床铺及其他服务，但是他没有旅馆客房的所有权；一个病人请牙医来帮他装上了精美的假牙，但是他没有拥有牙医所有活动或行为的所有权，后面其他人仍然可以享受完全相同的服务；你参加了新音乐会，但是你对音乐会没有所有权。以上各种活动，消费者虽然没有得到所有权，但是消费者受益了，那么肯定有人会问，在这种活动中消费者购买的是什么？拿什么来证明顾客所花的钱、时间和精力？收益是什么？该项服务解决了什么问题？也就是服务的价值在哪里？

克里斯托弗·洛夫洛克和埃弗特·古默森（Christopher Lovelock & Evert Gummesson）认为服务涉及某种开工的租借。服务的客户通过租借使用实物的权利、雇用员工的劳动和技能或付费使用设施或网络而得到收益。随着时代的进步，租赁实物使用权，视频、音频或网络享受权，或雇用员工的劳动和技能都可以称之为服务。当客户因得到了想要的经历和解决方法而获益时，价值就创造出来了。为临时使用某物品或为进入某个实体设施而付费，是客户享受使用权的一种方式，因为他们要么买不起，要么没有必要买，要么是用完后没有必要储存起来供下次使用。另外，许多网络系统是个人和大多数企业都无法自行购买并运营的，租赁使用，无疑是客户参与这些网络系统的最好方式。从租赁所有权的角度来看，可以把服务分成五类：（1）租赁物品。就是在客户不愿意购买的情况下，为拥有对某物的临时使用权而租赁。如游客到中国杭州的西湖租一艘游船观光，农民租一个大型联合收割机解决家里农忙时的人力缺口，租赁婚礼或正式舞会专用礼服。（2）租赁限定的空间和场所。客户在不同私密等级限定下，与其他客户共同获得对某楼房、车辆或其他区域较大空间中特定部分的使用权。比如，酒店的客房、飞机的座位、饭店的桌椅、仓库中贮藏点。这种空间一般根据位置来定价，其目的具有多样性，有的为了看球，有的为了欣赏，有的为了幽会，有的为了体验，有的为了娱乐。空间可能因为位置、大小、前后、形状等而价格有差别。（3）租赁劳动和技能。客户自己不愿意亲自做或因为缺乏必要的技能、工具或技艺而无法完成某项工作，所以雇用他人来完成该工作，如家政服务、汽车美容、管理咨询、宠物豢养。（4）租赁共享实体环境临时进入权限。既可能是室内环境，也可能是室外环境，也可能是两者的结合。例如，主题公园、邓石如碑馆、健身馆、动物园、滑雪场、高尔夫球场、收费道路、国际会展中心、博物馆。（5）租赁系统和网络。客户为使用通信、房屋信息、银行、保险或专业化信息服务而租赁。服务供应商通常根据不同的消费者需求和支付能力，制定进入和使用网络或系统的菜单，供客户选择。

## （二）服务的定义

通过上文学习，大家知道服务包含了形形色色的各种活动，有的还非常复杂。服务这个词原来与仆人给主人做事相联系，随着奴隶制度的解体，这种含义用得较少了，虽然世界上少数地区可能还存在这种行为。在字典上对服务的解释是这样的：为别人做事，满足别人需要；帮助或有益于他人的行为；有利于他人幸福或利益的行为。约翰·拉斯梅尔（John Rathmell）从广义的角度定义服务"行为、事情、表现或努力"，并且认为服务与物品相比具有不同的特征——无形性。一般的商品与实体物品紧密相关是"物件、器具、材料、对象或事物"，服务显然需要新的定义。有人主张用简洁干脆的方法来定义，如"能够买卖但不能砸在脚上的东西"。比较幽默，听一遍就能记住，但遗憾的是，它对营销策略的指导与研究没有用处。

服务作为一种营销组合要素，真正引起人们重视是在 20 世纪 80 年代后期。这时期，由于科学技术的进步和社会生产力的显著提高，产业升级和生产的专业化发展日益加速，一方面使产品的服务含量，即产品的服务密集度日益增大。另一方面，随着劳动生产率的提高，市场转向买方市场，消费者随着收入水平提高，他们的消费需求也逐渐发生变化，需求层次也相应提高，并向多样化方向拓展。从西方服务营销兴起的历程，也可以看出服务营销起源于有形产品营销中售后服务这一块，所有中国早期的服务营销把研究的对象涵盖了实体产品的售后服务和有形的服务。

克里斯托弗·洛夫洛克这样界定服务：由一方向另一方提供的经济活动，大多是基于时间的行为，旨在对接受者本身或对象或购买方负有责任的其他资产产生期望中的结果。服务客户用他们的金钱、时间和精力作为交换条件，希望通过使用物品、劳动、专业技能、设备、网络和系统获得价值，但他们通常并不取得所涉及的任何实体因素的所有权。

美国市场营销协会（American Marketing Association）认为："服务是用于出售或者是同产品绑定进行出售的活动、利益或满足感。"瑞根（Regan）认为："服务是直接提供满足（交通、房租、旅行、影视欣赏）或者与有形商品或者其他服务一起提供满足的不可直接感知的活动。"格罗鲁斯（Gronroos）认为："服务是指或多或少具有无形特征的一种或一系列活动，通常，但并非一定，发生在顾客同服务的提供者及其有形的资源、商品或系统相互作用的过程中，以便满足消费者的有关需要或解决其相关问题。"

综合上述各种概念，我们这样给服务下定义：服务是自然人或法人直接或凭借某种工具、设备、设施、网络和媒体等向自然人或法人提供的，旨在满足对方某种特定需求的一种活动。服务的生产可能与物质产品有关，也可能无关，会增加其他自然人、法人、商品或其他服务的价值，主要以活动形式表现使用价值或效用。

对这一定义可以做进一步解释：

（1）服务的主体是自然人或法人，也就是说包括个体，也包括企业、营利组织或非营利组织，政府组织或非政府组织等。

（2）服务的客体或对象也如服务的主体一样具有多样性。

（3）服务的媒介或工具，可以是设备、设施、网络、氛围、物品等。

（4）服务过程中不存在产权转移，但是可能有物的使用。

（5）服务可以增加服务对象的价值或者效用。

（6）服务是用来满足服务对象的一种需求。

（7）服务是一种活动，这种活动过程可以有买方卖方共同参加，或者只有其中一方。

## 二、服务的特征

### (一) 服务与商品的演进

结合服务的概念，我们不难概括出服务的特征。为了方便理解，我们不妨以有形的产品或商品为参照物来理解服务的特征。在社会生活中服务和产品往往是交织在一起的，构成了这个丰富的世界。商品和服务的交织一般有四种状态：（1）纯有形产品，如黄油、牙刷、纸尿裤、鞋子，这些商品没有伴随服务；（2）伴随服务的有形产品，如计算机、汽车、电视、洗衣机、飞机，这些产品附带售后服务保证，以吸引消费者；（3）服务与有形产品相混合，如餐馆既提供食品又提供服务；（4）伴随有形产品的服务，如航空公司所提供的食物、饮料和杂志，但主要项目是服务；（5）纯粹服务，如歌舞剧、照看小孩、管理咨询等直接为顾客提供服务，没有附带有形产品。

美国学者 G·林恩·肖斯塔克（G. Lynn Shostack）认为，在现实生活中，产品从高度无形到高度有形之间存在一个连续谱，如图1-3所示。

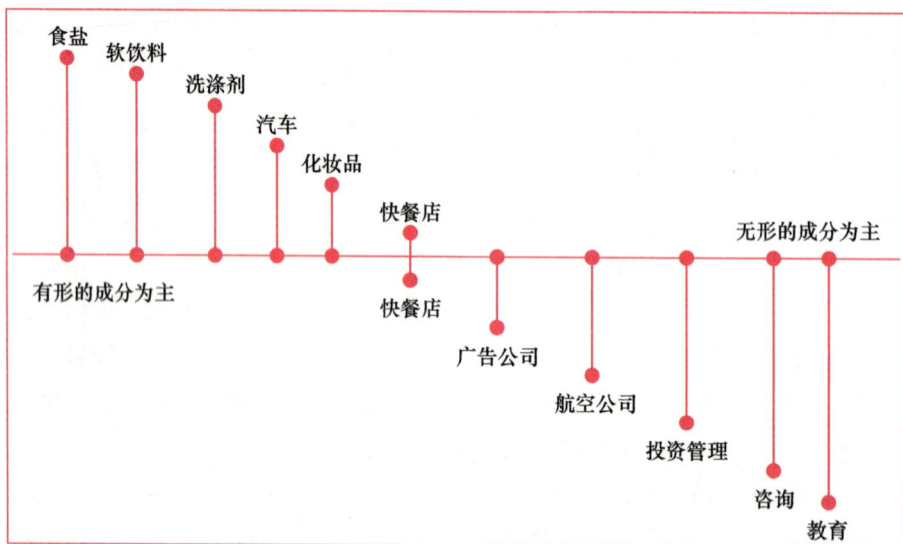

**图1-3　产品从有形到无形的连续谱系**

资料来源：G. Lynn Shostack. Breaking Free from Product Marketing［J］. *Journal of Marketing*，1977（41）：77

这个连续谱图的意义在于：服务和有形产品是有区别的，其区别在有形的程度上，但其划分界限越来越模糊，有形产品有时也具有某些服务特征。事实上，消费者购买的产品往往具有实体性和非实体性两种成分，只不过购买有些产品时以实体占主要成分，购买服务时则是非主体占主要成分。

## （二）服务的主要特征描述

在服务业发展的第一阶段末期和第二阶段，对照商品的特征，广大学者对服务的特征及其影响进行了深入研究。格罗鲁斯（Gronroos）认为，服务是非实体的；服务是一种行为或过程；服务的生产、分销与消费在某种程度上同时发生；服务的顾客在某种程度上参与生产过程；服务具有差异性；服务具有产权的不可转移性。营销大师菲利普·科特勒（Philip Kotler）认为，服务具有无形性、不可分离性、易变性和时间性。阿德里安·佩恩（Adrian Payne）认为，服务具有无形性、不可分离性、不一致性和不可储存性。法国营销学院皮埃尔·艾格利尔（Pierre Eiglier）和埃里克·兰吉尔德（Eric Langeard）认为，服务具有非实体性、服务企业与顾客关联性、顾客参与性。综合各专家学者的观点，不难发现，有相同之处，也有不同的侧重点。相较于有形产品，我们把服务的特征总结如下（见表1-2）。

表 1-2　服务特征的描述

| 商品 | 服务 | 含义 | 特征描述 |
|---|---|---|---|
| 有形性 | 无形性 | 服务是指能够满足人们某种需要的各种行为或表现，人们不能像感受商品那样触摸、感觉、看到服务 | 服务不能用产权进行衡量与转移<br>服务无法直接感知<br>服务不方便直接进行演示<br>服务很难进行专利申请 |
| 可存储 | 不可存储性 | 是指服务无法保留、转售及退还的特性 | 服务不能用容器储存或空间堆放<br>服务的供应和需求难以同步进行<br>服务难以进行大规模生产 |
| 标准化 | 差异性 | 服务的构成成分和质量水平经常变化，很难统一界定 | 服务的提供与顾客的满意取决于员工的行动<br>服务质量受多种影响因素的影响<br>服务的提供与宣传是否一致无法确定 |
| 分离性 | 不可分离性 | 商品的生产、流通与消费有时间间隔，而服务的生产过程与消费过程是同时进行的 | 服务的生产和消费不可分离<br>顾客参与并影响服务交易<br>顾客之间相互影响<br>员工影响服务的结果 |

## （三）理解服务概念与特征时应注意的问题

在理解服务的概念与特征时，还应该注意以下问题。

### 1. 正确认识服务的本质

服务管理学者贝里把商品描述为"一件物品，一种器械，一样东西"，把服务描述为"一个行动，一次表演，一项努力"，他很好地抓住了它们之间的差异。把服务看作表演是对服务管理的一个戏剧化的比喻，即把服务传递想象为近似于一个剧本的上演，而服务人员就是演员，顾客就是观众。也就是说，商品是有形的，是一个具体的物质实体或一个实实在在看得见、摸得着的东西；而服务工作本身基本上是无形的。

### 2. 顾客的参与和接触情况

顾客参与服务的生产过程，实施一项服务工作就是对实物设施、脑力和体力劳动这三者的某种组合的产出结果进行装配和传递。通常顾客在创造这个服务产品的过程中会积极参与，如美容院。同时，服务人员作为产品的一部分在高度接触的服务业中，顾客不仅同服务人员发生接触，还可能同其他顾客发生联系。如此，顾客就成为产品的一个组成部分。

### 3. 服务质量的控制问题

服务质量通常是难以控制的，生产出来的商品在到达顾客那里之前，可以根据质量标准对它们进行检查。但是服务在生产出来的同时就被消费了，最后的组装就是在产品的实时生产过程中发生的。这样，错误和缺点就很难掩盖，而服务人员和其他顾客的在场又引入了更大的可变性，这些因素使得服务性组织很难控制质量和提供始终如一的产品。不仅服务企业的员工影响服务质量，顾客之间相互的影响，也会影响服务的质量，如在电影院看电影，部分顾客大声喧哗，会导致其他顾客无法得到满意的服务。

### 4. 顾客评价更困难

大多数实体商品的识别性属性相对较高，如颜色、式样、形状、价格、合适度、感觉、硬度和气味，都是有助于顾客在购买产品前做出决定的因素。甚至有国家或国际标准对实体商品进行监督、控制和评价。相反，其他一些商品和服务可能更强调经验性属性，只能在购买后或消费过程中才能识别质量，如口味、处理的容易程度、个人护理。最后，还有可信度属性，即那些顾客发现即使在消费之后也很难评价的特性，如外科手术、技术修理，很难观察得到。除非你挨上一刀，动了手术后才有体验，这是一种破坏性体验，显然又是不可能、不可行的。

### 5. 储存问题

服务没有存货，因为服务是一次行动或一次表演，而不是顾客可以保存的一件有形的物品，所以它是"易腐的"和不能被储存的。当然，必要的场地、设备和劳动能够被事先准备好以创造服务，但这些仅仅代表生产能力，而不是产品本身。

### 6. 服务传递过程中时间因素的重要性

许多服务是实时传递的，顾客必须在场接受来自企业的服务。顾客愿意等待的时间也是有限度的，更进一步说，服务必须迅速传递，这样，顾客就不必花费过多的时间接受服务。等候时间过长会引起顾客的厌烦，使其对服务质量与形象产生怀疑。

### 7. 服务的分销渠道比较单一

虽然不少服务产品也可以采用与有形产品一样的间接分销渠道，但服务生产和消费的同时性及无法储存性，使得许多服务只能采用直销方式，这在一定程度上限制了服务市场规模的扩大，给服务产品的推销造成困难。

**【资料链接】1-5**

提起"为客户服务"，很多人会简单地认为只要给予客户良好的服务体验即可。但在华为看来，为客户服务是一项系统工程，它还包括帮助客户创造价值、保护客户投资、为客户提供解决方案、帮助客户成长等关键内容。

华为一切的服务工作都是围绕"以客户为中心"这一企业核心价值观而展开。华为人不管在什么样的环境中，对什么样的客户，始终坚持以客户需求为导向，满足客户需求。客户之所以青睐华为，除了华为拥有大量的高素质人才、先进的技术外，最重要的就是华为始终对客户保持虔诚的态度，想客户之所想，做客户之想做，与客户"打成一片"，帮助客户赚钱。华为人坚信，只有与客户共同进步，才能获得各自想要的利润和影响力。

资料来源：周庆，易鸣，向升瑜.向服务要利润——华为客户服务中的经营哲学[M].北京：中国人民大学出版社，2018

根据案例，你可以得出哪些结论，或者引发哪些思考？

## 三、服务的分类

对服务进行分类的益处在于：有利于国民经济统计，有利于阐述相关话题的条理，有利于研究的便利，有利于国际服务贸易交流，有利于规范服务的管理，最重要的是有利于细分服务市场，帮助企业寻找新的服务市场切入点。基于不同的分类标准，就会产生不同的分类，本书选择三个学术性分类和三个规范分类。

学术性分类，第一方面，服务相关分类法，按照服务的形态进行分类，可以分为规格服务和定制服务。按照其基础来分，可以分为以人为主的服务和以器械为主的服务。按照接触度来分，可以分为高接触度服务和低接触度服务。第二方面，买方相关分类法，按照市场类型，可以分为消费者服务市场、工业服务市场、政府服务市场和农业服务市场。按照购买服务的途径来分，可以分为便利性服务、选购服务、专卖服务和非寻找服务。按动机来分，可以分为工具型服务和表现型服务。第三方面，卖方相关分类法，按照企业的性质来分，可以分为私营营利型服务企业、私营非营利服务企业、国有营利型服务业和国有非营利型服务业。按照服务功能来分，可以分为通信、顾问咨询、教育、金融、保健、保险。按照收入来源来分，可以分为取自市场、市场+捐赠、纯捐赠、税收。

规范性分类，这里分别摘录国家统计局（见表1-3）、世界贸易组织（WTO）（见表1-4）和国际标准化组织（ISO）关于服务业的分类。

表 1-3　现代服务业统计分类

| 行业门类 | 行业大类 | 行业名称 | 行业门类 | 行业大类 | 行业名称 |
|---|---|---|---|---|---|
| I | | 信息传输、软件和信息技术服务业 | | 75 | 科技推广和应用服务业 |
| | 63 | 电信、广播电视和卫星传输服务 | N | | 水利、环境和公共设施管理业 |
| | 64 | 互联网和相关服务 | | 77 | 生态保护和环境治理业 |
| | 65 | 软件和信息技术服务业 | P | | 教育 |
| J | | 金融业 | | 82 | 教育 |
| | 66 | 货币金融服务 | Q | | 卫生和社会工作 |
| | 67 | 资本市场服务 | | 83 | 卫生 |
| | 68 | 保险业 | R | | 文化、体育和娱乐业 |
| | 69 | 其他金融业 | | 85 | 新闻和出版业 |
| K | | 房地产业 | | 86 | 广播、电视、电影和影视录音制作业 |
| | 70 | 房地产业 | | 87 | 文化艺术业 |
| L | | 租赁和商务服务业 | | 88 | 体育 |
| | 72 | 商务服务业 | | 89 | 娱乐业 |
| M | | 科学研究和技术服务业 | S | | 公共管理、社会保障和社会组织 |
| | 73 | 研究和试验发展 | | 93 | 社会保障 |
| | 74 | 专业技术服务业 | | | |

表 1-4　世界贸易组织对现代服务业分类

| 原文 | 翻译 |
|---|---|
| 1. BUSINESS SERVICES<br>　A. Professional services<br>　B. Computer and related services<br>　C. Research and development services<br>　D. Real estate services<br>　E. Rental/Leasing services without operators<br>　F. Other business services | 1. 商业服务<br>　A. 专业服务<br>　B. 计算机及其相关服务<br>　C. 研究和开发服务<br>　D. 房地产服务<br>　E. 出租/租赁服务<br>　F. 其他商业服务 |
| 2. COMMUNICATION SERVICES<br>　A. Postal services<br>　B. Courier services<br>　C. Telecommunication services<br>　D. Audiovisual services<br>　E. Other | 2. 通信服务<br>　A. 邮政服务<br>　B. 快递服务<br>　C. 电信服务<br>　D. 视听服务<br>　E. 其他 |

续表

| 原文 | 翻译 |
| --- | --- |
| 3. CONSTRUCTION AND RELATED ENGINEERING SERVICES<br>　A. General construction work for buildings<br>　B. General construction work for civil engineering<br>　C. Installation and assembly work<br>　D. Building completion and finishing work<br>　E. Other | 3. 建筑及相关工程服务<br>　A. 一般建筑物的建造工程<br>　B. 一般民用工程建设工作<br>　C. 安装和组装工作<br>　D. 建立和整理工作完成<br>　E. 其他 |
| 4. DISTRIBUTION SERVICES<br>　A. Commission agents'services<br>　B. Wholesale trade services<br>　C. Retailing services<br>　D. Franchising<br>　E. Other | 4. 销售服务<br>　A. 佣金代理服务<br>　B. 批发服务<br>　C. 零售服务<br>　D. 特许经营<br>　E. 其他 |
| 5. EDUCATIONAL SERVICES<br>　A. Primary education services<br>　B. Secondary education services<br>　C. Higher education services<br>　D. Adult education<br>　E. Other education services | 5. 教育服务<br>　A. 小学教育服务<br>　B. 中等教育服务<br>　C. 高等教育服务<br>　D. 成人教育<br>　E. 其他教育服务 |
| 6. ENVIRONMENTAL SERVICES<br>　A. Sewage services<br>　B. Refuse disposal services<br>　C. Sanitation and similar services<br>　D. Other | 6. 环境服务<br>　A. 排污服务<br>　B. 固体废物处理服务<br>　C. 卫生和类似服务<br>　D. 其他 |
| 7. FINANCIAL SERVICES<br>　A. All insurance and insurance-related services<br>　B. Banking and other financial services（excl. insurance）<br>　C. Other | 7. 财经服务<br>　A. 所有保险及其相关服务<br>　B. 银行及其他金融服务（不包括保险）<br>　C. 其他 |
| 8. HEALTH RELATED AND SOCIAL SERVICES<br>　A. Hospital services<br>　B. Other Human Health Services<br>　C. Social Services<br>　D. Other | 8. 健康与社会服务<br>　A. 医院服务<br>　B. 其他医疗保健服务业<br>　C. 社会服务<br>　D. 其他 |
| 9. TOURISM AND TRAVEL RELATED SERVICES<br>　A. Hotels and restaurants（incl. catering）<br>　B. Travel agencies and tour operators services<br>　C. Tourist guides services<br>　D. Other | 9. 旅游及相关服务<br>　A. 饭店和餐馆（包括餐饮业）<br>　B. 旅行社和旅游经营者服务<br>　C. 导游服务<br>　D. 其他 |

续表

| 原文 | 翻译 |
|---|---|
| 10. RECREATIONAL, CULTURAL AND SPORTING SERVICES<br>   A. Entertainment services (including theatre, live bands and circus services)<br>   B. News agency services<br>   C. Libraries, archives, museums and other cultural services<br>   D. Sporting and other recreational services<br>   E. Other | 10. 娱乐、文化和体育服务<br>   A. 娱乐服务（包括戏剧、乐队演奏及马戏团服务）<br>   B. 新闻代理服务<br>   C. 图书馆、档案馆、博物馆和其他文化服务<br>   D. 体育和其他娱乐服务<br>   E. 其他 |
| 11. TRANSPORT SERVICES<br>   A. Maritime transport services<br>   B. Internal waterways transport<br>   C. Air transport services<br>   D. Space transport<br>   E. Rail transport services<br>   F. Road transport services<br>   G. Pipeline transport<br>   H. Services auxiliary to all modes of transport<br>   I. Other transport services | 11. 运输服务<br>   A. 海运服务<br>   B. 运输内部水道<br>   C. 航空运输服务<br>   D. 空间运输<br>   E. 铁路运输服务<br>   F. 公路运输服务<br>   G. 管道运输<br>   H. 所有运输方式的辅助服务<br>   I. 其他运输服务业 |
| 12. OTHER SERVICES NOT INCLUDED | 12. 其他未包括的服务 |

在 ISO9000 标准中，对服务业的范围做了明确的规定，划分了 12 方面，如下所示：

- 接待服务：餐馆饭店、旅行社、娱乐场所、广播、电视、度假村；
- 交通与通信：机场与空运、公路、铁路、海运、电信、邮政、数据通信；
- 健康服务：药剂师、医生、医院、救护队、医疗实验室、牙医、眼镜商；
- 维修：电器、机械、车辆、热力系统、空调、建筑、计算机维修业；
- 公用事业：清洁工作、废物处理、供水、供电、场地维修、煤气和能源供应、消防治安、公共服务；
- 贸易：批发、零售、仓储、配送、营销、包装；
- 金融：银行、保险、津贴、财产服务、会计；
- 专业：建筑设计（建筑师）、勘探、法律、执法、安全、工程、项目管理、质量管理、咨询、培训和教育；
- 行政管理：人事管理、计算机处理、办公服务；
- 技术：咨询、摄影、实验室；
- 采购：签订合同、库存管理、分发；
- 科学：探索、开发、研究、决策支援。

目前对服务业的研究，比较热门的是把服务业划分为生产性服务业和消费性服务业，两者在经济发展的不同阶段和不同时期，以及在不同国家，其作用是不相同的。生产性服务业是指为保持工业生产过程的连续性、促进工业技术进步、产业升级和提高生产效率提供保障服务的服务行业。生产性服务业外的称为消费性服务业。

生产性服务业是与制造业直接相关的配套服务业，是从制造业内部生产服务部门而独立发展起来的新兴产业，本身并不向消费者提供直接的、独立的服务效用。它依附于制造业企业而存在，贯穿企业生产的上游、中游和下游诸环节中，以人力资本和知识资本作为主要投入品，把日益专业化的人力资本和知识资本引进制造业，是二三产业加速融合的关键环节。1966年，美国经济学家格林菲尔德（H. Greenfield，1966）在研究服务业及其分类时，最早提出了生产性服务业（Producer Services）的概念。1975年，布朗宁和辛格曼（Browning & Singelman，1975）在对服务业进行功能性分类时，也提出了生产性服务业（Producer Services）概念，并认为生产性服务业包括金融、保险、法律工商服务、经纪等具有知识密集和为客户提供专门性服务的行业。哈伯德和纳特（Hubbard & Nutter，1982）、丹尼尔斯（Daniels，1985）等人，认为服务业可分为生产性服务业和消费性服务业，认为生产性服务业的专业领域是消费性服务业以外的服务领域，并将货物储存与分配、办公清洁和安全服务也包括在内。豪厄尔斯和格林（Howells & Green，1986）认为生产性服务业包括保险、银行、金融和其他商业服务业，如广告和市场研究，以及职业和科学服务，如会计、法律服务、研究与开发等为其他公司提供的服务。据香港贸易发展局认为生产者服务包括专业服务、信息和中介服务、金融保险服务以及与贸易相关的服务。我国政府在《国民经济和社会发展第十一个五年规划纲要》（以下简称《十一五纲要》）中将生产性服务业分为交通运输业、现代物流业、金融服务业、信息服务业和商务服务业。

还有一些学者和机构从服务功能的角度对生产性服务业进行了定义。格尔巴和沃克（Gruble & Walker，1989）、卡夫（Coffer，2000）认为生产性服务业不是直接用来消费，也不是直接可以产生效用的，它是一种中间投入而非最终产出，它扮演着一个中间连接的重要角色，用来生产其他的产品或服务。同时，他们还进一步指出，这些生产者大部分使用人力资本和知识资本作为主要的投入，因而他们的产出包含大量的人力资本和知识资本的服务，生产性服务能够促进生产专业化，扩大资本和知识密集型生产，从而提高劳动与其他生产要素的生产率。

# 第三节　服务营销的内涵与特征

## 一、服务营销的内涵

简要地说，服务营销是企业在充分认识满足消费者需求的前提下，为充分满足消费者需要在营销过程中所采取的一系列活动。服务营销就是服务企业利用价格（price）、渠道

（place）、促销（promotion）、产品（product）、有形展示（physical evidence）、人员（people）、过程（process）等手段培育顾客忠诚，改善与增加服务消费的过程。也可以说服务营销是一种通过关注顾客，进而提供服务，最终实现有利的交换的营销手段。服务营销是以顾客为中心的，服务营销相对于实体产品来说所用的策略，或者说所涉及的因素更多，在4P的基础上增加了3P，使其营销组合的手段更多，内容更丰富。

具体来说，相较于有形商品的营销，服务营销有以下特点。

### 1. 供求分散性

服务营销活动中，服务产品的供求具有分散性。不仅供方覆盖了第三产业的各个部门和行业，企业提供的服务也广泛分散，而且需方更是涉及各种各类企业、社会团体和千家万户不同类型的消费者，由于服务企业一般占地小、资金少、经营灵活，往往分散在社会的各个角落；即使是大型的机械服务公司，也只能在有机械损坏或发生故障的地方提供服务。服务供求的分散性，要求服务网点要广泛而分散，尽可能地接近消费者。

### 2. 营销方式单一性

有形产品的营销方式有经销、代理和直销多种营销方式。有形产品在市场可以多次转手，经批发、零售多个环节才使产品到达消费者手中。服务营销则由于生产与消费的同一性，决定其大多数时候只能采取直销方式，储存待售也不可能。服务营销方式的单一性、直接性，在一定程度上限制了服务市场规模的扩大，也限制了服务业在许多市场上出售自己的服务产品，这给服务产品的推销带来了困难。

### 3. 营销对象复杂多变

服务市场的购买者是多元的、广泛的、复杂的。购买服务的消费者的购买动机和目的各异，某一服务产品的购买者可能牵涉社会各界各业各种不同类型的家庭和不同身份的个人，即使购买同一服务产品有的用于生活消费，有的却用于生产消费，如信息咨询、邮电通信。

### 4. 服务消费者需求弹性大

根据马斯洛需求层次原理，人们的基本物质需求是一种原发性需求，这类需求人们易产生共性，而人们对精神文化消费的需求属继发性需求，需求者会因各自所处的社会环境和各自具备的条件不同而形成较大的需求弹性。对服务的需求与对有形产品的需求在一定组织及总金额支出中相互牵制，也是形成需求弹性大的原因之一。同时，服务需求受外界条件影响大，如季节的变化、气候的变化科技发展的日新月异等对信息服务、环保服务、旅游服务、航运服务的需求造成重大影响。需求的弹性是服务业经营者最棘手的问题。

### 5. 服务人员的技术、技能、技艺要求高

服务者的技术、技能、技艺直接关系着服务质量。消费者对各种服务产品的质量要求也就是对服务人员的技术、技能、技艺的要求。服务者的服务质量不可能有唯一的、统一

的衡量标准，而只能有相对的标准和凭购买者的感觉体会。

## 二、服务营销的特征

服务营销的特征是基于与有形产品的营销的差别而言，这里通过概括服务营销与市场营销的联系与区别，让读者更好地领悟其特征。根据上文服务营销的概念，我们可以知道，理论上来说服务营销属于市场营销，但是由于市场营销的理论脱胎于对商品的销售的研究，所以两者既有联系又有区别。其联系在于两者的共同点，在价格、产品、渠道、促销方面虽然基于各自特征也有一些差别，但不是特别突出，这里就不再一一论述，可以参照市场营销的策略，同时后续章节也有讨论。

市场营销以有形商品为主要研究对象，这样服务营销与市场营销肯定是存在差别的，服务营销与市场营销的差异体现为以下几点。

### 1. 研究的对象存在差别

市场营销是以产品生产企业的整体营销行为作为研究对象，服务营销学是以现代服务企业的整体营销行为和产品营销中的服务环节作为研究对象。服务业与一般生产企业的营销行为存在一定的差异。服务和产品也不能等量齐观。

### 2. 注重过程

服务营销加强了对服务过程的研究，由于通常情况下，顾客参与生产过程，服务过程是服务生产与服务消费的统一过程，服务生产过程也是消费者参与的过程，因而服务营销必须把对顾客的管理纳入有效的推广服务、进行服务营销管理的轨道。市场营销强调的是以消费者为中心，满足消费者需求。

### 3. 突出人的研究

服务营销强调人是服务产品的构成因素，故而强调内部营销管理。服务产品的生产与消费过程是服务提供者与顾客广泛接触的过程，服务产品的优劣、服务绩效的好坏不仅取决于服务提供者的素质，也与顾客行为密切相关。市场营销也会涉及人，但人只是商品买卖行为的承担者，而不是产品本身的构成因素。

### 4. 重视有形展示

服务营销要突出解决服务的有形展示问题。服务的无形性要求服务营销学研究服务的有形展示问题。服务有形展示的方式、方法、途径、技巧成为服务营销学研究的系列问题。这里服务营销的主要特色和重点。有形展示与服务企业的文化相关，与服务企业的形象识别相联系，有形展示使无形的服务有了载体和依托，所以显得尤为重要。

服务营销与市场营销的差异不局限于上述几点，因为服务的复杂特性，服务营销与市场营销在对待质量问题上也有不同的着眼点，服务营销与市场营销在关注物流渠道和时间因素上也存在着差异。

当你在影院看电影时，你遇到许多和你差不多的观众，你知道他们同样在影响你的满意度。他们的穿着、人数、身份和行为都能强化或弱化企业努力要营造的形象或创造的顾客体验。你是否曾恼怒于邻桌高声打手机抱怨工作问题或是愤怒于电影院里坐在你旁边的家伙和他的女朋友旁若无人地亲吻？相反，你是否曾感激过那个过路人教你如何使用操作复杂的 App 呢？在观看黄梅戏、京剧或体育赛事时，那些戏迷、体育迷的专注与热情常常能加强你的兴奋感。而一些观众粗鲁的表现、脏话满嘴，就会损害你的愉悦心情。

请分析一下，这给服务营销带来什么启示，或者服务营销的哪个特征需要我们特别关注？

## 三、服务营销的演进

发达国家成熟的服务企业的营销活动一般经历了七个阶段，每个阶段的发展与经济水平的发展息息相关，每个阶段服务企业的反应不同，对待顾客的方式方法也有差异。

第一个阶段为销售阶段，主要表现：竞争出现，销售能力逐步提高；重视销售计划而非利润；对员工进行销售技巧的培训；希望招徕更多的新顾客，而未考虑到让顾客满意。

第二个阶段为广告与传播阶段，主要表现：着意增加广告投入；指定多个广告代理公司；推出宣传手册和销售点的各类资料；顾客随之提高了期望值，企业经常难以满足其期望；产出不易测量；竞争性模仿盛行。

第三个阶段为产品开发阶段，主要表现：意识到新的顾客需要；引进许多新产品和服务，产品和服务得以扩散；强调新产品开发过程；市场细分，强大品牌的确立。

第四个阶段为差异化阶段，主要表现：通过战略分析进行企业定位；寻找差异化，制定清晰的战略；更深层的市场细分；市场研究、营销策划、营销培训；强化品牌运作。

第五个阶段为顾客服务阶段，主要表现：顾客服务培训；微笑运动；改善服务的外部促进行为；利润率受一定程度影响甚至无法持续；得不到过程和系统的支持。

第六个阶段为服务质量阶段，主要表现：服务质量差距的确认；顾客来信分析、顾客行为研究；服务蓝图的设计；疏于保留老顾客。

第七个阶段为整合和关系营销阶段，主要表现：经常地研究顾客和竞争对手；注重所有关键市场；严格分析和整合营销计划；数据基础的营销；平衡营销活动；改善程序和系统；改善措施保留老顾客。

到了 20 世纪 90 年代，关系营销成为营销企业关注的重点，把服务营销推向一个新的境界。西方经济学家认为：70%的客户流失是服务水平的欠缺，争取一个新客户比维护一个老客户的费用高 6~10 倍，满足客户的基本需求，便可使营业额增长 20% 左右，客户的满意度提高 5%，营业额就可以增加 1 倍，客户不满意时，可能有 75.3% 的人停止或减少购买，每 1 位投诉的客户身后，有 49 位不满意没吭声的顾客；投诉后得到迅速解决会有82% 的客户重新购买。

资料解析：第一，这个资料揭示了员工的参与对整个营销活动的重要意义。企业员工是企业组织的主体，每个员工做的每件事都将是客户对企业服务感受的一部分，都将对企业的形象产生一定的影响。应让每个员工都积极主动地参与到企业的经营管理决策中来，真正发挥员工的主人翁地位。第二，企业应关注在为用户提供服务时的全过程，通过互动沟通了解客户在此过程中的感受，使客户成为服务营销过程的参与者，从而及时改进自己的服务来满足客户的期望。企业营销也应重视内部各部门之间分工与合作过程的管理，因为营销是一个由各部门协作、全体员工共同参与的活动，而部门之间的有效分工与合作是营销活动实现的根本保证。

## 本章习题

### 一、判断题

1. 在服务交易过程中可以发生所有权的转移。　　　　　　　　　　　　（　　）
2. 服务的生产过程通常和消费过程在时间和空间上可以是分离的。　　　（　　）
3. 服务质量难以控制，有时顾客之间相互的影响也会影响服务的质量。　（　　）
4. 服务消费与有形消费都是结果消费。　　　　　　　　　　　　　　　（　　）
5. 服务营销强调人是服务产品的构成因素，因而强调内部营销管理。　　（　　）

### 二、单选题

1. 服务区别于有形产品的最显著特点是（　　　）。
   A. 无形性　　　　　　　　　　　　B. 不可分离性
   C. 差异性　　　　　　　　　　　　D. 不可储存性

2. （　　　）根据产品中所包含的有形商品和无形服务的比重不同，提出了著名的"从可感知到不可感知的连续谱系理论"。
   A. 克里斯汀·格罗鲁斯　　　　　　B. 克里斯托弗·洛夫洛克
   C. 菲利普·科特勒　　　　　　　　D. 林恩·肖斯塔克

3. 服务的（　　　）是指服务的生产过程通常和消费过程在时间和空间上是同步的。
   A. 无形性　　　　　　　　　　　　B. 不可分离性
   C. 差异性　　　　　　　　　　　　D. 不可储存性

4. 在从有形到无形的连续谱系图中，汽车、电视机属于（　　　）。

   A. 纯粹的实体产品　　　　　　　B. 附带服务的实体产品

   C. 伴有产品的服务　　　　　　　D. 纯粹的服务

5. 下列关于服务营销的说法错误的是（　　　）。

   A. 服务产品的供求具有分散性

   B. 服务营销对象复杂多变

   C. 服务消费者需求弹性小

   D. 服务营销方式的单一性在一定程度上限制了服务市场规模的扩大

## 三、问答题

1. 分析服务营销在经济发展中的作用。

2. 服务具有哪些特征？请结合具体例子说明。

3. 分析服务的差异性对服务营销的影响。

4. 服务的特征给营销带来了哪些挑战？

5. 分析服务特征对餐饮营销的正面影响和负面影响。

6. 为什么要研究服务营销？

7. 服务营销与商品营销存在哪些差异？

8. 有人认为，服务企业的营销者在制定营销组合时只需要考虑传统的 4P 就足够了，你是否赞成这一观点，请举例说明。

## 四、分析案例

### 四大消费性服务业：提升百姓生活质量

**新华网**　北京 2006 年 5 月 6 日电　世界休闲博览会首度在中国召开、沈阳世界园艺博览会爆棚、第九届世界休闲大会将召开……已经历十多个黄金周的中国人，对今年"五一"长假又多了一些新认识、新感受："休闲"从来没有像今天这样距离老百姓如此之近。随着日益提高的生活水平和拥有更多的闲暇时间，中国百姓对"休闲度假"的质量提出了更高要求。国务院副总理吴仪日前表示，要积极发展休闲服务，不断提高生活质量。按照"十一五"规划纲要，中国将加快发展商贸服务业、旅游业、市政公用事业、社区服务业等四大消费性服务业，强化与休闲密切相关的产业。

商贸流通：让亿万农民家门口逛超市。中国约有一多半人口居住在农村，随着农民收入的增加和生活水平的提高，他们也投入"休闲大军"之中。切实提高农民生活质量，满足他们的休闲购物需求，是中国努力要解决的一个问题。"十一五"规划纲要在强调建设社会主义新农村的同时，还提出要适应居民消费结构升级趋势，继续发展主要面向消费者的服务业，扩大短缺服务产品供给，满足多样化的服务需求。商务部自 2005 年初开始推行"万村千乡"市场工程，目前已在全国农村建立起 7 万多家标准化农家店（连锁化农村超市），覆盖了接近 1 亿农村人口。商务部市场建设司介绍说，到 2007 年底，将建成 25 万家标准化农家店，覆盖全国 70% 的乡镇和 50% 的行政村，届时将有超过 3 亿农民实现在家门口逛超市。按照部署，国家将鼓励发展所有制形式和经营业态多样化、诚信便民的零售、餐饮等商贸服务。积极发展连锁经营、特许经营、物流配送等现代流通方式和组织形式，合理调整城市商业网点结构和布局。

旅游度假：提升大众化消费品质。中国旅游产业的长足发展，形成了世界上最大的国内旅游市场。目前我国城乡居民平均出游率（国内旅游人次与全国总人口比率）达到 90% 以上，国内旅游已经进入大众化消费阶段。根据部署，"十一五"时期我国将特别注重休闲市场需求，把旅游和休闲结合得更紧密，推动旅游度假区品质的提升。同时，完善黄金周制度，提高假日旅游的组织协调水平。到 2010 年，我国旅游总收入将达到 12 700 亿元。为推动国际化旅游目的地建设，2006 年，国家旅游局还将创建 5A 级旅游景区。5A 级景区是中国景区级别划分的最高等级标准，在旅游交通、游览、旅游安全等十余方面对旅游景区提出了严格要求。

市政建设：为居民休闲提供基础服务。当休闲不只是"少数人的特权"，而成为大众化的普遍行为时，与休闲相关的产业也必然获得更大的发展空间，而市政公用事业的快速发展，正是休闲产业发展的基础。"十一五"规划纲要提出，加强市政公用事业，其中包括优先发展公共交通，完善城市路网结构和公共交通场站，有条件的大城市和城市群地区要把轨道交通作为优先领域，超前规划，适时建设。积极发展出租车业。加强城市供排水、中水管网改造和建设，增强安全供水能力，扩大再生水使用范围。合理规划建设和改造城市集中供热、燃气设施。根据建设部安排，2006 年我国将调整和优化城镇建设投资结构，引导城镇建设资金主要用于完善和配套现有设施，重点加强城市供水排水管网、燃气管网、供热管网、防灾设施等改造和建设、城市公共交通设施建设、重点流域城市水污染防治设施建设，以及小城镇和农村公共基础设施建设。时任国家建设部部长的汪光焘表示，建设行政主管部门要加强市场监管，落实特许经营制度的实施，确保公众利益、公共安全，切实提高服务水平。继续推进区域性供水、供气、供热、污水和垃圾处理设施的共建共享。

社区休闲：家门口享受舒适生活。"外面人太多，社区里设施很完善，健身、下棋、打牌都可以，玩得很开心。"北京市崇文区的张健，就在自己社区里过"五一"长假。社区是城市的细胞。近年来，社区休闲方式日益丰富，配套设施日渐完备，健身大厅、棋牌室、图书室、电影院、美容美发中心、洗浴中心、茶馆等纷纷走进社区。人们生活其间，乐在其间。即使在"五一""十一"等长假中，留在社区度过假期的人们也不会感到单调、乏味。社区休闲相比旅游等方式，有着价格低、便利等优势，正被越来越多的人所接受。值得一提的是，近年来，我国各级政府和有关部门都加大了对社区服务业的投入。2005 年我国城镇已建立各种社区服务设施 17 万个，其中综合性社区服务中心 9 705 个。民政部等部门已提出，全国要力争在 3 到 5 使社区组织工作用房和公益性服务设施有较大的改观，使社区管理服务水平有新的提高。在 5 年内，国家将大力发展社区卫生，加快构建以社区卫生服务为基础，社区卫生服务机构与医院分工协作、双向转诊的城市医疗服务体系。按照"十一五"规划纲要，我国还将重点发展社区卫生、家政服务、社区保安、养老托幼、食品配送、修理服务和废旧物品回收等。理顺社区管理体制，推进社区服务规范化和网络化建设。

问题：

1. 你认为文中对服务业的分类合理吗？

2. 从服务营销的角度来思考市政建设，你觉得可以怎样优化？

## 五、应用训练

1. 列举你在大学生活中经常接触的两三种服务，概括说明一下它们的特征。

2. 选择大学周围你消费过的一家服务机构，点评一下它的营销做法。

3. 说说新媒体和共享经济从衣食住行等方面对我们的生活产生了哪些影响。

# 第二章　服务营销理论

掌握服务营销三角模型；了解服务的价值；理解和掌握顾客让渡价值和服务利润链；掌握关系营销的含义、特征和类型；了解并学会应用服务营销组合策略。

导入　案例

## 世界进入"服务经济时代"

随着科学技术和企业管理水平的全面提高，消费者购买能力的增强和需求趋向的变化，服务因素在国际市场的竞争中，已取代产品质量和价格而成为竞争的新焦点。世界经济开始进入了"服务经济时代"。在西方发达国家，一些有代表性的企业已通过向顾客提供服务产品，为企业创造了大量的利润。

美国IBM公司公开表示自己不是电脑制造业，而提供满足顾客需求的服务。该公司的总裁说："我们公司并不卖电脑，而是卖服务。"

美国电话电报公司从1974年开始，一半以上的收入来自向顾客提供服务。1982年美国有10家工业公司脱离《幸福》500家大企业的行列，变成服务性公司。1989年美国波士顿的福鲁姆咨询公司在调查中发现，顾客从一家企业转向与之竞争的另一家企业的原因，10人中有7人是因为服务问题，而不是因为质量或者是价格的缘故。美国的马萨诸塞州沃尔瑟姆市一家销售咨询公司经计算证实，公司服务质量（如合同履约率等可衡量因素）每提高1%，销售额能增加1%。

广义的服务行业是当代社会须臾离不开的一个重要部分，它深入社会的每个角落，联系着每一个消费者。企业如何为顾客提供全面良好的售前、售时、售后的服务，以吸引长久的顾客；随着各种服务业的蓬勃发展，如何在服务领域内提高效率，改善服务质量，不断完善服务实践，深入研究服务理论，已成为当今世界面临的一项重要课题。

**思考题：** 为什么 IBM 公司的总裁说，"我们公司并不卖电脑，而是卖服务"？

# 第一节　服务营销三角模型

**课堂讨论**

有形产品营销三角形和服务营销三角形有何不同？

为了对服务营销管理有更深入的认识，营销界学者先后提出了多个服务营销模型，并将其作为服务营销的战略基础。服务体现了公司、雇员和顾客三者之间的相互作用关系。著名的服务营销专家格雷鲁斯在其研究过程中，提出了服务营销的三角理论，指出内部营销、外部营销和互动营销，都是企业营销战略整体内在的组成部分。

## 一、有形产品营销三角形

按照传统观点，生产具有封闭性，顾客不参与有形产品的生产流程。企业通过市场营销等活动来了解顾客的需求，生产出相应产品后通过外部营销活动将产品推荐给目标顾客，并做出承诺。如果产品符合顾客需求，则企业遵守了先前的承诺。因此企业就是在做出承诺、遵守承诺、兑现承诺的流程中谋求生存和发展，如图 2-1 所示。

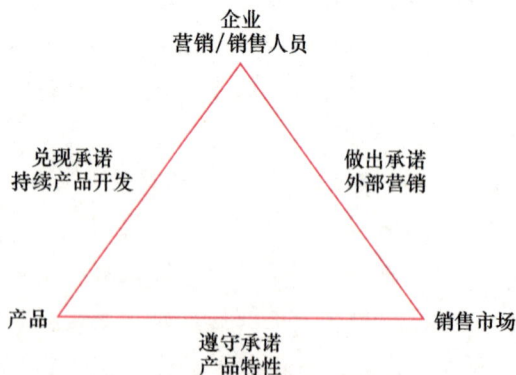

**图 2-1　产品营销三角形**

资料来源：［芬］克里斯廷·格罗鲁斯. 服务营销与管理——基于顾客关系的管理策略.

2 版［M］. 韩经纶，等，译. 北京：电子工业出版社，2002.

## 二、服务营销三角形

服务营销要远比有形产品的营销复杂。在服务开始前，企业无法预知顾客的需要与期望；在服务流程中，各类人员对服务都会产生影响，使得服务结果多种多样；服务结束后，企业也无法准确了解顾客的感知服务质量和感知价值。面对这一系列的不可控因素，格罗鲁斯将员工、技术、知识、顾客时间和顾客作为企业的资源纳入服务营销体系，形成服务营销三角形，它由外部市场营销、内部市场营销和互动市场营销三个核心部分组成，如图2-2所示。

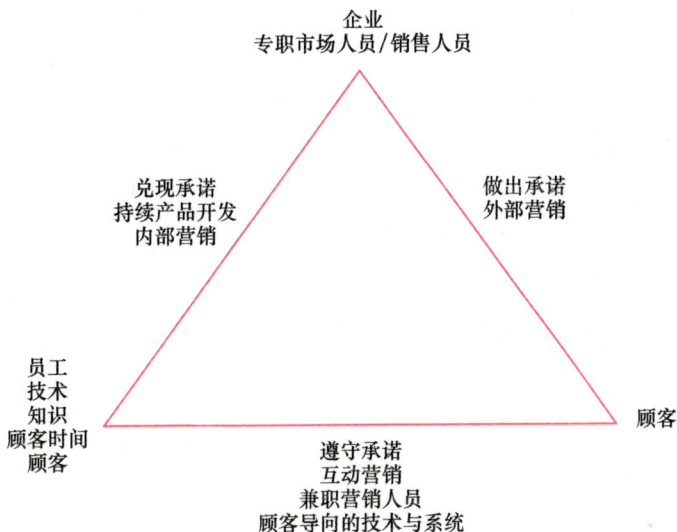

**图2-2　服务营销三角形**

资料来源：[芬]克里斯廷·格罗鲁斯.服务营销与管理——基于顾客关系的管理策略.
2版[M].韩经纶，等，译.北京：电子工业出版社，2002.

服务营销三角理论认为，企业、顾客和一线员工是三个关键的参与者，服务企业要想在竞争中获得成功，就必须在这三者之间开展外部营销、内部营销和互动营销。这三种类型的营销活动相互影响、相互联系，共同构成了一个有机的整体。

### （一）外部市场营销——建立关系

外部市场营销是企业根据顾客期望向顾客做出承诺的流程。外部市场营销不仅包括广告、人员推销和营业推广等传统市场营销活动，也包括服务人员及服务流程等服务营销特有的要素组合。例如，航空公司把那些经常乘坐本公司航班的顾客称为"最具价值的顾客"，并发放贵宾卡，为他们提供有别于其他顾客的服务。在外部市场营销流程中，企业要做出一致且能够兑现的承诺。

## （二）互动市场营销——维持关系

互动市场营销就是在服务人员接触顾客的流程中，将顾客、员工和设备都视为营销资源，让他们都参与到市场营销活动中来，以便实现承诺的一种手段。在服务营销三角形中，企业的员工都是市场营销人员，专职的和兼职的市场营销人员通过与顾客接触获得更多的顾客信息，为顾客提供个性化的服务。因此，互动市场营销不仅是企业遵守承诺的流程，也是企业保持与顾客的持久关系，保留忠诚顾客的关键点。

## （三）内部市场营销——支持关系

企业的一切活动都需要通过员工来实现，企业要兑现对顾客的承诺，就必须利用一切资源和沟通方式，使员工能够利用企业资源和信息来建立、维持与顾客间的关系。内部市场营销包括为服务人员提供培训、建立内部激励机制以及定期的企业文化沟通等。

综上所述，企业进行服务营销活动的目标能否实现，需要将外部营销、内部营销和互动营销结合起来，即将企业、员工与顾客三者联系起来，企业通过对员工的培训，培养其顾客服务意识，员工运用其各种技能向顾客提供满意的服务，培养顾客的忠诚度。总之，服务营销目标的实现比传统意义上的营销要困难。

### 【资料链接】2-1

#### 联邦快递的服务营销三角形

美国联邦快递公司是使三角形三条链很好结合的一个例子。在外部营销方面，联邦快递是行家，它了解自己的顾客。公司经常开展广泛的市场研究，每季度进行2 400项的顾客调查，每天都调查顾客的满意度并倾听顾客的意见。公司通过获取广告信息以及员工所做的宣传，有效地向市场传达承诺。互动营销——保持承诺是联邦快递经营战略的核心。每位联邦经理人手一本的《经理人员指南》强调，"每一次与顾客接触都是一个展示联邦快递形象的关键时刻"。公司内的一个共同目标是使顾客感到："这些服务过程中的每一环节都是无懈可击的。"直接提供联邦快递服务的人们（司机、前台人员、业务后勤顾问）都知道达到100%的互动式营销成功的目标。联邦快递公司也知道，除非服务提供者具有提供优质服务所需的奖励支持系统，否则，100%的成功是不可能的。另外，与员工的广泛沟通也是全体员工发挥积极性和创造性的关键。对员工的支持和公平对待换来了联邦快递员工的高度忠诚，并保持对顾客的承诺。

**问题：**联系"联邦快递公司"的案例，阐述服务营销三角模型是如何发挥作用的。

# 第二节　服务收益

1. 服务为什么能在市场上交易？服务的价值怎么衡量？
2. 顾客购买服务付出了什么，又获得了什么？
3. 怎样获得更多的服务收益？

服务的收益由服务的价值和服务的成本决定，因而了解服务收益，需要先了解服务的价值和使用价值以及顾客让渡价值等概念。

## 一、服务的使用价值与价值

### （一）服务的使用价值

#### 1. 一般功能

（1）服务具有满足人的某种物质或精神需要的功能。

（2）非物质使用价值也是构成社会财富的重要内容。

（3）非物质使用价值在市场经济中也是交换价值的物质承担者。

#### 2. 特殊功能

（1）节约时间。

（2）具有密切各部门、各地区经济联系的特殊功能。

#### 3. 服务产品使用价值的形式

（1）服务消费品，分满足精神需要的服务消费品和满足物质需要的服务消费品。

（2）服务型生产资料，是满足人的生产消费需要的服务产品，分为智力型服务性生产资料和非智力型服务性生产资料。

#### 4. 服务产品使用价值的特征

（1）服务产品具有非实物特征。

（2）服务产品使用价值具有消费替代性、消费互补性与消费引致性。

（3）服务产品使用价值具有非转移性。

（4）服务产品使用价值再生产的被制约性。

### （二）服务的价值与价值量

#### 1. 市场经济中的服务产品具有价值的原因

（1）生产服务产品耗费的劳动凝结在非实物使用价值上形成价值实体。

（2）私人劳动和社会劳动的矛盾使生产服务产品的劳动取得社会形式，从而产生价值。

（3）服务产品与实物产品不能按异质的使用价值量进行交换，而只能按同质的抽象劳动量进行交换。

#### 2. 服务产品的价值量决定

（1）不变资本 C，包括燃料、物料、辅助材料价值及工具和设施折旧费等。

（2）可变资本 V，这是服务劳动者必要劳动所创造的价值。

（3）剩余价值 M，这是服务业乃至整个社会发展的基础。

【资料链接】2-2

**服务效用价值**

服务可创造效用，如果它可以用价格表示出来，并在市场出售，便产生了价值。服务的效用价值的构成有以下两部分。一是要素的价值。服务效用的市场价值取决于提供服务的人力资本、劳动和实物资本等要素的价值。二是其所发挥的功能效用。对大多数的服务尤其是公共服务与准公共服务而言，其效用价值除了市场价值外，还包括外部正效应。服务效用的正外部性是游离于市场之外的，主要表现为服务在经济中所发挥的功能效应。

## 二、顾客让渡价值

### （一）顾客让渡价值的含义

顾客让渡价值是指企业转移的，顾客感受得到的实际价值，一般表现为顾客购买总价值与顾客购买总成本之间的差额（见图 2-3）。顾客让渡价值是菲利普·科特勒（Philip Kotler）在《营销管理：分析、计划、执行与控制》一书中提出来的，他认为，"顾客让渡价值"是顾客总价值与顾客总成本之间的差额。

#### 1. 顾客购买的总价值

顾客购买的总价值是指顾客购买某一产品与服务所期望获得的一组利益，它包括产品价值 $Pd$、服务价值 $S$、人员价值 $Ps$ 和形象价值 $I$，则有 $TCV=Pd+S+Ps+I$。

（1）产品价值。产品价值是由产品的质量、功能、规格、式样等因素所产生的价值。产品价值是顾客需求的核心内容之一，产品价值的高低也是顾客选择商品或服务所考虑的首要因素。要提高产品价值，就必须把产品创新放在企业经营工作的首位。

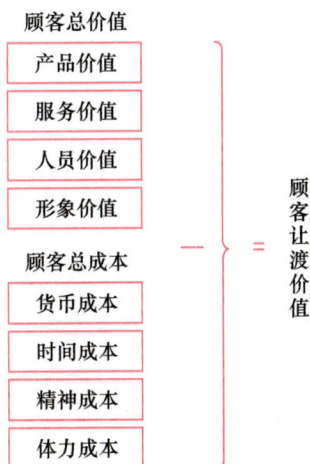

图 2-3　顾客让渡价值的构成

（2）服务价值。服务价值是指企业向顾客提供满意所产生的价值。服务价值是构成顾客总价值的重要因素之一。从服务竞争的基本形式看，可分为追加服务与核心服务两大类：追加服务是伴随产品实体的购买而发生的服务，其特点表现为服务仅仅是生产经营的追加要素。核心服务是追加服务的对称，核心服务是消费者所要购买的对象，服务本身为购买者提供了其所寻求的效用，核心服务则把服务内在的价值作为主要展示对象。

（3）人员价值。人员价值是指企业员工的经营思想、知识水平、业务能力、工作效率与质量、经营作风以及应变能力等所产生的价值。只有企业所有部门和员工协调一致地成功设计和实施卓越的竞争性的价值让渡系统，营销部门才会变得卓有成效。由此可见，人员价值对企业进而对顾客的影响作用是巨大的。

（4）形象价值。形象价值是指企业及其产品在社会公众中形成的总体形象所产生的价值。形象价值是企业各种内在要素质量的反映，与产品价值、服务价值、人员价值密切相关，在很大程度上是上述三方面价值综合作用的反映和结果。

### 2. 顾客购买的总成本

顾客购买的总成本是指顾客为购买某一产品所耗费的时间、精神、体力以及所支付的货币资金等，包括货币成本 M、时间成本 T、精神 E、体力成本 L，则有 $TCC=M+T+E+L$。

（1）货币成本。货币成本是指顾客在购买服务时需要直接支付的现金的量。

（2）时间成本。时间成本是顾客为想得到所期望的商品或服务而必须处于等待状态的时期和代价。时间成本是顾客满意和价值的减函数，在顾客价值和其他成本一定的情况下，时间成本越低，顾客购买的总成本越小，从而"顾客让渡价值"越大，反之"让渡价值"越小。

（3）精神成本。精神成本是指顾客购买商品时，在精神方面的耗费与支出。精神成本体现为服务产品类别选择，服务产品的知识了解，服务消费的知识储备，服务消费的社会影响力考量等与精神有关的支出与耗费。在顾客总价值与其他成本一定的情况下，精神成本越小，顾客为购买商品所支出的总成本越低，从而"让渡价值"越大。

（4）体力成本。体力成本就是服务消费者在消费时的体力支出，如步行、等待、乘车。

### （二）顾客让渡价值的意义

在现代市场经济条件下，企业树立"顾客让渡价值"观念，对于加强市场营销管理，提高企业经济效益具有十分重要的意义。

#### 1. 顾客让渡价值有利于从更宽泛的层面考虑顾客利益

因为顾客让渡价值的多少受顾客总价值与顾客总成本两方面的因素的影响。其中顾客总价值是产品价值（product value）、服务价值（services value）、人员价值（personal value）和形象价值（image value）等因素的函数。其中任何一项成本因素的变化均会影响顾客总成本，由此影响顾客让渡价值的大小。同时，顾客总价值与总成本的各个构成因素的变化及其影响作用不是各自独立的，而是相互作用、相互影响的。某一项价值因素的变化不仅影响其他相关价值因素的增减，从而影响顾客总成本的大小，还影响顾客让渡价值的大小；反之亦然。因此，企业在制定各项市场营销决策时，应综合考虑构成顾客总价值与总成本的各项因素之间的这种相互关系，从而用较低的生产与市场营销费用为顾客提供具有更多的"顾客让渡价值"的产品。

#### 2. 顾客让渡价值有利于差异化人性化地满足顾客期望

众所周知，不同的顾客群对产品价值的期望与对各项成本的重视程度是不同的。企业应根据不同顾客群的需求特点，有针对性地设计和增加顾客总价值，降低顾客总成本，以提高产品的实用价值。例如，对工作繁忙的消费者而言，时间成本是最为重要的因素，企业应尽量缩短消费者从产生需求到具体实施购买，以及产品投入使用和产品维修的时间，最大限度地满足和适应其求速求变的心理要求。总之，企业应根据不同细分市场顾客的不同需要，努力提供实用价值强的产品，这样才能增加其购买的实际利益，减少其购买成本，使顾客的需要获得最大限度的满足。

#### 3. 顾客让渡价值有利于平衡顾客需求与企业发展之间的矛盾

企业为了争取顾客，战胜竞争对手，巩固或提高企业产品的市场占有率，往往采取"顾客让渡价值"最大化策略。追求"顾客让渡价值"最大化的结果往往会导致成本增加，利润减少。因此，在市场营销实践中，企业应掌握一个合理的界线，不应片面追求"顾客让渡价值"最大化，以确保实行"顾客让渡价值"所带来的利益超过因此而增加的成本费用。换言之，企业"顾客让渡价值"的大小应以能够达到实现企业经营目标的经济效益为原则。

#### 4. 顾客让渡价值引申了产品的概念，扩大了产品内涵的范畴

产品泛指满足消费者需要与欲望因素的总和。凡是能为消费者提供某种满足的因素都构成了产品的范畴，也就构成了使"顾客让渡价值"最大的产品因素，包括产品本身、相关服务、人员价值和形象价值。企业必须将之与顾客让渡价值的相关因素进行综合考虑，以最小的投入创造最大的"顾客让渡价值"。

### （三）提升顾客让渡价值的一般策略

#### 1. 通过产品创新、提高产品和服务质量增加顾客总价值

产品或服务价值是由产品或服务的功能、特性、品质、品种等所产生的价值构成，在产品或服务属性性能分析的基础上，对产品或服务价值构成进行创新是增加顾客总价值的根本手段。在市场竞争日益激烈的条件下，企业更要在产品或服务功能的提高上下功夫。企业应在市场需求调研的基础上，通过增加科技投入新产品或服务开发及增加新产品或服务的内在效用，来引导消费者购买。产品或服务质量是顾客需要的中心内容，企业应通过提高产品或服务质量来实现顾客总价值。但企业不应陷入质量越高越好的误区，在社会经济发展不同时期，顾客对产品或服务的需求有不同的要求，构成产品质量的要素以及各种要素的相对重要程度也有所不同；企业应在分析顾客需求的共同特点和个性特征基础上增强产品或服务的适应性，从而为顾客创造更大的价值。

在现代营销实践中，消费者选购产品或服务时，不仅注重产品或服务本身价值，而且更加重视产品或服务附加价值，企业的竞争从本质上讲发生在产品或服务的附加层次。正视购买者的整体消费系统，才会为消费者提供更大的购买总价值，进而提高企业的竞争有效性。当然，产品或服务每一项附加服务均需要支付相应的企业成本，当企业为其附加服务提高价格时，应考虑顾客的承受能力，否则适得其反。企业在为消费者提供服务的同时，也在为自己创造着更加宝贵的关系价值。企业这种服务价值理念同样需要设计，应该根据不同产品不同顾客提供个性化、差异化的服务。如宜家的送货服务不是无偿的，它把这份开销从产品价格中剔除了，使那些不需要送货服务的顾客得到了最低的产品价格，而需要送货的顾客只需要付足送货的成本就可以享受这种服务。这样的服务方法，获得了各类顾客的欢迎，得到绝大多数顾客的满意，不能不说是一种成功的服务价值设计。

#### 2. 通过降低顾客购买总成本实现增加顾客让渡价值

增加顾客让渡价值的另一方式是通过降低顾客购买总成本来实现。企业降低顾客购买总成本实现的途径有（1）提供低于竞争者的价格的相同产品或服务；（2）提供与竞争者相同价格但高于竞争者产品或服务性能的产品或服务；（3）提供与竞争者相同质量、相同价格，但提供了更多便利的产品和服务等途径。总之，产品从生产领域到消费领域的过程中，有许多环节影响着买方的价值，企业只要贯彻顾客满意原则，从这些环节中就可发现降低买方成本的有效途径。

我国市场经济发展步伐迅速，企业面临的市场竞争越来越激烈，企业提高竞争力的唯一途径就是以顾客需求为核心，建立完善的顾客价值分析体系，将顾客让渡价值理论贯穿于生产和经营活动的各个环节是企业提高竞争力的一个重要手段。多数企业在这方面已有一定尝试，目前所需要的是更加系统地将其贯彻于企业的整个经济活动中，并扩大其应用范围。

## 三、服务利润链

1994 年詹姆斯·赫斯克特（James L. Heskett）教授等五位哈佛商学院教授组成的服务管理课题组提出"服务价值链"模型时提出服务利润链，试图从理论上揭示服务企业的利润是由什么决定的。他们认为，服务利润链可以形象地理解为一条将营利能力、客户忠诚度、员工满意度和忠诚度与生产力之间联系起来的纽带，它是一条循环作用的闭合链，其中每一个环节的实施质量都将直接影响其后的环节，最终目标是使企业的盈利。

简单地讲，服务利润链告诉我们，利润是由客户的忠诚度决定的，忠诚的客户给企业带来超常的利润空间；客户忠诚度是靠客户满意度取得的，企业提供的服务价值决定了客户满意度；最后，企业内部员工的满意度和忠诚度决定了服务价值。简言之，客户的满意度最终是由员工的满意度决定的。

### （一）理论价值

服务利润链理论的提出，对于提高服务企业的营销效率和效益，增强企业的市场竞争优势，能起到较大的推动作用。主要体现在以下方面。

**1. 服务利润链明确指出了顾客忠诚与企业营利能力间的相关关系**

这一认识将有助于营销者将营销管理的重点从追求市场份额的规模转移追求市场份额的质量上来，真正树立优质服务的经营理念。

**2. 顾客价值方式为营销者指出了实现顾客满意、培育顾客忠诚的思路和途径**

服务企业提高顾客满意度可以从两方面入手：一方面，可以通过改进服务提升企业形象来提高服务的总价值；另一方面，可以通过降低生产与销售成本减少顾客购买服务的时间、精力与体力消耗，降低顾客的货币与非货币成本。

**3. 服务利润链提出了"公司内部服务质量"的概念，它表明，服务企业若要更好地为外部顾客服务，首先必须明确为"内部顾客"——公司所有内部员工服务的重要性**

服务企业必须设计有效的报酬和激励制度，并为员工创造良好的工作环境，尽可能地满足内部顾客的内、外在需求。

服务创造价值已成为公理。服务究竟如何创造价值，服务利润链的思想认为：利润增长、顾客忠诚度、顾客满意度、顾客获得的产品及服务的价值、员工的能力、满意度、忠诚度、劳动生产率之间存在着直接、牢固的关系。

## （二）核心内容

服务利润链的核心内容是顾客价值等式，顾客价值＝（为顾客创造的服务效用＋服务过程质量）／（服务的价格＋获得服务的成本），而与顾客价值等式直接相关的是顾客忠诚循环和员工能力循环。

实践证明，服务利润链中存在如下重要关系：（1）利润和顾客忠诚度；（2）员工忠诚度和顾客忠诚度；（3）员工满意度和顾客满意度。

服务利润链的思想认为：利润、增长、顾客忠诚度、顾客满意度、顾客所获得的产品及服务的价值，员工的能力、满意度、忠诚度、劳动生产率之间存在着直接、牢固的关系。这些和服务的利润以及利润的增长有着直接的联系。

从模型我们可以发现，服务利润链由以下几个循环构成，分别是员工能力循环、员工满意度循环、顾客忠诚度循环、企业营利循环。以企业营利循环为主线，四个循环之间又相互作用，可以找到以下逻辑：内部高质量的服务，可以产生满意、忠诚的员工，员工通过对外提供高质量的服务，为客户提供了较大的服务价值，接受服务的客户由于满意而保持忠诚，忠诚的客户带来了健康的服务利润。服务利润链模型的评价工具往往是采用平衡计分卡，对每个元素进行记录和评价，再形成一个整体的评价，特别注意的是局部和整体的控制和协调。

## （三）提高服务利润或收益的途径

### 1. 基于员工的内部途径

（1）提高内部服务质量，增进员工满意度。

企业若要更好地为外部客户服务，首先应该将员工看待为内部客户，明确"内部客户"服务的重要性，尽可能地满足内部客户的需求，提供优质内部服务。内部服务质量取决于员工对工作本身满意与否以及员工之间的关系两方面。工作本身满意取决于其完成预定目标的能力以及在这一过程中所拥有的权力。当员工具备了上述两个条件时，自然会因为达到了预期目标而对工作满意，对企业满意，并最终对企业忠诚。而员工之间的关系，也在很大程度上决定了企业内在服务质量的高低。一方面是员工之间的人际关系，如果同事之间能维持一种和谐、平等、互相尊敬的关系，那么在这样的工作环境中，员工满意度和工作效率就会提高；另一方面是员工之间的相互合作和服务方式，在相互服务的过程中，尤其应提倡团队精神与合作态度，这样才能提高员工的满意度。

（2）员工满意度促进员工忠诚度。

员工的满意度是由岗位设计、工作环境、员工选拔培养、激励机制以及服务工具和技术支持等多方面决定的，员工对自身服务能力的评价会影响其自身的满意度。满意表明员工对企业未来发展有信心，为能成为企业中的一员而感到骄傲，并促使员工自觉担当起一定的工作责任，为企业努力地工作。员工满意能有效提高员工工作效率，降低员工流失率。在服务业企业工作中，员工由于不满意而流失跳槽造成的损失不只是重新招聘、雇用和培训而产生的费用，而更是由于生产率的下降和客户满意度的降低导致客户流失的损失，由此产生的不良影响是难以估量的。员工的忠诚取决于员工的满意，因此，培养和提高员工的满意度以提高员工忠诚度及工作效率对银行的发展具有深远意义。

（3）员工忠诚度是工作效率和服务价值的保证。

高服务价值来源于企业员工高保留率和高工作效率，也就是来源于员工对企业的忠诚度。企业员工的工作是服务价值产生的必然途径，而员工的工作效率无疑决定了他们所创造的价值高低，只有高忠诚度的员工才能产生高的服务价值。对企业而言，要培养员工的忠诚度，最重要的是要让员工有归属感、事业成就感，可通过给予员工提供发展的机会，建立员工自我管理团队，让员工享有一定的股权，提供挑战性的工作，对员工无微不至的关怀等措施来实现。让每位员工的优势得以发挥，就能使员工在工作中获得成就感，增强自信心，从而把工作做得更好。企业应加强与员工的公开交流和沟通，促进员工和组织之间互相认同，使员工有信心在为企业工作贡献的同时达到自己的预期目标，最终让职业忠诚同企业忠诚达到完美结合。

### 2. 基于价值增加的外部途径

（1）高服务价值导致高客户满意度。

客户满意度取决于员工的服务质量和提供的服务价值高低，对客户来说，服务价值可以通过比较获得服务所付出的总成本与得到的总利益来衡量。客户购买产品或服务时，总希望把资金、时间等成本降至最低，同时希望从中获取更多的利益。因此，客户所得的价值越大，其满意度越高。企业提高客户满意度可以从两方面入手：一方面可以通过改进服务，提升企业形象来提高服务的总价值；另一方面可以通过减少客户购买服务的时间、精力与体力消耗，降低客户的货币与非货币成本。

服务质量和客户满意度紧密相关，客户是根据企业服务人员的质量来判断服务质量，从而确定自己是否满意。推行服务质量管理，我们可以适当引进制造业的质量控制原则，时间与动作研究，标准化，装配线作业原则等改善服务质量。也可以聘请相关组织，从局部开始对服务进行ISO9000质量管理体系认证，借助外力形成企业服务的质量管理体系。

（2）客户满意导致客户忠诚。

客户忠诚是由客户满意度决定的，客户满意是一种心理活动，是客户的需求被满足后的愉悦感。企业的一切活动必须以满足客户的需求为出发点，通过比竞争对手做得更好使客户满意，培养其对企业的忠诚，造就稳定的客户，由此扩大销售，增加利润，获得更大和持久的发展。客户忠诚代表客户对企业及产品服务的偏好，如果客户对于企业所提供的产品和服务满意，客户的忠诚度就会随之提高，购买率与对企业的满意度成正比。企业同时还要重视客户作为企业产品"传道者"的作用，满意的客户会转变那些不接受企业产品和服务的人的看法，而不满意的客户则会产生不好的口碑，因此企业应该尽力避免产生不满意的客户。

（3）客户忠诚导致获利性与成长。

服务性企业的利润来源于客户忠诚，客户忠诚度的提高能大大促进企业的获利能力的增强。忠诚的客户所提供的销售收入和利润占据了企业销售收入和利润总额的很高比例。在服务业企业中，客户忠诚度的小幅度提高就能导致利润的大幅度上升，忠诚客户每增加5%，所产生的利润增幅可达到25%~85%。因此，可以说，忠诚客户的多少在很大程度上决定了市场份额的"质量"，它比以实际客户多少来衡量的市场份额"规模"更有意义。

综上可知，服务性企业要想提高服务收益，需要做到以下两点：一是要提高顾客总价值，降低总顾客成本，提高顾客让渡价值；一是要提高内部服务质量，增进员工满意度，促进员工忠诚度，保证工作效率和服务价值，增强客户满意度，促使客户忠诚，最终使本企业获利并长久发展。

# 第三节　关系营销

## 一、关系营销的内涵

### （一）关系营销的起源

关系营销是从"大市场营销"概念衍生、发展而来的。20世纪80年代，科特勒提出了"大市场营销"的观念，目的在于解决国际市场的进入壁垒问题。在传统的市场营销理论中，企业外部环境是被当作"不可控因素"来对待的。暗含的假设是，当企业在国际市场营销中面临各种贸易壁垒和舆论障碍时，只能听天由命、无所作为。因为在贸易保护主义日益盛行时，单纯依靠传统的4P组合策略已不足以打开封闭的市场。要打开封闭的市场，企业除了需要运用产品、价格、渠道和促销四大营销策略外，还必须有效地运用政治权利和公共关系这两种营销工具。这种策略思想被称为"大市场营销"。关系营销概念直接来自科特勒的大市场营销思想，它的产生和发展同时得益于对其他科学理论的借鉴。

### （二）关系营销的含义

关系营销是把营销活动看成是一个企业与消费者、供应商、分销商、竞争者、政府机构及其他公众发生互动作用的过程，其核心是建立和发展与这些公众的良好关系。许多学者对此进行了研究，并给出了不同的关系营销的定义。1985年，巴巴拉·本德·杰克逊

（Barbara B. Jackson）提出了关系营销的概念，它是现代西方营销理论与实践在传统的"交易型营销"基础上的一个发展和进步。关系营销理论率先提出和讨论了如何维系和改善同现有客户之间关系的问题。北欧学派的代表人物格罗鲁斯（Gronroos）认为："关系营销的目的就是要识别、建立、保持和强化与顾客的关系，在必要的情况下，还要终止与某些顾客的关系，以确保关系双方的经济利益和其他利益。这是通过双方不断做出和履行承诺的过程中实现的。"北美学派的贝瑞（Berry）将关系营销定义为："关系营销就是吸引、发展和保留顾客关系。优质的服务是建立顾客关系的必要条件。吸引新顾客仅仅是营销过程中的第一步，将新顾客转化为忠诚的顾客，像对待主顾一样为顾客提供服务，这些都是市场营销。"北欧学派的詹姆斯·赫斯克特（James Heskett）则论证了企业同客户的关系对服务企业市场营销的巨大影响。而摩根（Morgan）将企业面临的关系分为供应商合伙关系、购买者合伙关系、内部合伙关系和隐性合伙关系，将企业与内外部利益相关者的关系都纳入关系营销的范围中，从而大大拓展了传统市场营销的含义和范围。这是一个广义的关系营销概念。

综合上述定义，关系营销是指为实现各方目标而识别、建立、保持并加强与利益相关者之间的关系的过程。

## 【资料链接】2-3

### 营销水桶理论

假日饭店市场部执行总裁肖尔在一次采访中谈道，一个被称作为营销水桶的理论使他闻名于假日饭店集团。据此理论，他认为营销可以被看作一只大水桶，所有的销售、广告和促销计划都可看作从桶口往桶里倒水，只要这些方案计划是有效的，水桶就可以盛满水。然而，这里有个问题，他说桶上有一个洞。当生意状况很好并且饭店按承诺提供服务时，这个洞很小，即只有很少的顾客流失。当运营管理不善并且顾客对他们所得到的服务感到不满时，顾客会像水一样从洞中大量流失，并且流出的水比倒进来的还多。

水桶理念表明了为什么关系策略，即关注堵住桶上的洞会有如此大的意义。由于历史上市场工作人员过多关注获得顾客，所以向关系策略的转变经常代表着思想上、组织文化上和员工奖励系统上的转变。

### （三）关系营销的本质特征

关系营销的本质特征可以概括为以下几方面。

#### 1. 双向沟通

在关系营销中，沟通应该是双向而非单向的。只有广泛的信息交流和信息共享，才可能使企业赢得各个利益相关者的支持与合作。

### 2. 合作

一般而言，关系有两种基本状态，即对立和合作。只有通过合作才能实现协同，因此合作是双赢的基础。

### 3. 双赢

双赢即关系营销旨在通过合作增加关系各方的利益，而不是通过损害其中一方或多方的利益来增加其他各方的利益。

### 4. 亲密

关系能否得到稳定和发展，情感因素也起着重要作用。因此，关系营销不只是要实现物质利益的互惠，还必须让参与各方能从关系中获得情感的需求满足。

### 5. 控制

关系营销要求建立专门的部门，用以跟踪顾客、分销商、供应商及营销系统中其他参与者的态度，由此了解关系的动态变化，及时采取措施消除关系中的不稳定因素和不利于关系各方利益共同增长的因素。

此外，通过有效的信息反馈，也有利于企业及时改进产品和服务，更好地满足市场的需求。

## 二、关系营销与交易营销的区别

### （一）服务中的关系

在服务消费过程中，顾客或多或少都会与服务的提供者发生接触。在一系列服务接触中，如果顾客觉得服务有价值，就会产生与服务组织建立长期关系的愿望，这种愿望是顾客忠诚度最重要的一步，也是企业获利的重要保证。

由此可见，关系属性是服务的内在属性，服务营销管理的核心目标就是如何与顾客保持长期的互惠关系。

### （二）从交易观念向关系观念的转变

#### 1. 交易观念

在 20 世纪 70 年代以前，交易观念一度在营销活动中占据主导地位。这种观念认为，营销就是计划、组织和实施将产品转化为货币的交易活动。交易观念指导下的营销模式称为交易营销，交易营销关注的是如何增加顾客的购买量和购买频率，不管他们是新顾客还是老顾客。在营销预算支出中，只有很小的一部分被用于维系与老顾客及现有顾客之间的关系。

## 2. 关系观念

20 世纪 70 年代以来，随着营销环境的演变，关系观念和关系营销理论逐渐兴起。日趋饱和的市场迫使企业考虑如何长期维系与老顾客的良好关系，而不仅是赢得新顾客。信息技术和数据库技术的发展，使限制企业与顾客建立互动关系的因素逐步消除。对服务组织而言，与顾客长期保持良好的关系不仅十分必要，而且有了实现的可能性。

关系观念认为，在营销中，交易并不是最重要的，最重要的是如何与顾客建立长期的互动关系。即使在虚拟的互联网空间上，这种关系依然存在且必须珍视。

关系营销理论建立在买卖双方这种互动关系的基础上，这种互动关系成为营销中最重要的因素。获得销售机会，进行交易和连续购买行为的产生，都源于对这种关系的有效管理。在营销中，单个的交易行为不再是人们关注的焦点，相反，支持单一交易行为连续进行下去的顾客关系成为营销中最重要的目标。

### （三）关系营销与交易营销的区别

关系营销与传统的交易营销存在着本质差异：

（1）交易营销的核心是交易，它关注单次交易行为中的利益最大化；关系营销的核心是关系，它关注长期关系中的利益最大化。

（2）交易营销强调如何获得新顾客，企业管理人员更看重市场占有率；关系营销更关注如何保持老顾客，企业管理人员更看重顾客的保持率与顾客份额。

（3）交易营销主要把视野局限于目标市场，关系营销所涉及的范围非常广泛，包括各个利益相关者、竞争者、供应商、分销商、政府、银行、社会团体及股东、合伙人和内部员工等。

（4）交易营销由于只强调交易行为，在市场竞争十分激烈的情况下随时可能失去顾客，从而导致企业面临较大的市场风险；而在关系营销的理念指导下，企业通过重视顾客需求和相应的营销活动，有可能使顾客建立起品牌忠诚，从而减小市场的不确定性，降低风险。

表 2-1　关系营销与交易营销的区别

| 交易营销 | 关系营销 |
| --- | --- |
| 企业强调市场占有率 | 企业强调顾客回头率、忠诚度和满意度 |
| 市场风险大 | 市场风险小 |
| 着眼于单次交易 | 着眼于顾客利益 |
| 产品特色导向 | 产品利益导向 |
| 短期利益 | 长远利益 |
| 对顾客服务重视较少 | 高度重视顾客服务 |

续表

| 交易营销 | 关系营销 |
|---|---|
| 有限的顾客承诺 | 高度的顾客承诺 |
| 中等的顾客接触 | 高度的顾客接触 |
| 质量主要涉及产品 | 质量意味着一切 |
| 认为没必要了解顾客的文化背景 | 认为非常有必要了解顾客的文化背景 |

## 三、关系营销、顾客满意与顾客忠诚的关系

顾客满意与顾客忠诚之间存在着正相关关系，但是，顾客满意就一定忠诚于企业吗？答案是否定的，顾客满意只是顾客忠诚的前提条件。研究表明，只有非常满意的顾客才会重复购买并传播好口碑。为了提高顾客的忠诚度，企业可以通过关系营销影响顾客关系中的关系强度和关系长度，从而将顾客满意度和顾客忠诚度联结起来。

顾客让渡价值 → 顾客满意 → 关系强度 → 关系长度 → 顾客忠诚 → 顾客关系赢利能力

**图 2-4　关系营销、顾客满意与顾客忠诚的关系**

如前文所述，顾客从服务中感知到的价值与为获得该服务所付出的成本决定了该服务的顾客让渡价值，在持续的关系中，也决定了关系的价值。顾客感知到的价值大小会使顾客产生不满意或者十分满意的感觉，因此，顾客让渡价值直接影响着顾客的满意度。

顾客的满意度会对关系强度产生重要的影响。关系强度即企业与顾客关系的密切程度或牢固程度。满意的消费者信任企业，愿意向企业做出承诺。为了获得更多的利益，如更多优惠或更方便、更快捷的服务，满意的消费者容易与企业形成经济的、法律的或社会的约束，这些约束将顾客与企业紧密地联系起来。消费者对企业承诺的程度越高，双方的约束力越强，则企业与顾客的关系越牢固。关系强度会影响到关系长度。关系长度也称为顾客关系寿命。关系强度越大，则顾客与企业维持关系的时间越长。高度满意的顾客缺乏更换服务供应商的动力，牢固的关系也降低了顾客寻找新的服务供应商的可能性，使企业与顾客保持关系的时间拉长。

企业与顾客的关系决定了顾客忠诚。关系强度越高，则企业与顾客的关系越牢固，顾客重新选择服务的范围就越小，这意味着重复购买企业服务的可能性就越大。密切的关系，使双方非常了解彼此，减少了发生严重冲突而导致关系破裂的可能性。双方之间牢固的关系，容易让顾客谅解服务过程中出现的失误，只要这些失误影响不严重或不经常发生，顾客一般不会为此离开企业。关系长度也影响着顾客忠诚。双方维持关系越长，顾客越有可能长期从企业购买各项服务。

## 四、关系营销的层次

你有没有反复从某一家服务供应商那儿购买服务的经历，如果没有，说明原因。如果有，同样解释原因，并说明你与该服务供应商可能从双方长期保持的关系中得到什么好处？谁得到的会更多？

企业可以采取具体的营销手段来加深双方的关系。企业可以向顾客提供他们想要的价值，促使顾客主动与企业加强联系，从而将顾客与企业紧密地联系起来。贝瑞（Berry）和帕拉苏拉曼（Parasuraman）归纳了三种创造顾客价值的关系营销层次，即一级关系营销、二级关系营销和三级关系营销。

### （一）一级关系营销（建立财务联系）

一级关系营销在顾客市场中经常被称作频繁市场营销，这是最低层次的关系营销，它维持顾客关系的主要手段是利用价格刺激增加目标市场顾客财务利益。随着企业营销观念从交易导向转变为以发展顾客关系为中心，一些促使顾客重复购买并保持顾客忠诚的战略计划应运而生，频繁市场营销计划就是其中一种。所谓频繁市场营销计划，是指对那些频繁购买以及按稳定数量进行购买的顾客给予财务奖励营销计划。如香港汇丰银行、花旗银行通过它们信用卡设备与航空公司开发了"里程项目"计划，按积累飞行里程达到一定标准之后，共同奖励那些经常乘坐飞机的顾客。又如，由新加坡发展银行有限公司、VISA和高岛屋公司联合发起忠诚营销，也是希望与顾客建立长期关系，智能卡持有者能享受免费停车、送货服务、抽奖活动等一系列优惠，具体形式则取决于顾客用智能卡购买商品累积金额。

一级关系营销的缺点是很容易被竞争对手模仿，当竞争对手做出反应后，频繁营销计划就变成所有实施此类政策的公司的一个财务负担。单靠财务手段的刺激作用来维持顾客关系是不够的。

### （二）二级关系营销（建立社会联系）

关系营销第二种方法是即增加目标顾客财务利益，同时也增加他们的社会利益。在这种情况下，营销在建立关系方面优于价格刺激，公司人员可以通过了解单个顾客需要和愿望，并使服务个性化和人格化，来增加公司与顾客社会联系。因而，二级关系营销把人与人之间营销和企业与人之间营销结合起来。公司把顾客看作客户。多奈利、贝瑞和汤姆森是这样描述顾客与客户两个词的区别：对于一个机构来讲，顾客也许是不知名，而客户则不可能不知名；顾客是由任何可能人来提供服务，而客户是被那些指派给他们专职人员服务和处理。

二级关系营销主要表现形式是建立顾客组织，以某种方式将顾客纳入企业特定组织，实现对顾客的有效控制。最典型的就是企业的客户会员制度。

### （三）三级关系营销（建立结构化联系）

第三种方法是增加结构纽带，与此同时附加财务利益和社会利益。结构化联系是通过为顾客提供特别设计和度身定制的服务传递系统，或使服务组织和顾客之间产生结构性的相依关系而形成的。通常结构化联系手段都是竞争者难以模仿的技术性手段，因此通过这种手段建立起来的相依关系难以被竞争对手轻易打破，建立此基础上的竞争优势可持续的时间最长。

良好的结构性关系将提高客户转向竞争者的机会成本，同时也将增加客户脱离竞争者而转向本企业的利益。特别是当面临激烈价格竞争时，结构性联系能为扩大现在社会联系提供一个非价格动力，因为无论是财务性联系还是社会性联系都只能支撑价格变动小额涨幅。当面对较大价格差别时，交易双方难以维持低层次销售关系，只有通过提供买方需要技术服务和援助等深层次联系才能吸引客户。特别是在产业市场上，由于产业服务通常是技术性组合，成本高、困难大，很难由顾客自己解决，这些特点有利于建立关系双方结构性合作。

# 第四节　服务营销组合

### 课堂讨论

1. 较之于以前的 4P 组合，服务营销 7P 组合的不同在什么地方，请具体分析。
2. 举例说明如何利用有形展示体现服务特点。

### 一、传统的营销组合

服务产品的特征和服务营销的复杂性决定了仅依靠 4P 营销的传统营销模式来保证服务营销的有效性和高质量显然是难以实现的，服务营销必须采取不同于商品营销的一套营销工具。在这些工具中，有些是由传统的营销手段发展而来，有些则是服务业中独有的营销手段。

### （一）产品

服务产品是营销组合的基础。在服务营销中，服务产品作为一种特殊的商品，与实体产品相比，有众多的差异性。在服务产品策略中，要考虑提供服务的范围、服务品牌、服务质量和服务水准等因素。

服务企业经过市场调查与市场分析，根据自身的资源条件和所处的环境，选择目标市场，进行产品开发，在产品开发的时候要求产品有独特的卖点，把产品的功能诉求放在第一位。服务企业必须考虑提供服务的范围、服务项目、服务质量，同时还应注意品牌、服务承诺及保证、售后反馈等。最大限度地满足顾客需求，与顾客建立良好的互惠互利关系。

## （二）价格

价格方面的因素主要包括价格水平、折扣、付款方式、信用等。在服务市场上，由于服务的无形性、不可储存性、差异性导致服务产品的定价策略是动态多变的，企业需要根据不同的市场定位、目标群体，制定出不同的价格策略。服务产品的价格不仅是表示产品价格的一个标签，它还反映了该服务产品的质量。由于服务的无形性、易变性等特定，人们在享受服务之前无法准确地评估它的质量，通常是通过价格来判断服务质量的高低。

影响企业定价的因素主要包括成本、需求、竞争三大因素。除此之外企业在研究服务产品的价格策略时，还需要考虑到服务消费单位的界定、行会等团体的政策、服务的需求、成本以及竞争的影响。同时还应考虑顾客对服务产品质量的感觉与需要花费的费用之间的关系，即消费者的心理价位。

## （三）渠道

渠道是企业连接顾客的桥梁，只有通过一定的渠道，企业的服务才可以快速地传递到消费者手中。服务渠道是指企业通过什么样的途径将服务提供给顾客。由于服务产品具有无形性，服务产品营销人员不需要担心存储、运输，服务供应商往往通过更为简单、更为直接的渠道分销其服务产品。

企业寻找合适的服务渠道策略不仅是为了减少中间环节，减少成本，同时也方便顾客对服务产品的购买、享用和收益。企业在制定高效的分销渠道策略时需要考虑到服务场所的位置、可达性、销售渠道的形式以及其覆盖的地理范围，可达性不仅指服务场所便于寻找、到达和停留，还包括传到和接触的方式。服务的渠道方式主要包括服务直销和经由中间商销售。

## （四）促销

服务促销，是指为了提高销售，营销人员利用各种措施和手段把本企业所能提供服务的一切有用信息，诸如服务的内容、方式、特色、价位，传递给客户，使顾客对服务保持良好的印象，吸引其购买的经营活动。企业的服务促销活动有多种方式，如广告、人员推销、销售促进、宣传、公共关系。

由于不同的顾客群体对服务的需求和偏好不一样，服务企业往往需要采用不同的促销策略。企业在制定服务促销策略的时候需要考虑到产品范围、市场范围、受益对象，利用有效促销管理的原则，制定合理的服务促销策略，使促销更好地为服务营销服务，避免人力、财力的浪费。企业在进行促销活动时必须了解该服务产品的特性，利用它独特的竞争优势吸引顾客，还要考虑到售前服务、售中服务和售后服务。

企业在开发服务产品的促销策略时，市场人员将面临挑战。服务产品不同于是实体产品，顾客购买时注重的该服务给顾客带来的满足感，企业必须做到将无形产品有形化。同时还要注重服务人员的素质，为企业树立一个良好的形象。

## 二、服务业中须拓展的营销组合

由于服务本身的特征，例如无形性、不可分离性、易消失性、缺乏所有权、差异性，致使原有的营销4P组合在运用到服务营销上时暴露了很多缺点，因此扩展服务营销组合势在必行。比如由于服务的无形性，消费者经常依赖有形的线索来理解和判断服务质量。人员、流程、有形展示和质量这些要素都会影响消费者对服务的感知和体验。因此，美国服务营销学家布姆斯（B. Booms）和毕纳（M. Bitner）在传统的4P（产品、价格、分销、促销）基础上又增加了3P，即人员、有形展示和过程。

### （一）人员

在服务产品提供过程中，人员是不可或缺的因素。这里的人员是指参与服务并影响顾客感觉的所有人员，不仅包括服务人员，也包括顾客本身及其他顾客。服务人员在顾客眼中其实是服务产品的一部分，其着装、仪表、态度、行为都为顾客认识服务提供了依据。其中服务人员的态度极为重要，完全可以影响顾客对服务质量的认知和喜好。企业必须时刻关注服务人员质量的培养与培训，重视服务人员的筛选、训练、激励和控制。

另外，顾客本身也参与和影响服务过程，从而影响服务质量和他们自己的满意度。而顾客与顾客间也是相互影响的，因为顾客对一项服务产品的认知，很可能受到其他顾客的影响。因此，服务营销管理者还应加强对顾客之间相互影响的控制。

### （二）有形展示

在市场上，服务产品是无形的，不通过有形展示的"纯服务业"很少，消费者在做出消费决策时往往是根据其对服务产品的有形展示的感知来做出是否决策的判断。而这种通过有形因素向顾客展示服务产品的特点、层次等，为顾客购买提供决策依据，称之为服务营销的有形展示。它主要包括有形环境、提供服务时所需的服务设备以及其他实体性信息标志等。

作为服务营销组合的一项重要内容，有形展示起着十分重要的作用。第一，有形展示可以通过感官刺激，向消费者提供服务信息，让消费者感受到无形服务为其带来的利益，刺激消费需求。第二，有形展示有助于引导消费者对服务质量的合理期望。恰当的有形展示有助于使顾客建立起对企业服务的恰当期望，降低实际服务低于期望利益的可能性，从而减少因此带来的不利影响。第三，有形展示可以影响顾客对企业服务产品的第一印象。因服务无形性，顾客购买服务大多凭经验，享受服务时的舒适度和满足感就构成了消费者对该服务产品的印象。第四，成为顾客回忆曾经接受过的服务的有形线索。第五，有形展示可以协助培训服务员工。服务有形化后，更容易被员工理解。

表2-2  有形展示的构成要素

| 服务场景 | | 其他有形物 |
|---|---|---|
| 外部设施 | 内部设施 | |
| 建筑设计<br>标志<br>停车场地<br>景观设计<br>周围环境 | 内部装潢<br>配套设施<br>指示标志<br>形态布局<br>内部环境 | 名片<br>门派<br>收费单<br>员工着装<br>宣传册<br>网页 |

在服务营销中，有形展示具有十分重要的作用，科学进行服务的有形展示，要求企业能够根据目标市场需求的特点和本企业服务的特点，对各种有形性因素进行合理设计，并保证各种有形因素传达的信息的统一。

### （三）过程

过程是指与服务生产及消费有关的程序、流程、机制和方式。服务过程也是顾客判断服务质量的重要依据，因而在服务营销过程中必须重视服务表现和服务的传递。在营销的过程中，服务的提供者不仅要明确拟向哪些目标顾客提供服务，提供哪些服务，而且要设计合理的服务提供的过程，服务提供过程的设计涉及以下几方面的问题：

（1）服务应当以怎样的次序、步骤提供？在什么时间、什么地点提供？应当以怎样的速度向顾客提供？

（2）将服务产品提供给目标顾客时需要考虑到是由本企业来完成整个过程的工作，还是将部分工作外包给其他企业来完成？

（3）在服务提供过程中，服务提供人员与顾客之间如何进行接触？是由服务人员上门提供服务，还是吸引顾客前来购买服务？

（4）以怎样的方式提供服务？是根据各个顾客的要求提供个性化的服务，还是向大批顾客提供标准化的服务？

（5）如何评价并不断改进服务提供过程？如主要由顾客评价，还是由管理人员评价？或是员工之间相互评价？

向顾客提供服务的过程也是一个价值增值过程。在这一过程中，不同部门都在程度不等地为最终更好地满足消费者的需要而做出各自的贡献。企业应围绕着以尽可能低的成本向顾客提供尽可能大的价值这一基本宗旨，优化整个价值增值的过程，确立自身在市场竞争中的优势。

## 【资料链接】2-4

### 新东方的成功

服务营销组合由传统营销组合的4P发展为7P，加入了人员、有形展示、过程三个要素。新东方的成功不仅在于其完善的营销体系，更在于服务它在服务营销方面的成功。在人员方面，经过严格的招聘和面试，并重视对教师理念的培训；在有形展示方面，注重信息沟通，制定合理的价格。在服务过程方面，教师的教学课堂成为其主要的服务过程，教师充满激情，加强与同学间的互动。正是由于合理地运用服务营销组合，新东方才取得如此辉煌的业绩。

## 三、服务营销组合与产品营销组合的比较

服务营销组合与产品营销组合两者既有联系又有区别（见表2-3）。联系：服务营销组合是在产品营销组合的基础上发展演变而来，它们的根本目标都是为了实现产品或服务的销售，只不过在实行营销策略是所使用的组合要素不同而已。

表2-3　服务营销组合与产品营销组合的比较

| 营销组合 | 4P组合 | 7P组合 |
|---|---|---|
| 产品 | 质量、特性、品牌、包装、保证 | 质量、品牌、保证、服务能力、价格、服务环境等 |
| 价格 | 定价、折扣 | 定价、折扣、顾客价值观、适应水平 |
| 渠道 | 渠道形态、渠道广度、道路地点、销售区域、库存控制 | 地点、方便性、销售点、运输 |
| 促销 | 广告、个人销售、促销活动、公关活动 | 广告、个人销售、促销活动、公关活动 |
| 人员 | | 人员组织、培训、奖励、参与度、顾客接触 |
| 有形展示 | | 性能设计、周围环境、其他有形物品 |
| 过程 | | 活动流程、步骤数目 |

区别：从总体上来看，产品营销组合侧重于早期营销对产品的关注上，是实物营销的基础，而服务营销组合侧重于后来所提倡的服务营销对于除了产品之外服务的关注上，是服务营销的基础。

从适用范围来说，产品营销组合适用于有形产品市场；而服务营销组合适用于无形产品。

从营销过程上来讲，产品营销组合主要包括产品、价格、渠道及促销，它从产品的诞

生到产品定价，然后通过营销渠道和促销手段使产品最终到达消费者手中，在这一过程中，它注重的是怎样将产品销售给顾客，重视结果，忽略了在这样的过程中诸如人员等其他因素。而在产品营销组合上演变而来的服务营销组合增加了人员、有形展示和过程。它考虑到了顾客在消费时所接触的人员，消费发生的过程，注重营销的一些细节。

从所站立的立场来说，产品营销组合是站在企业的角度所提出的，它关注产品的销售而获得利润，忽视了顾客。而服务营销组合更倾向于消费者的一面，注重消费者消费后的感受，它旨在企业与消费者之间建立一种互惠互利的关系。

从营销对象来讲，产品营销组合侧重于产品的推销，注重推的营销策略即将产品推送到消费者手中。而服务营销组合侧重于对顾客的说服，使其购买服务，注重拉的策略即通过多种营销组合吸引消费者前来购买服务。

## 本章习题

### 一、判断题

1. 根据顾客让渡价值理论，顾客总价值与顾客总成本之间的差距越小，顾客越满意。
（　　）
2. 顾客购买总成本就是顾客在购买服务时需要直接支付的现金的量。（　　）
3. 服务利润链明确指出了顾客忠诚与企业营利能力间的相关关系。（　　）
4. 关系营销中强调顾客回头率、忠诚度和满意度。（　　）
5. 顾客满意一定可以发展成顾客信任。（　　）

### 二、单选题

1. 服务营销三角理论认为，服务企业、顾客和（　　）是三个关键的参与者，服务业要想在竞争中获得成功，就必须在这三者之间开展外部营销、内部营销和互动营销。
   A. 投资者　　　　　　　　　　　B. 企业员工
   C. 金融机构　　　　　　　　　　D. 政府管理部门
2. 服务营销三角形中，互动市场营销主要任务是（　　）。
   A. 建立关系　　　　　　　　　　B. 维持关系
   C. 支持关系　　　　　　　　　　D. 以上都不是
3. 关系营销是从（　　）概念衍生、发展而来的。
   A. 直复营销　　　　　　　　　　B. 国内营销
   C. 大市场营销　　　　　　　　　D. 体验营销
4. 二级关系营销强调（　　）。
   A. 用价格刺激来鼓励顾客与公司进行更多的交易

  B. 处理公共关系

  C. 通过结构化联系来巩固关系

  D. 个性化服务和把顾客变成关系顾客

5. 新的服务营销组合7P中新增加的3P是指（  ）。

  A. 人员、有形展示、流程    B. 人员、场地、流程

  C. 有形展示、流程、场地    D. 人员、有形展示、场地

## 三、问答题

1. 简述服务营销三角形。

2. 说明服务营销三角形中的三要素是如何以顾客为中心发挥作用的。

3. 运用顾客让渡价值理论和服务利润链理论，谈谈如何提高服务收益？

4. 如何理解"员工满意度决定客户满意度"？

5. 什么是关系营销？

6. 说明关系营销和交易营销的区别。

7. 简述关系营销的三个层次。

8. 简述顾客满意、关系营销与顾客忠诚之间的关系。

9. 服务营销组合具有哪些特殊性？为什么？

10. 简述服务营销新增三大组合要素的启示。

## 四、分析案例

### 7-Eleven 的服务营销之道

  7-Eleven，是源于美国的一家著名的连锁便利商店。7-Eleven 的名称，源于1946年，这家连锁便利商店标榜其营业时间从上午7时开始一直营业到晚上11时结束。后由日本零售业经营者伊藤洋华堂于1974年引入日本，从1975年开始24小时全天候营业。目前为日本7&11控股公司旗下全资子公司。

#### 1. 7-Eleven 的服务市场定位

  作为服务领先者的定位。7-Eleven 营业员的服务态度很好，店内的各种细节也体现出对顾客的关怀，这些是普通的烟酒店无法比拟的。例如，中午的便当，饭和菜会合在一起；而晚上的便当，饭和菜是单独装的，是考虑到顾客可以拿回家和爱人分享。7-Eleven，将服务做到极致，如在发现日本人的便餐文化后，在店内销售饭团等鲜食，发起食品配送服务。配置ATM机，提供代收水电煤费用、充值各种交通卡、快递、干洗、照片冲洗等50多项便民服务。

  作为质量领先者的定位。7-Eleven 以食品、日常生活必需品为主，卖高鲜度、高品质、高附加值的商品。在食品安全事故频频发生的今天，它让顾客倍加放心。到了保质期就会丢掉每天过期的东西，从来都不含糊各种机器的清洗，各种事情都有硬指标，绝不会

忽悠顾客。

作为连锁便利的标杆。不管在哪个城市，7-Eleven 都有类似的店面选址、类似的店内布置、类似的贩售商品，一如既往的高商品品质。7-Eleven 在消费者日常生活行动范围内开设店铺，如办公商圈、高校、人流集中的住宅区和交通枢纽。这大大方便了顾客日常的工作生活。中小规模店铺 50～100 平方米，却经营着 3 000 多种商品。7-Eleven 尽最大可能为消费者提供便利与安全感。

### 2. 7-Eleven 的服务文化

7-Eleven 对顾客保持负责、认真、诚恳的态度，作为消费者、零售店与厂商之间的纽带，彻底贯彻价值创新、诚信务实、顾客满意的经营方针，提供给消费者亲切的购物环境、优质的商品、多元便利的服务与生活情报信息；7-Eleven 主张协同顾客、加盟者、协力厂商、公司、全体员工及社区居民等全体利益关系，不断创新突破，实现共同成长。

### 3. 7-Eleven 的服务营销战略

产品：掌握每种产品的销售动向，建立假设并以真实的数据验证，从而提高订货的精准度，贯彻"单品管理"。其单品管理在业内饱受称赞。7-Eleven 在零售行业也像丰田公司一样给了员工很大的自主权，根据 POS（销售终端）机的数据决定采购的品类和数量，从而将库存降低到最低。

品牌：7-Eleven 很注意倾听顾客的声音，观察服务流程和执行结果，在冰冷的标准作业程序中，加入人心的温度，让顾客有宾至如归之感。倒如，将比较重的物品放在进出口处，方便顾客拎取。

服务定价：作为一家不以平价为噱头的连锁便利店，它的价格比一般的超市要高一些，但其提供的贴心服务和高质量商品使价格基本在消费者可以接受的范围内。

服务促销与沟通：7-Eleven 每年都开展大量促销活动。商品会随季节变换，给顾客新鲜感，销路不好的商品会尽快下架，快过期的商品做促销活动。此外，7-Eleven 的价格较一般商店较高，也为其降价促销提供了空间。

物流配送与分销：7-Eleven 已经实现一日三次配送制度，实现小量、多次、快速、按需物流配送。其中包括一次非凡配送，即当预计到第二天会发生天气变化时对追加商品进行配送。使 7-Eleven 及时向其所有网点店铺提供鲜度、高附加值的产品，从而为消费者提供了更便利、新鲜的食品，实现了与其他便利店的经营差异化。

实体店：7-Eleven 遍布世界各地，日本，泰国，中国台湾、上海、广东等城市都有多家分店。

有形展示方面：不管在哪个城市，7-Eleven 都有一致性的店面布置、一致的贩售商品、一如既往的商品品质，形象一致和提供热情服务的员工。

**问题：**

1. 结合案例分析 7-Eleven 的营销七要素。

2. 中国的零售商可以从 7-Eleven 得到怎样的营销启示？

## 五、应用训练

1. 以医院和制药厂为例，说明医疗服务的营销与药品的营销有哪些不同之处。

2. 通过网站或其他途径，收集某一个连锁超市的服务营销活动资料，运用服务营销组合理论，对该企业的服务营销活动进行分析和评论。

# 第三章　服务产品

学习目标 >>

了解服务产品的内涵；掌握服务产品的特点；理解并掌握服务产品的层次；理解并掌握服务包；理解服务产品组合策略；了解服务新产品开发的步骤；掌握服务品牌的概念和特征。

## 导入 案例

### 王永庆卖米

台塑集团创始人王永庆幼时家贫，15 岁小学毕业后，他便到一家小米店做学徒。第二年，他用父亲借来的 200 元钱做本金自己开了一家小米店。为了和隔壁那家日本米店竞争，王永庆颇费了一番心思。

当时大米加工技术比较落后，出售的大米里混杂着米糠、沙粒、小石子等，买卖双方都是见怪不怪。王永庆则多了一个心眼，每次卖米前都把米中的杂物挑拣干净，这一额外的服务深受顾客欢迎。

王永庆卖米多是送米上门，他在一个本子上详细记录了顾客家有多少人、一个月吃多少米、何时发薪等。算算顾客的米该吃完了，就打电话问要不要送米上门。等到顾客发薪的日子，再上门收取米款。

他给顾客送米时，并非送到门口就算了，而是每次都帮顾客将米倒进米缸里。遇到米缸里还有米，他会把米倒出来，先将米缸刷干净，再把新米倒进去，将陈米放在上面，这样一来，陈米就不会因存放过久而变质。他这个小小的举动令不少顾客深受感动，铁了心专买他的米。

　　而且更为重要的是，他还"登堂入室"摸清了顾客家中米缸的大小，推测、修正顾客下一次的购米时间和数量。此外，他还找机会和顾客攀谈，从而搜集顾客更多的需求信息。

　　就这样，他的生意越来越好。从这家小米店起步，王永庆最终成为台湾地区工业界的"龙头老大"。

　　**思考**：同样是卖米，为什么王永庆能将生意做到这种境界？他的米店生意兴隆的制胜法宝是什么？

# 第一节　服务产品的内涵与特点

**课堂讨论** >>>

　　1. 什么是服务产品？说说你身边的服务产品。

　　2. 怎么区分服务产品与实体产品？

　　3. 服务有什么特征？

## 一、服务产品的概念

　　有关服务概念的研究首先是从经济学领域开始的，最早可追溯到亚当·斯密的时代。市场营销学界对服务概念的研究大致是从 20 世纪 50-60 年代开始的。有别于经济学界的研究，市场营销学者把服务作为一种产品来研究。所以，在市场营销学中服务和服务产品在许多语境下是同义词，由此可以方便地理解服务与实体产品的区别。

　　1960 年，美国市场营销协会（AMA）最先给"服务"定义为："用于出售或者是与产品连带出售的活动、利益或满足感。"这一定义在此后的很多年里一直被学者广泛采用，但是其缺点是没有把有形产品与无形服务区分开来，因为有形产品也是用来出售并使购买者获得利益和满足的。

　　1990 年，国际标准化组织把"服务"定义为"为满足顾客的需要，供方与顾客接触的活动和供方内部活动所产生的结果"。

　　贝瑞（Berry）和帕拉苏拉曼（Parasuraman）认为：在产品的核心利益来源中，有形的成分比无形的成分要多，那么这个产品就可以看作一种"商品"（即有形产品）；如果无形的成分比有形成分要多，那么这个产品就可以看作一种"服务"。

　　菲利普·科特勒（Philip Kotler）将"服务"定义为："一方能够向另一方提供的任何一项活动或利益，它本质上是无形的，并且不导致任何所有权的产生，它的生产可能与某种实体产品有关，也可能无关。"

## 关于服务的界定

马克思（Marx）：服务这个名词一般地说，不过是指这种劳动所提供的特殊使用价值，就像其他一切商品也提供自己的特殊使用价值一样；但是这种劳动的特殊使用价值在这里取得了"服务"这个特殊名称，是因为劳动不是作为物，而是作为活动提供服务的……

美国市场营销协会（AMA）（1960）：服务是可独立出售或与商品共同出售的一些行为、利益或满足。

W. 里根（W. Reagan）（1963）：服务代表着能够直接产生满足感（如运输、住宿）的无形物，或是与其他产品或服务（如信用、送货）一道购买并共同产生满足感的无形物。

布罗伊斯（Blois）（1974）：服务是一种供出售的能产生利益和满足的活动，这些活动不会导致以商品形式出现的物理性变化。

W. J. 史丹顿（W. J. Stanton）（1974）：服务是可以明确加以分辨的、无形的活动，如果将其提供给消费者或制造业用户，能够满足其需求；服务未必与产品或其他服务的销售相关。

希尔（Hill）（1977）：一项服务生产活动是这样一项生产活动，即生产者的活动会改善其他一些经济单位的状况。一方面，这种改善可以采取消费单位所拥有的一种商品或一些商品的物质变化形式；另一方面，这种改善也可以关系到某个人或一批人的身体或精神状态。随便在哪一种情形下，服务生产的显著特点是生产者不是对其商品或本人增加价值，而是对其他某一经济的单位的商品或个人增加价值。

安德森（Anderson）（1983）：服务是直接或间接付费后所获得的任何无形的好处，服务常包括或大或小的物理或技术性的构成要素。

科特勒（Kotler）（1983）：服务是一方给另一方提供的一种无形的行为或利益，它不会导致任何所有权的转移，它的生产（提供）流程可能会与物质产品相联系，也可能不与它们相联系。

格罗鲁斯（Gronroos）（1990）：服务是一种或一系列在一般情况下体现为无形本质的行为，这些行为发生在顾客与服务提供商有形资源或商品或服务提供系统之间的相互影响的流程之中，它们能为顾客解决某种问题。

资料来源：根据《服务经济理论研究述评》《西方企业服务管理方略》等资料整理。

在现实生活中，有形的产品和无形的服务是不能完全分开的，大多数企业提供的产品中既包括有形的产品，也包括无形的服务。菲利普·科特勒把由有形产品和服务组成的产品进行概括，分成了以下四类：

（1）纯有形产品，如糖果、牙膏、煤炭、钢铁没有附带服务的产品。

（2）附带服务的有形产品，如计算机供货商除了卖有形的计算机之外，还向顾客提供培训和售后维修等多种形式的售后服务活动，这是为了使顾客感到满意、建立口碑、增加顾客数量并使他们能够重复购买。

（3）伴随少量产品的服务，如在航空公司提供的客运服务中，顾客不但可以得到从甲地到乙地的纯粹的运输服务，还能得到一些有形物品，如食物、饮料、机票。

（4）纯服务，如在心理咨询、教育服务中，顾客获得的价值是无形的。

其实，区别有形产品与服务产品的一个好方法，就是从顾客的角度推理并回答这样的问题：顾客从购买的产品中得到的利益满足主要来自产品的物质性，还是来自于无形的活动？例如，速冻食品中包含着人工的服务，但顾客得到的利益满足是和该产品的物质性相联系的，因此，速冻食品应划归于有形产品；再如，报纸提供的信息是以纸张作为载体的，但是读者购买报纸的利益满足来自报社对信息收集整理的非物质性活动，因此，报纸应划归为服务产品。在回答了这个问题之后，我们意识到，完全的不含物质成分的服务和完全物质性的有形产品是非常少的。许多服务产品可以包含物质的成分，而有形产品中也包含着不同比例的无形服务。至此，我们得知，产品是企业提供的满足顾客需求的不同形式的利益因素的组合。从组成产品的主体内容的形式，产品可以分成两种：一种是有形产品，以有形实体来为顾客创造和提供核心利益，而无形服务只是满足顾客的非核心需求的产品；另一种是服务产品，以无形的服务来为顾客创造和提供核心利益，有形的实体只是满足顾客的非核心需求的产品。有形产品和服务产品只是一个相对的概念，如产品中满足顾客需求的核心来源是有形的，则该产品划归为有形产品；若产品中满足顾客需求的核心来源是无形的，则该产品划归为服务产品。

事实上，无论 AMA 的定义还是众多学者的定义都有一定的片面性，即过于强调某些方面而忽视另外一些方面。这主要是因为由于服务作为一种看不见、摸不着的经济活动不易为人们所感知，因而很难准确地对其做出定义。

【资料链接】3-2

### 保险公司的产品

保险公司的产品摸不到、听不见、嗅不出，投保人在购买保险时不能像购买其他产品那样能够直观判断。保险公司提供给顾客的实际上是一种"保障"服务，这种保障在理赔前是看不到的。投保人在购买时看到的只是保险服务人员、保单和保险条款，而只有当保险事故得到理赔时，投保人才能真切地感受到"保障"的存在。

**思考：**保险公司的产品是什么？

## 二、服务产品特点

### （一）服务的无形性

服务产品的第一特性就是无形性，服务就是一个过程、一次行动，而不是一种实物，很多服务是看不到、无法触摸的。不但教学、法律咨询和护理等纯服务是无形的，就是零售、餐饮、金融、保险、房地产、旅游、娱乐等行业具有有形（实体）成分的服务，本质上也是无形的。例如，酒店的客房环境和服务人员是有形的，但这些实体成分并不是酒店服务的本质，酒店服务的本质是为顾客提供在酒店的住宿感觉和体验，是抽象的、无形的；又如，旅游公司的导游和旅游车等要素是有形的，但这些实体成分也不是旅游服务的本质，旅游服务的本质是为顾客提供一种旅游观光和娱乐体验，顾客最终的感觉也是无形的，是难以衡量的。服务的无形性特征使得服务质量只能是一种主观质量，即顾客感知服务质量，因此，服务质量的控制和管理比有形的实体产品质量的控制和管理更加困难。

### （二）服务生产与消费的同时性

有形产品是在售卖之前，在相对封闭的工厂中生产出来的，而服务则是在服务提供者与顾客的互动过程中生产出来的。有形产品的生产和消费是分离的，企业要先生产，然后再将生产出来的产品进行销售，随后顾客购买，消费过程结束。例如，一双在中国制造的皮鞋可以运输到美国等其他国家进行售卖。然而，如果顾客想接受美容服务，就必须亲自到美容院，向美容师提出要求，并积极配合美容师，否则顾客就不能获得美容服务。在顾客进行美容服务消费时，美容师向顾客提供建议，按照顾客的需求提供服务，顾客在享受美容服务的同时也参加了美容服务的生产，顾客和美容师共同决定了美容服务质量。

### （三）服务的异质性

服务是一个互动的过程，其中包括顾客与服务人员的互动、顾客与服务设施的互动，以及顾客之间的互动。例如，顾客在饭店用餐时，其接受服务的结果不仅取决于菜品的质量，还取决于服务人员的态度、饭店的内部设施与环境，以及其他顾客的表现。因此，服务生产很难标准化，不同的员工，即使按照同一服务标准，所提供的服务也会存在差异；即使同一个员工，在不同的时间所提供的服务也不会完全相同；即便员工提供的服务是完全相同的，但由于顾客自身的差异，顾客对同一服务结果的感知也是不同的。这种差异性会对服务营销产生不利影响，但也为向顾客提供个性化营销创造了前提条件。

### （四）服务的易逝性

与有形产品不同，服务是不可储存的。服务在被生产出来的同时就被消费掉了，而且这两个过程是重叠的。大多数的服务不能像有形产品那样可以存放在仓库。因此，在服务企业中，服务需求与服务供给之间很难平衡，从而会造成服务资源的巨大浪费，甚至会造成严重的顾客流失。例如，飞机在没有坐满乘客的情况下也要准时起飞，其成本和消耗与满员时相差无几，而飞机上的空座位并不能储存起来，从而造成了服务资源的浪费。

### （五）服务所有权的非转移性

服务与有形产品最本质的区别在于，在服务交易过程中不存在服务所有权的转移，即顾客购买的只是服务的使用权，而不包括服务的所有权。顾客到饭店接受餐饮服务，服务的结果是顾客消除了饥饿感，味觉得到了满足，但顾客用餐的座位，所使用餐具的所有权属于饭店，顾客所拥有的只是在用餐时间内的排他性使用权。服务过程结束，这种排他使用权就会丧失。缺乏所有权会使消费者在购买服务时感受到较大的风险。

服务的每个特性之间是相互联系的，所有的服务都具有这些特性，但有些特性在有些服务中表现得比其他特性更为明显，这主要取决于服务的种类。

## 三、服务产品的五个层次

在界定了服务产品的概念后，服务营销管理者应该理解服务产品的五个层次，进一步认清服务的本质。一个完整的服务产品由五个层次构成，即核心利益、基础产品、期望价值、附加价值和潜在价值。对服务产品五个层次的理解由内层到外层依次进行，越内层的越基础，越具有一般性，越外层的越能体现产品的特色，如图3-1所示。

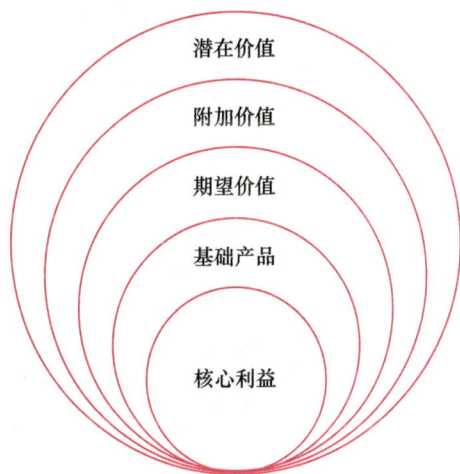

**图3-1 服务产品的五个层次**

菲利普·科特勒曾以酒店客房为例，具体说明服务产品的五个层次。

第一层次是基本层次，是无差异的顾客真正所购买的服务和利益，实际上就是企业对顾客需求的满足。也就是说，服务产品是以顾客需求为中心的。因此，衡量一项服务产品的价值，是由客户决定的，而不是由该产品本身或服务提供者决定的。对酒店客房服务的顾客而言，其真正购买的是"休息与睡眠"。

第二层次是抽象的核心利益转化为提供这个真正服务所需的基础产品，即产品的基本形式，如这个酒店的客房应配备床、衣橱、桌子、椅子、毛巾。

第三层次是顾客在购买该产品时期望得到的与产品密切相关的一整套属性和条件。对旅馆的客人来说，期望得到的是干净的床、香皂和毛巾、卫生设施、电话、衣橱和安静的环境。因为大多数的旅馆都能满足这种最低限度的期望，所以旅行者在选择档次大致相同的旅馆时，一般会选择一家最便利的旅馆。

第四层次是附加价值，指增加的服务和利益。这个层次是与竞争者产品差异化的关键。美国学者西奥多·莱维特（Theodore Levitt）指出："未来竞争的关键，不在于工厂能生产什么产品，而在于其产品所提供的附加价值。"例如，针对住房客人的大堂免费自助咖啡、快速离店手续、赠送免费服务项目和温馨友好的服务。

第五层次是潜在价值，指服务产品的用途转变，由所有可能吸引和留住顾客的因素组成。租用酒店套房的顾客可能不仅是为了休息，还把房间当作会见商务客人的场所。

理解服务产品的五个层次对服务企业意义重大：一方面，它有利于服务企业弄清顾客对服务产品追求的基本效用；另一方面，它有助于服务企业围绕核心服务增强附加价值和潜在价值，从而通过区别于竞争对手的服务来吸引顾客购买。此外，它还有助于使服务产品差异化，推行服务特色化战略。

**课堂讨论**

豆瓣网的核心价值是什么？

# 四、服务包

## （一）基本服务包

与服务产品整体概念一样，服务包也是一种用来分析服务构成要素的概念，这个概念由北欧学者格罗鲁斯提出。根据格罗鲁斯的服务包模型，服务作为一种产品被认为是个包裹或有形或无形服务的集合，一起来构成服务这个总产品。基本的服务包可分为三个层次，即核心服务（core service）、便利性服务（facilitating service）和支持性服务（supporting service）。

### 1. 核心服务

它是指顾客可感知及得到的构成服务产品的核心服务和利益，由前述产品层次中的核心利益及期望价值组成，如酒店提供住宿，银行吸收存款提供贷款。一个企业可以有一种核心服务，也可以提供多种核心服务，如航空公司既可以提供旅客运送，也可以提供货物运输。

### 2. 便利性服务

它是指方便核心服务使用的活动，如果没有这种服务，顾客将不会方便地使用核心服务。例如，航空公司的订票服务，餐馆的结账服务，银行的便利性服务包括银行卡业务、网上银行。便利服务是不可或缺的，它有助于服务传递中顾客对核心服务的消费。如果没有便利性服务，顾客就没有办法消费。

### 3. 支持性服务

它是基本服务以外的、顾客能够感受或在其模糊意识中形成的其他利益，是用来增加服务的价值或者使企业同其他竞争者的服务区分开来的一系列活动。例如，酒店客房中赠送的鲜花或果盘、和蔼可亲的前台服务员及快速结账。随着竞争日益激烈，企业会更加重视支持性服务，通过不断增加更多的附加要素，以获取竞争优势。因此，企业可以对支持性服务进行合理的设计以获得差异化的竞争优势。

格罗鲁斯指出，从管理上正确区分便利性服务和支持性服务十分重要。但是，在现实生活中，便利性服务和支持性服务的区别有时并不十分明显。一些服务在某些场合是便利性服务，在另外一些场合则为支持性服务。比如在长途飞行中，提供餐饮是一种便利性服务，而在短途飞行中，它就成为支持性服务了。二者的区别主要表现在，便利性服务是企业不可或缺的服务，是必要条件，如果缺少就会影响核心服务的提供；支持性服务是企业增加产品吸引力的辅助手段，即便缺少了只会导致服务缺乏竞争力，而不会影响核心服务的提供。也就是说，便利性服务缺少时对服务的影响更大。

服务包与服务产品的五个层次有所对应，但不完全等同。基本服务包对应的主要是全面感知质量的技术产出方面，是营销管理者针对顾客心理和行为特点所做的设计与实施，服务包中所包含的要素，决定着顾客所能得到的利益。

## （二）扩展服务包

基本服务包只考虑了服务产品的技术方面，实际上，服务的生产和传递过程以及顾客在接受服务的过程中对服务的感知也是构成服务产品的重要方面。因此，扩展服务包就体现在服务的可获得性、顾客与组织的互动性以及顾客参与状态三方面。

### 1. 服务的可获得性

它主要指顾客获取服务的难易程度，如营业时间长短、服务地点是否比较容易到达、服务人员的技术是否娴熟。在顾客心目中，服务的可获得性主要包括四个部分：地点的可获得性，顾客对服务地点有形资源利用的便利性，与顾客接触的服务人员的数量及其能力，以及顾客参与服务过程的轻松程度。

### 2. 顾客与组织的互动性

顾客与组织的互动是服务生产与传递过程必需的环节。一般而言，顾客与组织的互动主要包括与服务人员的互动，与组织服务部门的互动，与其他顾客的互动，以及与提供服务的物质资源的互动。

### 3. 顾客参与状态

顾客参与状态会影响顾客对服务的感知状态，它表明企业所提供的服务对顾客的吸引程度。

可见，扩展的服务包概念，把服务的过程质量也纳入服务质量的总体评价体系，这对于企业开发服务，提升服务产品的竞争力意义重大。

## 五、服务之花

服务之花是由美国服务营销学者克里斯托弗·洛夫洛克 1992 年提出的模型，指八种不同类型的附加性服务如同花瓣一样围绕在核心服务这个花蕊周围形成一朵"服务之花"。这八类附加性服务又细分为便利性服务，如信息服务、订单服务、开账单、付款服务，以及支持性服务，如咨询服务、接待服务、保管服务和额外服务。

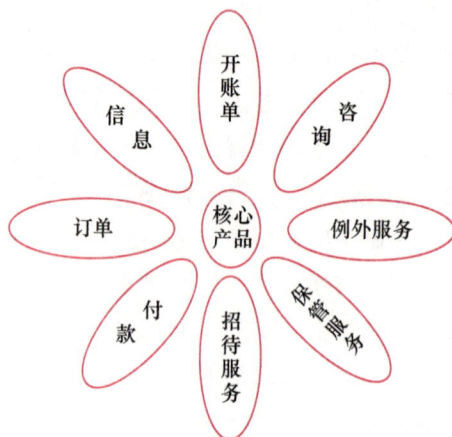

图 3-2　服务之花模型

资料来源：克里斯托弗·洛夫洛克，约亨·沃茨. 服务营销[M]. 韦福祥，等，译. 北京：机械工业出版社，2014.

服务之花用来说明整体服务产品的内涵。在服务设计与管理中，以系统和整体的视角来审视服务十分必要。因为顾客是以一种完整的体验来评价服务产品，只有花蕊和花瓣都很健康而且构成良好，顾客才能体验到完美的服务。只要他们体验到任何一个环节的不满意，都会对服务的整体评价大打折扣。

服务之花提供了设计服务产品的基本思路，但并不是每个核心产品都被这八种附加服务环绕。通常，企业要根据自己的产品特性和竞争策略予以取舍。由产品的特性决定哪些附加性服务是必须提供的，哪些能增加产品价值或易于服务使用。一般来说，人员处理和高接触服务需要更多的附加服务，这便于顾客有良好的服务体验。同时，那些采取价值竞争策略的服务产品比采用价格竞争策略的服务产品需要提供更多的附加服务。比如，航空公司通过附加服务的多少来提高顾客感知服务质量，提供不同的服务等级，如头等舱、商务舱或经济舱。又如，银行依据不同的服务标准，提供不同的服务等级，如金卡、贵宾卡。

服务之花给企业的管理启示：附加服务可以为企业增强核心服务提供多种选择，也可以为企业设计新服务提供参考依据。

# 第二节 服务产品组合

菲利普·科特勒提出，产品组合又叫产品花色品种配合，是指企业生产经营的全部产品的结构，包括企业提供给市场的全部产品线和产品项目。

一些服务营销学者在参考有形产品组合的基础上提出了服务产品组合的概念，即服务产品组合是服务企业提供给购买者的一组服务产品，这组产品包括所有的产品线和产品项目。因此，服务产品组合类似于有形产品的产品组合，也具有宽度、长度、关联度等要素。以某酒店的服务产品组合为例，如表 3-1 所示。

表 3-1 某酒店服务组合的宽度和长度

| | 服务产品组合的宽度 | | |
|---|---|---|---|
| | 客房服务 | 餐饮服务 | 会务服务 |
| 服务产品组合的长度 | 单人间<br>标准间<br>双人间<br>双套间<br>多套间<br>总统套房 | 中餐服务<br>西餐服务<br>风味食品服务<br>酒吧服务<br>咖啡厅 | 贸易展销会<br>化装舞会<br>宴会<br>冷餐会<br>鸡尾酒会 |

## 一、服务组合的宽度

服务组合的宽度指服务企业的服务产品线总数。服务产品线也称作服务大类、服务产品系列，是指一组密切相关的服务产品项目。如表 3-1 中，客户服务、餐饮服务、会务服务均属于该酒店的服务产品线。也就是说，该企业服务组合的宽度为 3。服务组合的宽度说明了服务企业的经营范围大小、跨行业经营，甚至实行多元化经营的程度。增加服务组合的宽度，可以充分发挥服务企业的特长，使企业的资源得到充分利用，获取范围经济效益。

## 二、服务组合的长度

服务组合的长度指服务组合中各类服务产品线所包含的服务产品项目总数。如表

3-1中，客房服务、餐饮服务、会务服务各条服务产品线包含的项目分别为 6、5、5，所以整个企业的服务组合长度为16。服务组合的长度是由企业战略目标所决定的。服务组合的最佳长度并不是一个固定的标准，它因企业而异、因时而异。如果某一企业能够通过增加服务产品数目而获得销售额和利润提升，则说明其服务产品线太短，需要对服务组合的长度进行延伸；而通过削减产品数目反而能提高企业效益，则说明其服务产品线太长，需要对服务组合的长度进行削减。

## 三、优化服务组合策略

对广义服务组合而言，类似于有形产品的产品组合，也存在服务组合策略的选择。

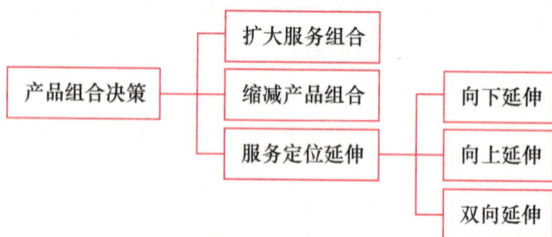

图 3-3　服务产品组合策略

### （一）扩大服务组合策略

扩大服务组合策略，即对服务组合的宽度进行拓展，即增加产品线的数量。以表 3-1 为例，可以在酒店原有服务基础上增加票务服务及其他旅游代理项目，如酒店可以代售旅游景点门票。

### （二）削减服务组合策略

削减服务组合策略，即根据服务企业自身发展需要，对服务组合的宽度进行削减，即减少服务产品线的数量。还是以表 3-1 为例，如果会务服务这条线不赚钱或者为了削减成本，可以考虑去掉这条服务产品线。

### （三）向下延伸策略

向下延伸策略，即企业以高档品牌推出中低档服务产品，通过品牌向下延伸策略扩大市场占有率。一般来说，采用向下延伸策略的企业可能是因为中低档服务产品市场存在空隙，销售和利润空间较为可观，也可能是在高档市场受到打击，企图通过拓展中低档产品市场来反击竞争对手，或者是为了填补自身产品线的空当，防止竞争对手的攻击性行为。例如，格林豪泰酒店集团就采用向下延伸策略，以二三线城市为重点目标，出资大力拓展格林豪泰经济型酒店，获得了可观的经济效益。上海联华（大卖场、连锁超市）集团投资发展"联华便利"，覆盖便利店市场，也属于向下延伸的范例。

### (四) 向上延伸策略

向上延伸策略是指服务企业以中低档服务产品向高档服务产品延伸，进入高档服务产品市场。一般来说，向上延伸可以有效地提升服务品牌资产价值，改善服务品牌形象。此种策略适合一些原来定位于中档服务市场的产品，为了达到上述目的，不惜花费巨资，以向上延伸策略拓展市场，如某连锁超市升级开大卖场或者建购物中心。

### (五) 双向延伸策略

双向延伸策略，即同时向上、向下延伸，服务产品原来定位于中档品牌，随着市场的发展，企业对服务产品做向上和向下两个方向的延伸，以求最大限度地覆盖目标市场。比如，电信企业、金融服务业通常是一边着力开发高端 VIP 客户，一边大力拓展农村乡镇市场，采用不同的营销组合策略，追求市场份额的最大化。

# 第三节　服务新产品开发

## 一、服务新产品的概念

目前，由于企业资源有限、竞争性较低而缺少创新动力或受到政府的管制或限制等诸多方面的原因，服务业的新产品开发问题还没有引起大多数企业的足够重视，许多企业也没有建立起正规的新产品开发部门。但是，随着服务业的不断发展，市场竞争的日趋激烈，服务企业要想取得成功，绝不能仅仅依靠现有服务产品，而必须开发新产品。

服务产品在市场上总是经历着一个从导入衰退的市场发展过程，所以，服务企业要想在激烈的市场竞争中获得成功就必须不断引入新产品，以适应不断变化的市场需求。因此，如何选择服务产品的发展方向是企业的一个主要决策。应该指出的是，服务市场营销中新产品的含义要比科技开发中新产品的含义宽泛得多。服务市场营销中的新产品是指产品在功能或形态上得到改进，与原有产品有一定的差异，并为顾客带来新的利益的产品。或者说，是指与旧产品相比具有新功能、新结构和新用途，能在某方面满足顾客新的需要的产品。

## 二、服务新产品的类型

根据新产品理论，新服务开发包括以下几种类型。

（1）完全创新的服务，即采用全新的方法来满足顾客的服务需求，给他们更多的选择，如最开始的网上银行服务。采用这种方式风险较大，但回报也会很高，它要求进行较大的消费者教育运动来推广产品，企业须慎重采用。

（2）进入新市场的服务，即一些已有的成熟服务项目进入新的市场销售，如美容服务由城市进入乡村。它面临的主要是市场风险，即市场是否接受该项服务。

（3）新服务产品，即本企业在某一市场上销售已由其他企业提供给顾客的新服务，如某服务企业跨行进入健身俱乐部行业。它既有创新的风险，还有同竞争对手争夺市场的风险。

（4）服务扩展，即增加现有服务的品种、内容，如学校增设一个新的专业。这种方式投资较少，技术和营销方式已经具备，但创新效果不会太突出。

（5）服务改善，即采用新技术、新工艺对现有服务的功能进行改进和提高，它实质上是对服务核心层以外的服务进行改善，以调整产品的期望价值、增加服务的附加价值，如高校进行专业课教学改革，实施双语教学。

**【资料链接】3-3**

### 智能服务

智能服务是以用户为中心，只要用户提出需求、请求，无论何时何地，智能服务商均可为其配置正确的产品和服务以满足他们的需求。智能服务提供商需深度了解用户的潜在偏好与需求，通过智能关联海量数据将其转化为智能服务。为了实现这种功能，服务商需要通过网络搜集、分析用户信息，从而明晰他们的生态系统与情景语境，建立数据驱动的商业模型。智能服务的前提条件是基于标准的信息基础设施建设和标准的数据开放和共享，所以要求服务机构具备可高效使用的数据积累以及数据合法使用的法律许可。

智能服务既可为用户提供养老扶助、家政服务，也可提供娱乐、教育服务，在家庭生活领域具有其他智能终端无可比拟的优势。智能服务与健康养老服务网络、家政清洁服务网络、家庭教育服务网络等运营机构的结合，将有利于形成新的应用服务和消费需求，催生新的营利模式。随着家政配送、健康咨询、服务缴费等服务的进一步开发，基于云平台的个性化、定制化服务将不断涌现。

## 三、服务新产品开发的程序

服务企业主要通过两种途径引入新产品：一是通过购买或特许经营的方式从外部获得；二是企业自主进行新型服务产品的开发。无论哪种开发策略都有风险，并且新产品开发的失败率都相当高。导致新产品开发失败的因素主要有产品构思上的错误、实际产品没有达到设计要求、营销策略失误或产品设计达不到顾客要求等。因此，同有形产品的开发一样，开发服务产品也要遵循科学的程序。如图3-4所示，服务新产品的开发也需要经过构思、筛选、概念形成与测试、商业分析、服务开发、市场试销和正式上市七个步骤。

构思 ➡ 筛选 ➡ 概念形成与测试 ➡ 商业分析 ➡ 服务开发 ➡ 市场试销 ➡ 正式上市

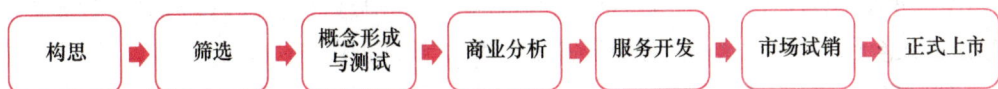

图 3-4　服务新产品的开发程序

## （一）构思

构思是对未来产品的基本轮廓架构的构想，是新产品开发的基础和起点。这些设想可以通过许多方式产生，既可能来自企业内部，也可能来自企业外部，既可以通过正规的市场调查获得，也可以借助于非正式的渠道。这些构思可能是为公司递送新服务产品的手段，或者为公司取得服务产品的各类权利（如特许权）。从外部看，顾客、竞争对手、科研机构、高校和海外企业的经验都是企业获得构思的主要来源；而从内部看，企业科技人员和市场营销人员是主要的来源，同时，一般员工的设想对新产品开发也具有启示意义。

## （二）筛选

对于所获得的构思，企业还必须根据自身的资源、技术和管理水平等进行筛选，因为有些构思甚至是比较好的构思未必具有可行性。通过筛选我们可以较早地放弃那些不切实际的构思。当然，在筛选阶段，企业一定要避免"误舍"和"误用"这两种错误。

筛选的过程主要包括两步骤：首先，建立比较各个不同构思的评选标准；然后，确定评选标准中不同要素的权数，再根据企业的情况对这些构思进行打分。可供服务企业采用的标准有市场大小、市场增长状况、服务水平和竞争程度等。必须强调的是没有任何一套标准，能适合所有的服务企业，各企业都应根据自身的资源情况而开发并制定出自己的一套标准。

## （三）概念形成与测试

经过筛选后的构思要转化成具体的产品概念，它包括概念形成和概念测试两个步骤。产品构思是企业提供给市场的一个可能的产品设想；产品概念是用消费者语言表达的精心阐述的构思。在概念形成阶段，主要是将服务产品的构思设想转换成服务产品概念，并从职能和目标的意义上来界定未来的服务产品，然后进入概念测试阶段。概念测试的目的是测定目标顾客对于产品概念的看法和反应。此外，在发展和测试概念的过程中还要对产品概念进行定位，即将该产品的特征同竞争对手的产品做一比较，并了解它在消费者心目中的位置。

## （四）商业分析

商业分析即经济效益分析，是为了了解这种产品概念在商业领域的吸引力有多大及其成功与失败的可能性。具体的商业分析包括很多内容，如推广该项服务所需的人力和额外的物质资源、销售状况预测、成本和利润水平、顾客对这种创新的看法以及竞争对手的可能反应。毫无疑问，在这一阶段想要获得准确的预测和评估是不切实际的，企业只能做一个大体的估计。一些常用的分析方法如盈亏平衡分析、投资回收期法、投资报酬率法非常有助于企业的商业分析。在此阶段经常需要一些开发性技术和市场研究，以及新服务产品推出上市的时机掌握和成本控制手段。

### （五）服务开发

产品构思经过概念发展和测试，又通过商业分析被确定为是可行的话，就进入了具体服务产品实际开发阶段。因此，企业要增加对此项目的投资，招聘和培训新的人员，购买各种服务设施，建立有效的沟通系统。此外，还要建立和测试构成服务产品的有形要素。新服务产品开发的阶段与制造品不同，除了必须注意服务产品的实体性要素之外，更须注意服务产品的递送系统。

### （六）市场试销

对有形产品来说，当新产品研制出来之后通常要经过市场试销，因为消费者对设想的产品同对实际产品的评价会有某些偏差。实践表明，很多产品试制出来之后仍然会遭到被淘汰的命运。不过，要想试销某些新型服务产品总是存在一些特定的困难。比如，一家航空公司推出某项为残疾人服务的新业务，它可以选择某个航线或者某些顾客进行试销。但是，如果它想在另外的某个城市设立一个办事处，就不存在试销的可能性，因为这种服务从一开始就必须达到设计的标准和要求。由于服务产品的无形性特征，服务企业并无实体产品可供测试，而对顾客用服务的观念来进行描述则显得比较困难。

### （七）正式上市

这一阶段意味着企业正式开始向市场推广新服务，新服务产品进入其市场生命周期的导入阶段。企业必须在新服务上市之前做出以下决策，即在适当的时间和适当的地点，采用适当的推广策略，向适当的顾客推销其新型服务产品。

# 第四节　服务品牌

按照美国市场营销协会对"品牌"的定义，"品牌是指一种名称、术语、标记、符号或设计，或是它们的组合运用，其目的是借以辨认某个销售者或某群销售者的产品或服务，并使之同竞争对手的产品和服务区别开来"。西方对服务品牌的关注始于 20 世纪 70 年代，在现代产品设计日趋完善和消费市场由卖方市场向买方市场转化的趋势下，消费者在寻求和选购服务的过程中会发现，服务还带有超出自身期望的附加利益，这就是通过服务品牌传播的。

## 一、服务品牌的定义

品牌是给拥有者带来溢价、产生增值的一种无形的资产，由品牌名称和品牌标志组成。现代意义上的品牌已经超越了区别的功能，成为企业形象和文化的象征。菲利普·科特勒认为，品牌是用来识别一个机构的服务，并与其他机构区别开来的一个名称、术语、标记、图案、符号或是这些因素的组合；区别专业营销者的最佳方法，就是看他们是否拥有对品牌的创造、维持、保护和扩展能力。

服务品牌是指服务机构用来区别于其他服务机构的名称、术语、标记、图案、符号或是这些因素的组合。服务品牌经注册后就是服务商标或服务商号。服务品牌实质上是服务机构用以对服务质量的一种提示和一种承诺。在服务营销中，服务品牌是形成企业服务特色、取得企业竞争优势的重要手段。它是识别出与某个服务相关联的某项承诺，并表明了此项承诺的来源。

## 二、服务品牌的重要性

关系营销理论的兴起促使企业开始认识到服务品牌的重要性，品牌已经成为服务组织与顾客之间关系建立的重要的"纽带"。与产品品牌相比，服务品牌理论研究一直处于萌芽与探索之中。产品品牌营销理论随着发达的制造业发展成熟，已有公认的品牌理论模式，为众多企业的品牌营销活动提供了强有力的支援。与之形成鲜明对比的是，服务品牌方面的研究却未引起足够的重视。自服务营销理论诞生以来，学者们的视线大多集中在服务与产品的差别上。尽管众多学者也强调服务品牌的重要性，但研究的并不多。

从概念本质上来看，服务行业的品牌概念与其他行业的品牌概念并没有太大区别，品牌的要点在于它是企业向消费者长期提供的一组特点、利益与服务，并赋予产品以个性、情感与符号象征，使其具有与众不同的特色。在服务业中，品牌与服务产品一样，均是由一系列服务要素组成的，是企业为顾客提供的顾客价值包。但是，品牌塑造对服务来说更为重要，因为塑造服务品牌不但可以帮助消费者识别服务质量的高低，还是服务企业成功的最主要驱动力之一。服务的品牌塑造比产品的品牌塑造更为关键，因为消费者在购买服务时所面对的情况更复杂，服务品牌的价值是在企业与顾客的互动过程中实现的。总之，与制造类企业相比，品牌对服务企业而言具有更重要的作用。

### （一）可以降低顾客购买风险

服务品牌具有较少的可搜寻属性，顾客在购买之前面临着比较大的购买风险，因此，服务品牌降低顾客购买风险的作用比有形产品品牌更为重要。服务品牌是消费者进行质量感知、服务产品挑选、信息搜寻与评价的重要依据，品牌是为顾客创造并传递价值，为顾客提供心理满足的形象符号。消费者在购买决策时往往选择风险小的方案，良好的品牌形象意味着保障和低风险，它使得消费者即使在产品信息不足的情况下也会做出购买决策。

### （二）可以增强顾客忠诚

顾客重复购买对服务企业而言更加重要，而品牌对于顾客的重复购买行为非常关键。强有力的服务品牌营销活动可以提高服务的可接近度，加速市场对服务的认知与接受程度，增加消费者对服务购买的信任，还可以强化服务的个性特征，履行自己的承诺，通过良性互动来构建与维持和加强与消费者之间的联系。服务品牌一旦创建成功就像竖起了一道屏障，能有效地阻止忠诚顾客向新品牌转移，稳定服务机构的顾客来源。

### （三）可以获得更多利润

服务品牌一旦塑造成功，一方面，服务机构可以通过连锁、联营、合作等方式拓展服务渠道，扩大规模。另外，服务品牌形成后，服务机构可以凭借品牌效应迅速地开拓市场，并能节省大量的推广费用，实现低成本扩张。

另一方面，由于品牌服务能提供给顾客无品牌服务所不具备的品牌承诺，顾客更愿意为之支付品牌溢价。因此，服务品牌可以使企业获得更多的利润。

## 三、服务品牌的特征

### （一）服务品牌的所有权特性

很多分销企业已经拥有自己的品牌，而且这些中间商品牌在市场上的地位已经超越了制造商品牌。但服务生产商与服务分销商之间的区别基本消失了，因为服务具有生产与消费同时性的特征。

### （二）服务品牌的差异化

企业可以利用服务品牌名称或标志将自己的服务与竞争对手的服务区别开来。不同服务品牌会具有不同的核心特性，有的年轻，有的是高质量的代名词。例如，麦当劳的特性是"青春活力"；肯德基象征着"亲情、友情和爱情"。服务企业可以通过与顾客不断沟通，通过服务传递过程将品牌的核心特性植入消费者的心中。

### （三）服务品牌的功能特征

服务品牌也可以成为产品某些功能的象征，如日本的 7-11 便利店和 24 小时便利联系在一起。服务品牌的功能化特征对于服务企业来讲非常重要，因为企业可以通过功能化将无形的服务转向有形化，为顾客提供真实、可以度量的服务经历。

### （四）服务品牌的象征特征

在产品市场上，顾客只要一看到特定的品牌，便会知道品牌能够带来的价值和利益，因为他们可以直接向别人展示他们所购买的产品的品牌，特定品牌则代表着特定价值和利益。同是轿车，奔驰象征着豪华、高档，沃尔沃则代表着安全，而宝马诠释的是舒适。但在服务市场有所不同，因为即使是在最高级的美容机构做美容，人们在意的可能也只是美容后的效果，至于美容师是谁却没人在意。因此，一些服务企业常常将自己的服务与名人联系在一起，力图通过名人效应将服务的核心价值传递给顾客。比如，某电影明星经常惠顾的美容院。

从上述分析我们可以看出，服务品牌对于消费者的功能主要是"降低"，如降低搜寻成本，降低感知风险；而对于服务提供者所起的作用主要是"促进"，如促进新服务的推广，使企业获得"溢价"。

## 四、服务品牌管理策略

服务是无形的，是一系列顾客高度参与的活动或过程。考虑到服务的独特性，服务品牌需要采取与有形产品品牌不同的管理策略。

### （一）建立企业品牌主导的品牌组合

服务是无形的，缺乏实体的东西来展示和包装，顾客在购买前对服务也缺乏直观的感受，无法进行客观的评价。因此，企业的实力、形象、口碑等往往成为直接影响顾客购买决策和消费后评价的重要依据。顾客在购买服务时，不仅关心服务的具体内容，而且也十分看重提供服务的企业。他们常常根据服务的提供者来决定是否购买服务产品。在服务企业的品牌组合中，企业品牌理应成为主导品牌，成为重点建设的对象。

### （二）创造强烈的组织联想

看到品牌而联想到企业就是所谓的组织联想，它是形成品牌特色或个性的关键因素。由于服务产品极易模仿，提供什么样的服务往往不重要，对顾客而言重要的是谁在提供服务，如何提供服务。不同的企业，在提供同种服务时可能差别很大，特别在服务质量方面。企业人员、设备、专长等，是能够直接或间接影响顾客评价服务质量的重要品牌联想。基于抽象的企业价值观、成员、企业资产、技术等特色所产生的组织联想，与基于产品特色的联想不同，它有利于提高品牌的可行性。通过组织联想，企业还可以建立品牌与消费者之间的感情。

### （三）使用全方位的品牌要素

服务的无形性决定了选择其品牌要素的重要性。由于服务决策和安排常常是在服务现场之外做出的，因此品牌回忆成为重要的因素。作为品牌核心元素的品牌名称应易于记忆和发音，相应的文字和标志等刺激物要仔细策划；服务的"外观"，如环境设计、接待区、着装、附属的材料，对形成顾客的品牌认知也有影响；其他品牌要素，如人物和口号，均可以用来辅助品牌名称，向顾客展示品牌，建立品牌认知和品牌形象。使用这些品牌要素的目的是让服务和其中的关键利益更为有形、具体和真实。例如，联邦快递公司标志中的"E"和"X"构成了一个隐藏的白色箭头，借此寓意其服务的速度和准确。希尔顿旗下的Doubletree酒店提供刚出炉的热饼干，作为其服务周到和友好的标志。总之，服务企业在使用品牌要素时，应力图使无形的服务有形化。

### （四）建立合理的品牌层次结构

随着产品和业务的多样化，服务企业需要根据不同的市场和产品特性，推出相应的品牌。一般来说，一个服务企业经营的服务项目在品种上远远超过生产企业的产品种类。产品多样化是服务企业的一个显著特点。服务企业建立品牌层次，有利于确定并满足不同的细分市场，突出不同服务产品的特征。例如，当年中国移动通信将其业务划分为"全球通""动感地带"和"神州行"三大品牌，以满足不同客户群的需求。

### （五）品牌内化

服务企业的员工是向顾客传递品牌的重要媒介，可以为品牌注入活力与生机。通过员工的行为，可以将文字或视觉品牌转化为品牌的实际感知。品牌内化涉及向员工解释和推销品牌，与员工分享品牌的理念和主张，培训和强化与品牌宗旨一致的行为。最重要的是，通过员工参与，让他们关心和培育品牌。否则，员工不理解或不相信品牌，不会自觉地成为品牌的一部分，也不会以所期望的方式行动。良好的服务品牌可以有效地传递并强化优质服务，但是无法弥补劣质服务。

### （六）持续服务理念创新和信守承诺

具有良好服务品牌的企业提供给市场的服务必须是对顾客有价值的并且要独具特色。宣传服务品牌是表明企业在市场中的定位。因此，这种企业的服务业绩比竞争者要好，在此过程中也会获得好的口碑。

另外，处理好服务与承诺的关系也是提升企业品牌声誉的一种有效手段。顾客使用或体验某一服务品牌后，渴望能从效用和情感方面获得某些利益，这些利益的本质就是服务品牌承诺。但给予顾客承诺时往往要非常谨慎，一旦有承诺就一定要做到。

## 五、服务品牌建设难度

### （一）服务过程和服务结果难以掌控

服务品牌创建是一个全新的课题，服务品牌之间也具有很大的差别，它们最大的区别在于服务传递的过程和结果之间所存在的差异，因此难以掌控。

## （二）服务品牌需要内化

顾客与组织的每一次互动、每一个关键时刻、每名员工，都是服务品牌个性表达的要素，企业都要竭力兑现服务品牌承诺。员工了解品牌的内涵比外部顾客还要重要，因为外部顾客对品牌的认知需要内部顾客对品牌的精准诠释，组织应当在服务过程开始之前，有计划地开展对员工的培训，以使他们能够真正理解品牌的内涵和传递给顾客的信息，使员工能够真正地成为企业品牌有效的传递者。

## （三）服务品牌难以控制

有些服务无法靠组织单独完成，需要其他组织的协助，而企业对这些合作组织是无法控制的。比如，网络商店零售服务受到网上支付系统、网站质量、物流服务质量和送货人员的影响，而网络商店对提供这些服务的企业没有约束力，但顾客将这些组织提供的服务看作网络商店不可分割的一部分，会根据网上银行的服务质量和送货人员的服务态度评价网络商店的服务，这无疑会影响服务组织的品牌形象。

正是由于上述原因，服务品牌经营比有形产品要难。由于服务的特殊性，服务企业最好创建整个服务组织的品牌，而不是某个服务产品的品牌，服务企业要宣传整个组织的形象和组织文化，而不是单个服务产品的品牌形象。正因为如此，星巴克宣传的主要是星巴克，而不以某种咖啡作为主打品牌。

# 本 章 习 题

## 一、判断题

1. 在服务交易过程中不存在服务所有权的转移。　　　　　　　　　　（　　）
2. 支持性服务是企业不可或缺的服务，如果缺少就会影响核心服务的提供。（　　）
3. 一些服务在某些场合是便利性服务，在另外一些场合则可能为支持性服务。（　　）
4. 服务新产品开发的第一步是商业分析。　　　　　　　　　　　　　（　　）
5. 服务品牌可以降低消费者的搜寻成本和感知风险。　　　　　　　　（　　）

## 二、单选题

1. 服务的（　　）特点决定了服务生产很难标准化。

　A. 无形性　　　　　　　　　　B. 生产和消费的同时性

　C. 异质性　　　　　　　　　　D. 易逝性

2. 针对住房客人的大堂免费自助咖啡、快速离店手续属于酒店服务产品中的（　　　）。

    A. 核心利益　　　　　　　　　　B. 基础产品

    C. 期望价值　　　　　　　　　　D. 附加价值

3. 根据"服务包"理论，基本的服务包可分为三个层次，即核心服务、便利性服务和（　　　）。

    A. 个性化服务　　　　　　　　　B. 本土化服务

    C. 附属服务　　　　　　　　　　D. 支持性服务

4. （　　　）指服务组合中各类服务产品线所包含的服务产品项目总数。

    A. 服务线的宽度　　　　　　　　B. 服务线的长度

    C. 服务线的深度　　　　　　　　D. 服务线的关联度

5. 增加现有服务的品种和内容属于（　　　）。

    A. 完全创新的服务　　　　　　　B. 进入新市场的服务

    C. 服务扩展　　　　　　　　　　D. 服务改善

## 三、问答题

1. 什么是服务？

2. 服务有什么特点？

3. 服务产品的特点对服务营销与管理带来哪些影响？

4. 举例说明服务产品的五个层次。

5. 简述基本服务包和扩展服务包的内容。

6. 什么是服务产品组合？如何优化服务产品组合？

7. 什么是服务新产品？

8. 简述服务新产品开发的程序。

9. 什么是品牌？服务品牌的特征是什么？

10. 为什么说服务品牌管理难于产品品牌管理？

## 四、分析案例

### 老乡鸡品牌的三次重新定位

    老乡鸡最初的名字是肥西老母鸡，主营业务是鸡汤。用养足180天的土鸡炖出来的鸡汤味道足，顾客很喜欢。所以在改名的时候，很多人不理解：顾客很喜欢我们的鸡汤，为什么要改成快餐呢？肥西老母鸡的名字在安徽也比较有名，为何要放弃呢？

    如果从"认知难以改变""顺应顾客认知"的角度看，改名字是不是在挑战认知呢？老乡鸡在决定改名的时候，已经有100多家店。改名意味着上千万的物料费用，是否值得？所有问题的答案在于对趋势的判断。

    真正的中式快餐，才是最大的机会。别的品牌都是学肯德基、麦当劳的，选址、套餐、装修都很接近，只是出餐内容不一样。老乡鸡的定位是社区厨房，如果说星巴克是公司会议室的代替，那么老乡鸡就是家庭厨房的代替。

中式快餐的机会是中国的肯德基，前景比单纯做鸡汤要大。趋势是最大的认知能量。肥西老母鸡的名字有地域限制，离开安徽就没有认知势能，老乡鸡则是一个全国人民都听得懂的名字。

品牌策略的第一个要素是把握趋势，第二个元素是分析竞争。老乡鸡的家庭厨房的品牌定位，和肯德基、乡村基、真功夫有明显的差异化设计。只有不同，才能赢得竞争。

老乡鸡的公关策略也是这个原则：疫情防控期间别的餐饮品牌都在减薪、关店的时候，老乡鸡董事长拒绝了员工主动减薪的要求。在别的餐饮品牌用高大上风格办发布会的时候，老乡鸡在农村用200块钱的经费办了发布会。高明的公关策略给老乡鸡带来良好的传播效应。

从安徽最大快餐到中式领先快餐，对全国人民来说，安徽最大没什么了不起，因为安徽这个区域在全国来说没什么势能。但是对老乡鸡来说，尤其是战略原点期的老乡鸡来说，重要的是在安徽省内的认知价值。初期要聚焦安徽，占据安徽省内顾客的心智，那么安徽最大就是最有价值的。

安徽最大快餐的另一个价值是打造老乡鸡的根据地，在安徽省内完善管理、升级供应链、测试市场，内功修炼好之后再走出安徽。

首先是占据一个守得住的市场。茶饮连锁品牌茶颜悦色守住长沙市场、衡水老白干守住河北市场、乡村基守住西南市场，其目的都是建立根据地。为了建立根据地，老乡鸡把北京、上海、南京的店关了，将资源聚焦在安徽市场。直到在安徽开出约400家直营店之后才进入武汉、南京市场。

凭借在安徽积蓄的巨大势能，老乡鸡2016年一年之内就在宁汉开出了60多家直营店。2019年，老乡鸡进入上海市场，目前全国拥有近800家直营门店。随着走向全国，老乡鸡也重新定位为"中式快餐全国领先品牌"，并且还在以每年40%的速度持续高速发展。

如果没有看到聚焦的意义，就没法理解为何一会儿关掉上海、南京的门店，一会又再开店。重新走出安徽的老乡鸡已经具备了心智势能和区域势能。从全国收缩到安徽，是聚焦资源打侧翼战。再次从安徽走向全国，是从侧翼战转向进攻战。配合前期成功公关带来的品牌效应，老乡鸡在很多地区已经为消费者所熟知，这是侧翼战转向进攻战的重要资源。

（资料来源：https：//www.cnwebe.com/articles/179219.html）

**思考：** 分析老乡鸡的服务品牌策略。

### 五、应用训练

1. 选择同一服务行业中的两家服务组织（如经济型酒店与高档酒店）进行对比分析，从服务产品的五个层次说明两家所提供的服务产品有哪些异同，以及是否能满足目标市场的需求。

2. 试着为一家银行设计扩展服务包。

# 第四章　服务价格

## 学习目标

　　了解服务定价的概念、特点；掌握服务定价的影响因素；掌握服务定价的策略；理解服务定价的方法。

## 导入　案例

### 西南航空公司的定价策略

　　按收入乘客里程数，1994 年西南航空公司在美国所有航空公司中位列第八，总营运收入达 26 亿美元，实现净收入 1.793 亿美元。这已是该公司连续 22 年实现赢利，创下过去 20 年中美国航空业的纪录。作为公司董事长、首席执行官和创始人之一的赫布·凯莱赫（Herb Kelleher）这样描述西南航空公司的成功："高质量加低价格等于价值，再加上员工的敬业精神就等于不可战胜。"

　　1971 年 6 月 18 日，西南航空公司成立，致力于提供独特顾客服务的短途、定点、低票价、高频次航线。起初，只有 3 架波音 737，航线限于达拉斯、休斯敦和圣安东尼奥 3 个城市；现在该公司拥有 199 架波音 737，服务对象包括美国中西部、西南、西部地区的 44 个主要城市。以可获座位里程计，59% 的运营量在西部，22% 在西南（得克萨斯、俄克拉荷马、阿肯色和路易斯安那），19% 在中西部。

　　除了 1985 年和 1993 年分别收购 Muse 和 Morris 两家航空公司外，西南航空公司一直依靠内部发展，不断完善和坚持为航空业所熟知的"西南模式"。这个模式的核心是重视顾客服务和营运，创造性营销及兑现对员工的承诺。该模式给西南航空带来了极大的活力。西南航空致力于为客户提供短距离、低票价、直达、高频次的营运服务。作为短途直达的航空公司，西南航空的重点是当地交通，而不是采用中心辐射系统中转和中途停站的方式。这样做的结果是，80%的乘客无须中转飞行。1994年，乘客平均单程飞行距离是506英里，平均飞行时间仅为一个小时多一点。西南航空从调查中发现，短距离旅行的乘客更关心航班时刻表和班次数量。这意味着应该使飞机的飞行时间最大化，在地面时间最小化，尽可能使飞机抵达至下次起飞之间的时间缩短。事实上，从飞机抵达至下次起飞的时间看，西南航空有一半飞机为15分钟，另一半为20分钟，而美国航空业的平均时间是55分钟。其结果是，西南航空的飞机每天可飞10班，比平均水平高出两班。

西南航空的经营方式在另外一些方面也与其他公司存在很大差异。

（1）该公司通常使用的是小城市机场或大城市中的非繁忙机场，如达拉斯市的拉夫菲尔德机场和芝加哥市的中部机场。这些机场不像大机场那样拥挤，因而可以大大缩短停机时间。使用这些非枢纽的辅助机场，也就意味着西南航空不向其他主要航空公司转运行李。实际上，西南航空即使在少数几个枢纽机场也不与其他航空公司进行行李转托运，如洛杉矶国际机场。

（2）在机票预订及座位安排方面，西南航空与其他大航空公司也不同。西南航空没有加入计算机机票预订系统，乘客和票务代理需要与西南航空直接联系。这样，只有不到一半的机票是通过票务代理出售的（大多数公司为90%），西南航空因此每年可以节省3000万美金的代理佣金。与其他公司相反，西南航空也不提供座位确认服务。凯莱赫曾说："我们会保留您的座位，只不过不确定您是2C还是38B。"公司发放可重复使用的编号登记卡来识别顾客和决定登机顺序。先办完登机手续的乘客优先登机，每批30人，分批登机。

（3）西南航空的航班上一般只提供饮料和零食。最主要的零食是花生，只有在长途飞行的航班上才提供正餐。

（4）西南航空只采用波音737客机，并且全部设置为经济舱，不分头等舱、经济舱、商务舱等。其他大航空公司一般用多种飞机，如空中客车、波音、麦道。采用单一机种大大降低了飞机的维护和保养费用。西南的机群在各大航空公司中是最年轻的，仅为7.6年，1995年又新购的25架波音飞机投入运营。1994年，西南航空由于飞机机械故障而导致航班延误或取消的比例不超过1%，连续多年被评为世界最安全航空公司。

西南经营模式的综合效果在成本方面体现得非常明显。1994年，西南航空公司每可获座位里程的成本为7.08美分，在全美各主要航空公司中是最低的。

**思考：**请你总结一下西南航空的定价策略。

# 第一节　服务定价特征

1. 价格是人们日常生活中接触最频繁的，也是最司空见惯的，那么定价究竟有什么意义呢？

2. 服务产品的定价与有形商品的定价有什么不同？

3. 对于服务产品定价，我们可以采取哪些方法和策略？

## 一、价格的意义

在所有的营销变数中，价格是关系到公司能否获利，而企业的获利能力又是决定企业成败最直接的因素。那么基于以下几点因素，使得定价问题更显重要。

### 1. 技术日新月异

产品生命周期日益缩短，使产品可获利的期间缩短，往往在错误的定价决策未来得及修正前，产品就已过时，造成相当大的损失。

### 2. 新产品的泛滥

企业不断创新，提供类似功能的产品也日增，市场细分也日益模糊，定价若有不当，往往很快会被其他产品或品牌取代。

### 3. 外货的竞争

在考虑汇率、相对物价水平等因素后，市场定价日趋复杂，稍有不慎将会丧失市场先机。

### 4. 法规的规范

公平交易法规通过后，企业的定价不再随心所欲。国际间的反倾销法、保护关税，也是企业定价时重要的考虑因素。

### 5. 消费者意识抬头

近年来兴起许多与保护消费者有关的团体或组织，常会对企业的定价造成约束。

综合以上五点，定价对企业来说越来越重要。在定价方面，有关有形产品定价的概念和方法一般来说均适用于服务定价。不过，服务产品定价也有其自身的特殊性。

## 二、服务定价的特点

对购买者而言，服务价格传达着服务价值的信息。购买者希望用自己的购买力换取至少等值的服务效用。但顾客的价值判断要在获得服务好处与满意的综合感受之后才能得出。所以，更多的消费决策是在对价格信息的感受基础上直接做出的。但与有形产品的价格相比，服务价格具有明显的特殊性。

## （一）多样化的服务价格术语

服务行业的复杂性决定了价格术语的复杂性。在服务业中，"价格"这个名词直接出现的机会可能并不多，它总是以各种各样的名称出现，在不同的服务行业里，往往有着不同的名称与其价格相对应。如在保险服务中，价格称为保险金；银行服务的价格称为手续费和利息；运输服务中的价格称为运费。这些术语也是在市场交易中约定俗成的。

## （二）多样化的定价目标

很多竞争性的服务企业会像所有有形产品的生产商那样将利润最大化作为价格策略的目标指向。利润是竞争性企业追求的最终目标，把利润作为企业战略目标，制定价格也就有了明确的方向。当然，那么时间长短的区别会直接带来定价的差异：如果将利润最大化置于短期目标的营销规划中，那么高价位的撇脂战术就会受到企业的青睐；而中长期的利润最大化目标则会使定价原则更倾向于阻止竞争对手的进入，或是迅速占领所在的细分市场。

然而服务业要比产品制造业复杂得多。制造业的定价至少要在市场上实现盈亏平衡，但事实上，服务业中有不少企业并不在乎在盈亏平衡点以下长期经营。这种价值理念上的差别，决定了服务业中的价格目标和定价原则会偏离利润最大化，从而向多样化发展。

### 1. 投资回报或滚动发展目标

一些服务企业，特别是资本密集型的公共事业服务机构，多由国家财政投资兴办并拨款经营，所以这类服务企业的定价原则是在把成本摊在国家拨款中的基础上进行适当的加成定价。它的管理目标是分期偿还国家投资，并用积累的部分利润进行设备更新、技术改造等二期投资，以期实现滚动发展。

### 2. 市场份额目标

与有形产品相比，由于服务业的个性化强、需求分散、需求波动大等特点，服务业的规模效益更难实现。所以为了达到规模生产的目的，不少服务企业在相当长的时间内会将市场份额目标作为定价的首要指导原则。基于服务业高固定成本、低边际成本的生产特点，在市场目标引导下，起初低于成本的定价会随着市场份额的不断提升而使高昂的固定成本不断得到摊销，最终实现服务增值。

### 3. 社会效益目标

对那些以提供社会公益服务为己任的服务组织来说，它们往往以覆盖一定比例的成本，或完全以细分市场顾客平均收入水平所能承担的价格作为定价标准，如食堂、大众健身运动场、普通公园。而另外一些国有的服务行业，为了社会或国家的整体利益，也可能制定低于成本或低于行业平均水平的价格。比如，为了配合国家优先发展旅游业的政策，在旅游节、旅游月中，航空公司、铁路客运公司等纷纷降低票价来配合整个旅游促销活动。

### 4. 满意度目标

服务企业的长远发展依赖顾客忠诚度的不断提高，而顾客忠诚又来自顾客对服务的满意。所以不少服务企业会以顾客满意度作为定价目标，为不同的顾客提供多样化、个性化的服务。正是在满意度目标的指引下，服务市场上出现了大众服务与高档服务并存的态势。

### （三）多样化的定价策略

这是服务价格方面最重要的特殊性。服务产品不同于有形产品的显著特征，对服务产品的定价有很大的影响。并且，在不同的服务形态和市场状况中，这些特征所造成的影响也不同，也就造成了服务产品定价策略的多样化。对定价造成影响的服务业特征可分为以下五类。

#### 1. 服务产品的无形性使得服务产品的定价远比有形产品的定价更为困难

对有形产品而言，其生产成本与价格之间的关系式再明显不过了。大多数顾客在选购产品时可以根据产品的外观、做工的精致程度、产品的包装等方面判断产品价格是否合理，但是，在选购服务产品时，顾客不能客观地、准确地检查无形无质的服务，第一次购买某种服务的顾客甚至不知道产品里面到底包含哪些内容，再加上很多服务产品是按各类顾客的不同要求，对服务内容做适当的添减，使得顾客只能猜测服务产品的大概特色，然后同价格进行比较，但对结论缺乏信心。这就解释了为什么服务产品的价格上限与下限之间的定价区域一定要比有形产品的定价区域宽，且最低价格与最高价格的差距极大。这种例子在管理咨询、医疗和美容行业比比皆是。因此顾客在判断价格合理与否时，他们更多的是受服务产品中实体要素的影响，从而在心目中形成一个"价值"概念，并将这个价值同价格进行比较，判断是否物有所值。

所以，企业定价时所考虑的也主要是顾客对产品价值的认识，而并非产品的成本。一般来说，实物成分愈高，定价往往愈倾向于使用成本导向方式，而且也愈倾向于采取某种标准；反之，实物成分愈低，则愈多采用需求导向定价，而且价格也愈缺少标准可循。服务产品的非实体性也意味着提供服务比提供实体产品要有更多的变化，服务水平、服务质量等都可以依照不同顾客的需要而调整配合。因此，价格必然也可以经由买主和卖主之间的协商来决定。

#### 2. 服务的不可贮存性及服务的需求波动大导致服务价格的差别性较大

当供过于求时，服务企业必须使用优惠价及降价等方式，以充分利用剩余的生产能力，因而边际定价政策得到了普遍应用。例如，在淡季时，酒店和航空公司实行折扣价、提供更多的服务内容等，以吸引更多的顾客。当供不应求时，服务企业可能更多地制定相对较高的价格，以调节过量的需求。但经常使用这种定价方式，往往会加强顾客的期待心理，他们可能会故意不消费某种服务，因为他们预期以后必然会降价。为防止这种现象，服务业就需要给予提前订购服务的顾客以优待性特价。

### 3. 更为激烈的价格竞争

如果服务是同质性的，那么价格竞争就有可能很激烈。市场竞争状况直接影响着企业定价。不过，行业协会或政府管制部门，往往规定收费标准，防止不正常的削价。一般来说，越是独特的服务，卖方越可以自行决定价格，只要买主愿意支付。在这种情况下，价格可以用来当作质量指标，而提供服务的个人或公司的声誉，则可能形成相当的价格杠杆；另一方面，服务质量具有很高的差异性，服务与服务之间没有统一的质量标准做比较。往往是顾客要求得越多，则其得到的也就越多，而价格则没有什么变化。基于这种原因，一些顾客往往会偏爱于某个企业。这种情况为企业选择细分市场和制定价格策略提供了决策依据。

### 4. 每一次服务的质量价格比各不相同

服务与服务提供者的不可分离性，使每一次服务的质量价格比各不相同。服务产品的质量很难以一个固定的标准来衡量，它要受到服务设备和服务提供者的技能、技术及情绪等因素的影响，这又增加了服务产品的定价不确定性。

### 5. 服务产品与提供服务的人的不可分离性，使得服务定价受地理或时间因素的限制

同样，消费者也只能在一定的时间和区域内才能接受到服务，这种限制不仅加剧了企业间的竞争，而且直接影响其定价水平。

# 第二节　服务定价策略

定价不仅是一门科学，更是一门艺术。服务企业在确定了服务定价的目标之后就需要选择合适的服务定价策略。

## 一、服务定价目标

### （一）追求利润最大化目标

追求利润最大化，即公司追求一定时期内可以获得的最高利润。利润来自价格与销售额，利润最大化并非意味着价格最高。在这一目标下，企业决定价格时就要考虑以何种价格销售可以使利润最大化。公司与产品在市场享有较高声誉，在竞争中处于有利地位时，

追求利润最大化是可行的。但市场变化万千，产品日新月异，科技飞速发展，任何公司或产品不可能永远处于领先地位。所以在更多的情况下，企业把追求利润最大化作为一个长期的定价目标，而为了保全自己、减少风险，或囿于能力不足，把追求适当利润作为短期目标，"适当"的水平则随产量、投资者的要求和市场可接受程度等因素的变化而有所变化。

### （二）实现预期的投资回报率目标

投资回报率即投资收益率，就是一个企业把它的预期收益水平规定为投资额的一定百分比。定价时一般在总成本费用之外加上一定比例的预期盈利。这样企业要实现估算，服务定什么样的价格，每年销售多少，多长时间才能达到预期收益水平。一般来说，预期收益率要高于银行利率。采用这种定价目标的企业应具备两个条件：第一，该企业具有较强的实力，在行业中处于领导地位；第二，采用这种定价目标的多为新服务、独家服务以及低单价高质量的标准化服务。

### （三）提高市场占有率目标

市场占有率是公司经营状况和产品竞争力状况的综合反映。较高的市场占有率可以保证公司产品的销路，便于公司掌握消费需求变化，形成公司长期控制市场和加价的能力，并为提高公司营利率提供了可靠保证。事实上，紧随着市场占有率的往往是高盈利率。提高市场占有率比提高营利率意义更为深远，正因如此，提高市场占有率通常是公司普遍采用的定价目的。以低价进入市场，开拓销路，逐步占领市场是以提高占有率为目标时普遍采用的方法。

### （四）实现销售增长率目标

在其他条件不变的情况下，销售增长率的提高与市场份额的扩大是一致的。因此，追求一定的销售增长率也是企业的重要目标之一，特别是在新产品进入市场以后的一段时间内。但由于竞争激烈的市场经常变化，市场份额的高低更多地取决于公司与竞争对手的销售对比状况，而且，销售增长率的提高也不必然带来利润的增加。因此，公司应结合市场竞争状况，有选择地实现有利可图的销售增长率。

### （五）以适应竞争、拓展客户群为目标

大多数企业对竞争者价格都很敏感，定价之前会多方搜集资料，把自己服务产品的质量、特点与竞争者的服务进行比较，然后做出抉择：以低于竞争者的价格出售，还是以与竞争者相同的价格或是高于竞争者的价格出售。当市场存在领导者价格时，新的服务提供商要进入市场，只能采用与竞争者相同的价格。一些小企业因生产、销售费用较低，或一个企业着意扩大市场占有率，定价会低于竞争者。

## 二、服务定价策略的类型

### （一）新产品定价策略

顾客一般对刚上市的新服务产品的情况了解不多，因此企业开发的新服务产品能否在市场站住脚，并给企业带来效益，定价就显得十分重要。企业在新服务产品投入市场时，可以在以下三种定价策略中间做出选择。

#### 1. 撇脂定价策略

所谓撇脂定价策略是在市场上以远高于成本的价格投放新服务，以求得在短期内获取厚利，尽快收回投资的战略。这一定价策略就像从牛奶中撇取所含的奶油一样，取其精华，所以称为撇脂定价。

这种定价策略的目标对象是那些收入水平较高的先锋顾客，他们勇于尝试新事物，并且有足够的支付能力。利用高价产生的厚利，企业在新服务上市之初即能迅速收回投资，减少了投资风险，这就是撇脂策略的根本好处。采用此策略有利于企业获取丰厚的利润，掌握市场竞争及新产品开发的主动权，同时可以提高产品的身价，树立企业的良好形象，为企业调整服务价格留有余地，有利于企业调整市场需求。

当然，撇脂策略也存在缺陷：一是高价服务的需求规模毕竟有限，过高的价格不利于拓展市场，也不利于占领和稳定市场，容易导致新服务开发失败。二是高价高利会导致竞争者的大量涌入，仿制品、替代品迅速出现，从而迫使价格急剧下降。此时若无其他的有效策略相配合，则企业苦心经营的高价优质形象可能会受到损害，失去一部分顾客。三是价格远远高于价值，在某种程度上损害了顾客利益，容易招致公众的反对和顾客抵制，诱发公共关系问题。因此，撇脂定价策略适合新产品在最初投入市场时采用，而不适合长期采用。

#### 2. 渗透定价策略

这是与撇脂定价相反的一种定价策略，即在新产品上市之初将价格订的较低，以吸引大量的购买者，提高市场占有率，然后随着份额的提高调整价格，降低成本，实现营利目标。

利用渗透定价策略有两个前提条件：第一，新服务的需求价格弹性较大；第二，新服务存在着规模经济效应。采用这种定价方法有两个优点：首先，低价可以使服务尽快为市场所接受，并借助大批量销售来降低成本，获得长期稳定的市场地位；其次，微利阻止了竞争者的进入，增强了企业自身的市场竞争能力。但缺点是本利回收期较长，价格变化的余地小，难于应付骤然出现的竞争和需求的较大变化。

#### 3. 适中定价策略

适中定价策略又称为温和定价策略，它既不是利用价格来获取高额利润，又不是让价格制约占领市场。这种价格战略尽量降低价格在营销手段中的地位，重视其他在市场上更有效的手段。当不存在适合撇脂定价或渗透定价的环境时，例如，当顾客对价值极其敏感时，不能采取撇脂定价，同时竞争者对市场份额极其敏感，不能采用渗透定价的时候，公司一般会采用此战略。

虽然与撇脂定价或渗透定价相比，适中定价方法缺乏主动进攻性，但这并不意味着正确执行它就很容易或不太重要。适中定价没有必要将价格定得与竞争者一样或者接近平均水平。从原则上讲，它甚至可以是市场上最低的或最高的价格。与撇脂价格和渗透价格类似，适中价格也是参考产品的经济价值决定的。当大多数潜在购买者认为产品价值与价格相当时，即使价格很高也属适中价格。

## （二）心理定价策略

心理定价策略是指运用一些心理学原理，根据不同顾客购买和消费服务时的心理动机来确定价格，引导顾客采用本企业服务的定价策略。

### 1. 声望定价法

这是指服务企业根据自己所提供的服务在顾客心目中的声望高低来制定相应的服务价格。因为服务的质量很难形成统一客观的判断标准，所以在顾客心目中，价格在一定程度上就成为服务质量的标志。服务企业可以根据自己在业内的声望制定相应的价格。低价可以刺激消费，打开低端市场份额；高价对应高质优质服务，同样可以吸引目标市场。服务企业在利用声望定价时必须根据自己的服务种类、服务水平和市场的接受程度等因素，避免一意孤行，造成市场反应冷淡。例如，新东方学校凭借其一流的教学师资考证水平以及在培训行业的极高知名度和美誉度，对其培训服务的定价相对于行业培训的一般水平来说较高，但每年依旧受到为数众多的求学考证者的垂青。

### 2. 招徕定价法

招徕定价也被称为牺牲定价，即采用低于服务市场通用的价格来吸引顾客尝试购买和消费产品，这实质上是利用消费者"求廉"的消费心理。有些服务企业就是利用顾客的这种心理，有意降低自己的某些服务产品价格，以此来吸引顾客上门，从而带动其他服务的消费，提高收入。

### 3. 整数定价法

对于那些无法明确显示服务质量的商品，顾客往往会通过其价格的高低来判断其质量的好坏。但是，在整数定价方法下，价格的高并不是绝对高，而只是凭借整数价格来给顾客造成高价的印象。整数定价常常以偶数，特别是以"0"做尾数，如高档会所会定价1 800元，而不会定价1 799元。利用这种高价效应，可在顾客心目中树立高档、高价、优质的服务形象。

整数定价法适用于需求的价格弹性小、价格高低不会对需求产生较大影响的服务，如星级宾馆、高级文化娱乐城，由于其消费群都属于高收入阶层，同时也愿意接受较高的价位。

### 4. 尾数定价法

尾数定价法又称非整数定价，是指利用消费者数字认知的某种心理，尽可能在价格数字上不进位，而保留零头，使消费者产生价格低廉和卖主经过认真的成本核算才定价的感觉，从而使消费者对企业服务产品及其定价产生信任感，促进销售服务量的增加。

## （三）折扣定价策略

折扣定价策略是指在基本价格的基础上，通过让利于顾客来促进服务销售的定价策略。服务业营销采用这种方式可以达到两个目的：第一，折扣是对服务承揽支付的报酬，因为如此才能促进服务的生产和消费的产生。例如，付给保险经纪人的佣金或单位委托顾问服务的支付。第二，折扣也是一种促销手段，它可鼓励提早付款、大量购买或高峰期以外的消费。

### 1. 现金折扣

现金折扣是指对按约定日期付款或提前付款的顾客给予一定的现金折扣。其作用：①减少信用成本和呆账；②减轻对外部资源的依赖，减少利率风险，加速资金周转；③能有效地对渠道成员进行控制，增强企业竞争力。采用现金折扣一般要考虑三个因素：折扣比例、给予折扣的时间期限、付清全部款项的期限。在西方国家，典型的付款折扣期限表现为"3/20，net60"。其含义是在成交后 20 天内付款，买者可以得到 3%的折扣；超过 20 天，在 60 天内付款不予折扣；超过 60 天付款就要加付利息。提供现金折扣相当于降低价格，所以企业在运用这种手段时要考虑本企业的服务是否具有足够的需求弹性，保证通过需求量的增加时企业获得足够利润。

### 2. 数量折扣

数量折扣是卖方因买方数量大而给予的一种折扣，但其数量不可超过因批量销售而节省的费用额。其目的是鼓励大量购买或集中购买。数量折扣有非累进折扣和累进折扣两种形式。非累进数量折扣是规定顾客每次购买达到一定数量或购买多种服务达到一定的金额所给予的价格折扣。其目的是鼓励顾客批量购买，促进服务产品多销、快销，所以这种折扣方式也被称为一次性数量折扣。累进折扣是规定在一定时间内，购买总数超过一定数额时，按总量给予一定的折扣，其目的是鼓励顾客经常向本企业购买，成为可信赖的长期客户。

数量折扣的促销作用非常明显，企业因单位服务利润的减少完全可以从销量的增加中得到补偿。此外，销售速度加快，企业资金周转次数增加，交通费用下降，产品成本降低，从而导致企业的营利水平上升。运用数量折扣的难点在于如何确定合适的折扣标准和折扣比例。如果太高会让大多数顾客因无法享受到折扣而感到失望，太低又不能起到鼓励顾客购买和促进企业销售的作用。因此，企业应结合服务特点、销售目标、成本水平、需求规模等因素来制定科学的折扣标准和折扣比例。

### 3. 功能折扣

中间商在服务分销中所处的环节不同，其所承担的功能、风险和责任也不同，企业据此给予的不同折扣称为功能折扣。功能折扣比例的确定主要考虑中间商在分销渠道中的地位、对服务销售企业的重要性、购买批量、完成的促销功能、承担的风险、服务水平等因素。功能折扣的结果是形成购销差价和批零差价。

### 4. 季节折扣

有些服务的提供是连续的，而其消费具有明显的季节性。为了平衡季节供需矛盾，服务企业便会采用季节折扣的形式，在淡季购买服务的顾客给予优惠，使企业的生产和销售在一年四季都保持相对稳定的状态。最典型的例子就是旅游区在旅游的淡季和旺季会采取不同的价格体系来吸引顾客，提高游览观光的游客数。

## （四）差别定价策略

差别定价策略即根据"顾客支付意愿"而制定不同的定价策略，在经济学上也被称为价格歧视。主要运用于以下两种情况：一是对建立基本需求，尤其是高峰期的服务最合适；二是用以缓和需求的波动，降低服务易消失性所带来的不利影响。

差别定价的形式包括时间/价格的差异（如公用事业及电话服务在假期使用的价格）；顾客支付能力差异（如管理顾问咨询、专业服务业、银行贷方利率）；服务的品种差异（如银行推出的信用卡与储蓄卡）；地理位置差异（如剧院的座位定价差异）。

采用差别定价法的条件在于市场"可以根据价格进行细分的"。但是使用差别定价法可能会产生以下问题：第一，顾客可能延缓购买，一直等到差别价格的实施；第二，顾客可能认为采用差别定价的服务属于"折扣价格"，并认为这是一种例行现象。

基于以上原因，有些服务企业故意拒绝使用差别定价法而干脆采用单一价格制度，不论在任何时间、地点或顾客有什么样的支付能力，对所有的顾客都采用相同的价格。

## （五）关系定价策略

关系定价策略适用于服务商和顾客之间有持续接触的交易，是一种考虑顾客终身价值、基于市场导向的定价方法，它能够刺激顾客多购买本公司的服务而抵制竞争者提供的服务。一般来说，关系定价策略可以采用长期合同和多购优惠两种方式。

### 1. 长期合同

营销人员可以运用长期合同向顾客提供价格和非价格刺激，以使双方建立长期合作关系，或者加强现有关系，或者发展新的关系。这种策略可以从根本上转变服务企业与其顾客的关系，它能将一系列相当独立的服务交易转变为一系列稳定的、可持续的交易。每个交易都提供了有关顾客需求方面的信息，由此公司可获得认识与效率方面的利益。同样，顾客也可随着关系的深入发展而从中获益。来自长期合同的可观、稳定的收入使服务企业可以集中资源来拉开与竞争对手的差距。

## 2. 多购优惠

这个策略的目的在于促进和维持顾客关系。它包括同时提供两个或两个以上的相关服务。价格优惠确保集中相关服务一次购买比单独购买要便宜。服务提供者将从多购优惠政策中获取三方面的利益。首先，多购能降低成本。大多数服务企业的成本结构是：提供一种附加服务的成本比单独提供第二种服务所付出的成本要少。其次，吸引顾客从一个服务企业购买相关的多种服务，使顾客可以节省时间和金钱。最后，多购优惠能够有效增加一个服务企业与它的服务对象之间联系点的数目。这种联系越多，那么公司获取顾客信息的途径越广，了解顾客的需要与偏好的潜力也会越大。这种信息如果能充分有效地利用，将会有助于公司与顾客发展长期的关系。

## (六) 组合定价策略

现实生活中面临的定价服务产品的情况并非可以一言以蔽之，如专业咨询服务、酒店客房出租等可以按时间收取费用，运输企业根据距离收取费用。但是服务企业往往面临更复杂的情况，尤其是怎样对某种成为产品组合一部分的服务进行定价。主要有以下几种方法。

### 1. 服务线定价法

服务线定价是根据购买者对同样产品线不同档次产品的需要，精选设计几种不同档次的产品和价格线。在此之前，企业就必须在细分市场的基础上确保自身能够满足现代市场的多种需要。尤其是顾客对价格比较敏感的服务行业，服务线定价是企业必然要采用的策略。如某酒店的商务套房定价 998 元，豪华套房定价 1 799 元，贵宾套房定价 2 199 元，这样，不同的顾客会按照自己的需求来选择不同的产品。事实上，在很多行业，运用高、中、低价格会让顾客联想高、中、低三个档次的质量，顾客可以据此按照自己喜欢的价格点来进行消费。

### 2. 特色定价法

特色定价法也称为非必需附带品的定价策略，即企业在以较低价格提供主要产品的同时，还提供具有吸引力的较高价的非必需附带品与之相配，依靠销售他们来增加利润。这种方法会给顾客一个价格较低的印象和更大的选择余地。如某餐馆菜美价廉，但酒水价格是商场的几倍之多，而且规定客人不能自带酒水。那么餐馆就可以从食品收入中弥补成本，同时从酒水中获取利润。

### 3. 必需附带品定价方法

必需附带品定价方法也称为附带产品定价法，采用这种方法利润主要来自附带品。软件公司经常运用这种方法，它可以将开发出的软件低价卖出甚至无偿赠送，但是会从不断升级的程序中获取利润。

### 4. 两部分定价法

实质上这属于价格歧视的一种具体运用，即将价格分为固定费用部分和变动费用两部分，在一定范围内用固定价格，超出该范围加收变动费用。服务企业常采用这种方法：移动电信公司会收取固定的月租费，然后再按时间计价收费；游乐园有门票费，但入园后玩某些项目会另外收费。

### 5. 捆绑定价法

捆绑定价法即将数种服务（两种以上产品的捆绑）或服务特征（一种产品基本服务与扩展服务的捆绑）组合在一起，以低于分别销售时支付总额的价格销售，从而最大限度地吸引各具特征的顾客。捆绑定价可以使顾客花较少的钱买较多的服务内容，使商家的相对较高的固定成本被更多的顾客来分担，因此该方法在服务业中被广泛使用，如肯德基的甜筒一个3元，5元2个。

---

**【资料链接】4-1**

一群从伦敦到纽约旅行的乘客被延误了，为了找点乐趣，他们决定比较他们所支付的票价。令他们感到奇怪的是，他们发现有许多不同的价格。除了预料中的头等舱、商务和经济舱之间有差别外，他们发现在同一等舱之中票价也有很大差别。

有些人订得早且支付得少，没有预订而买的剩票也比较便宜。有些人留下来过了周末再回去，其机票也要便宜一些；还有人购买的是机票加酒店住宿的组合，其价格也有所不同。有些人记得曾飞过相同的航线，价格却与此次不同，但那是在一年中不同的时间。

**思考：**上述不同服务价格的例子符合逻辑吗？对服务企业而言有利可图吗？

## 第三节　服务定价方法选择

服务企业在制定价格时必须考虑到服务定价的主要依据和影响因素，再选择相应的定价方法。

### 一、服务定价的主要依据

影响定价的因素是多方面的，按照价格理论，影响服务定价的主要因素主要有成本、需求和竞争三方面。在此，我们对每一主要因素进行分析研究。

## （一）成本因素

任何服务企业都不能随心所欲地制定价格，某种服务产品的最高价格取决于市场需求，最低价格取决于这种产品的成本费用。同时，服务营销人员必须理解服务产品的成本及其随时间和需求的变化。对服务产品而言，其成本可以分为三种，即固定成本、变动成本和准变动成本。固定成本是指不随产出而变化的成本，在一定的时期表现为固定的量，如建筑物、服务设施、家具、工资、维修成本。变动成本是指随着服务产出的变化而变化的成本，如临时职员的工资、电费、运费、邮寄费用。在很多服务性行业中，固定成本在总成本中所占的比重较大，如航空运输和金融服务，其固定成本的比重高达60%，因为他们需要昂贵的设备和大量的人力资源。准变动成本是指介于固定成本和变动成本之间的那部分成本，它们既同顾客的数量有关，也同服务产品的数量有关，如清洁服务地点的费用、职员加班费。这种成本取决于服务的类型、顾客的数量和对额外设施的需求程度，因此对于不同的服务产品其差异性较大。

在产出水平一定水平的情况下，服务的成本等于固定成本、变动成本与准变动成本之和，而服务企业在制定价格战略时必须考虑不同成本的变动趋势。经验曲线（experience curve）有助于营销人员认识服务行业的成本行为，是经济学理论在市场营销中的重要应用。经验曲线是表示在一种产品的生产过程中，产品的单位成本随着企业经验的不断积累而下降的曲线，这里的经验指某些技术的改进。正是由于改进了操作方法、使用先进的工艺设备、经营管理方法的科学化而形成规模经济效应，才导致企业成本的不断下降。经验曲线是企业降低产品成本的有效分析工具。

**【资料链接】4-2**

### 酒店最后一分钟定价策略

由于酒店产品具有不可储存的特点，某一天未出售的产品到了第二天将不具有任何价值（其中以客房最为典型），因此酒店业出现了所谓的最后一分钟产品销售市场，也相应地出现"最后一分钟定价"策略。例如，某酒店一种普通标准间的门市价为398元/间/天，每间客房的固定成本100元/间天，变动成本60元/间/天。如果在最后时刻（如某一天的傍晚七八点钟时）该客房要么只能以120元的价格售出，要么就无法实现销售时，酒店的经营者往往会选择前者（当酒店处于经营淡季时尤其如此），因为虽然120元的价格不足以弥补该客房的全部成本，但由于其固定成本是已经投入了的，120元的销售所得至少可以弥补变动成本并获得60元的收益，可以部分地弥补100元的固定成本，否则就相当于损失了100元。

资料来源：全球加盟网-酒店 http://jiudian.jiameng.com/news/42052_1.htm

## （二）需求因素

市场营销理论认为，产品的最高价格取决于产品的市场需求，最低价格取决于该产品的成本费用。在最高价格和最低价格的幅度内，企业能把产品价格定得多高，则取决于竞争者同种产品的价格水平。可见，市场需求、成本费用、竞争产品价格对企业定价有着重要的影响，而需求又受价格和收入变动的影响。因价格与收入等因素而引起的需求的相应变动率，就叫作需求弹性。这里我们主要讨论需求的收入弹性和价格弹性。

### 1. 需求的收入弹性

需求的收入弹性是指因收入的变动而引起的需求的相应的变动率。有些服务产品的需求收入弹性较大，意味着消费者货币收入的增加导致该产品的需求量有更大幅度的增加，一般来说高档服务产品，如养生保养会所的情况就是如此。有些服务产品的收入弹性较小，如一些生活必需的服务产品，最常见的例子就是理发。也有的产品的需求收入弹性为负值，即随着消费者货币收入的增加将导致该产品的需求量减少，如一些较低端的服务场所，这些收入提高了的顾客可能放弃原先劣质的服务，转而进入高档服务场所享受高质的服务。

### 2. 需求的价格弹性

价格会影响市场，在正常情况下，市场需求会按照与价格相反的方向变动（见图4-1）。价格提高，市场需求就会减少；反之，市场需求就会增加。所以，需求曲线向下倾斜的，这是供求规律发生作用的表现，此时的价格弹性是负值。同时菲利普·科特勒指出，显示消费者身份地位的商品的需求曲线有时也会是向上倾斜的。比如，高档会所提价后，其消费量却有可能增加，此时的价格弹性为正值。当然如果价格提得太高，其需求和销售也会减少。

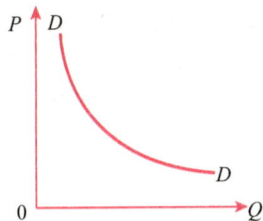

图4-1　需求与价格的关系

在现代市场营销学的寻找理论（search theory）中进一步解释了需求的价格弹性。该理论认为，顾客对价格的敏感度取决于顾客购买时选择余地的大小。可选择的余地越小，则需求越缺乏弹性；反之，需求弹性越大。而可选择余地的大小又取决于顾客对服务有关信息和知识的获得程度以及他们对服务特征的认知，这些特征包括可寻找特征、经验特征和可信任特征。如果顾客能够根据可寻找特征评价服务，顾客的选择余地就比较大，则服务需求就有较高的弹性。不过对大多数服务而言，他们更多拥有的是经验特征和可信任特征。不过价格是一种可寻找特征，所以价格往往是顾客衡量高低的一个指标。当价格作为顾客唯一服务价值的指标时，需求和价格的关系就发生了改变。价格过低，人们就会怀疑其价值；价格过高，又超过了人们的承受能力，只有适中的价格才能带来最大收益。

### （三）竞争因素

市场竞争状况直接影响着企业的定价。在服务产品区别较小、市场竞争激烈的情况下，服务企业在价格方面的活动愈低也相应缩小。市场竞争所包含的内容很广。比如，在交通运输行业，企业之间的竞争不仅有不同品种之间的竞争，而且在不同运输工具之间、顾客对时间和金钱的利用方式之间也都存在着竞争。总而言之，凡是服务产品之间区别很小且竞争较强的市场，都可以建立相当程度的一致价格。此外，在某些市场背景下，传统和惯例可能影响到价格（如广告代理的佣金）。

而对企业来说，在市场上除了从竞争对手那里获得价格信息外，还要了解它们的成本状况，这将有助于企业分析、评价竞争对手在价格方面的竞争能力。无疑，向竞争对手全面学习，对于企业非常重要。服务企业要借鉴竞争者如何确定其成本、价格和利润率，这将非常有助于企业制定适合自己的价格。

## 二、服务定价方法

企业在制定价格策略时还要考虑到企业的市场营销战略。整体性市场营销战略，意味着企业在市场营销组合中，任何策略的制定和贯彻执行都要同企业的市场营销战略目标相一致。价格决策也不例外。企业在确定服务产品价格时，应当考虑以下三个因素。

### 1. 服务产品的市场定位

市场定位是指服务产品所试图要占有的地位，以及在消费者心目中与竞争者相比较之"目前占有的地位"。显然，价格是影响服务产品市场定位的市场营销组合中的一项重要的要素。有形产品可以凭借其产品的实体特征在市场上占据一席之地，而服务产品定位所依靠的则是一些无形的特征。

### 2. 服务产品的生命周期阶段

服务产品的价格也与其生命周期有关。例如，在引入一种新服务时，企业可用低价政策去渗透市场，并在短期内快速争得市场占有率。另一种办法是，企业一开始就采用高价政策，在短期之内尽量攫取利润。这种策略只有在没有直接竞争者以及存在大量需求的情况下才能采用。

### 3. 价格的战略角色

定价决策在实现企业整体目标的过程中具有战略性地位。因而，任何单个产品的定价决策都要同企业的战略目标相一致。例如，一家新开的旅游公司为了树立良好的市场形象，可能有意采用低价位政策来争取较大的市场占有率，虽然这意味着一段期间企业无利可图。需要指出的是，任何价格政策都必须能配合市场营销组合的其他要素，以更好地实现战略目标。

从某种意义上说，产品和服务的定价本质上是一样的，因为消费者关注的是企业提供的价值，而不管是以产品，还是以服务的形式表现出来。因此，在服务定价中也可以参考产品定价的方法，下面对服务业经常使用的几种定价方法做一个介绍。

## （一）成本导向定价法

成本导向定价法是一种主要以成本为依据的定价方法，根据服务成本的形态以及在此基础上的核算方法的不同，成本导向定价法可以分为成本加成定价法、边际成本定价法、盈亏平衡定价法以及投资回报率定价法等。

### 1. 成本加成定价法

所谓成本加成定价是指按照单位成本加上一定百分比的加成来制定服务产品销售价格，加成的含义就是一定比例的利润。所以成本加成定价公式为：

$$P = C(1+R)$$

式中，$P$ 为单位产品售价；$C$ 为单位产品成本；$R$ 为成本加成率。

在正常情况下，采用这种方法可以使服务企业获得预期的盈利，但这种方法不适用于对市场变化需要表现出高度适应性和对供求变化灵活应对的企业。如果企业处于激烈的市场环境，或是企业的服务组合比较复杂，则不宜采用这种方法。一般而言，成本加成定价方法在有形产品性较强的领域，如餐饮业、零售业比较常见。

### 2. 边际成本定价法

边际成本定价法是把单位服务变动成本与可接受价格的最低界限作为定价依据的定价方法。当价格高于边际成本时，企业的服务收入除完全弥补变动成本外，尚可用来弥补部分固定成本，甚至可能提供利润。此种定价方法的意义在于：在保持固定成本不变、企业总收入不减少的情况下，可以通过增加服务销售量来降低价格，以低价格策略增强服务的市场的竞争能力。

### 3. 盈亏平衡定价法

使企业经营达到盈亏平衡、收支相抵的情况下的价格所对应的销量就被称为盈亏平衡点，而在盈亏平衡点下制定价格的方法就称为盈亏平衡点法。使用该方法的前提是科学地预测销量和已知固定成本、变动成本。以盈亏平衡点确定价格只能使企业的生产耗费得以补偿，而不能得到收益。因此，在实际应用中，该点所对应的价格一般作为企业的最低限度，再加上单位产品目标利润后才作为市场价格。但是在企业间开展价格竞争或应对供过于求的市场时，企业会运用此方法。

### 4. 投资回报率定价法

投资回报率法是指服务企业为了确保按期收回投资并获得利润，在总成本中加入预期投资回报率来确定价格的方法。这个价格不仅包括单位产品分担的投资额，还包括单位产品分摊的固定成本和变动成本。

成本导向定价法的优点是简单、易行，容易保证企业利润的实现。但由于相对脱离了市场，制定的价格很可能不符合市场需求状况，价格过高会抑制需求，过低则会受到竞争者的排挤，同时损失企业利润。

## （二）竞争导向定价法

竞争导向定价法，即是在竞争激烈的市场上，企业通过研究竞争对手的生产条件、服务状况、价格水平等因素，依据自身竞争实力，参考成本和供求状况来确定服务价格。其特点是价格与服务成本和需求不发生直接关系；服务价格应根据竞争者的价格变化而做出调整，而并非以服务成本和市场需求的变化为依据。当然这里所提到的依据竞争者做出调整，并非是指完全保持一致，在其他营销手段的配合下，企业服务产品的价格可以高于或低于竞争者的价格。此种定价方法适用于服务标准化或市场上只有少量同类服务提供者等，主要包括随行就市定价法和产品差别定价法。

### 1. 随行就市定价法

随行就市定价法就是指企业按照行业的平均现行价格水平来定价，利用这样的价格来获得平均报酬。采用这种定价方法的原因是在垄断竞争和完全竞争的市场条件下，任何一家企业都无法凭借自己的实力在市场上取得绝对优势。采用这种定价方法可以避免竞争特别是价格竞争带来的损失。同时，采用随行就市定价法，企业就不必全面了解顾客对不同价差的反应，从而节约了时间。

采用随行就市定价法，最重要的就是清楚"行市"。在实践中，行市的形成有两种途径：一是在完全竞争的环境里，各个企业都无权决定价格，通过对市场无数次地试探，相互之间去的一种默契而将价格保持在一定水准上；二是在垄断竞争条件下，某一部门或行业的少数几个大企业首先定价，其他企业参考定价或追随定价。事实上，随行就市定价法是一种防御性的定价方法，它在避免竞争的同时，抛弃了价格这一竞争的利器。

### 2. 产品差别定价法

产品差别定价法不同于随行就市定价法，产品差别定价法是一种进攻性的定价方法。它是指企业通过不同的营销努力，使同种同质的服务在顾客心目中树立起不同的形象，进而根据自身特点，选取低于或高于竞争者的价格作为本企业提供服务的价格。

采用产品差别定价法的企业，首先必须具备一定的实力，在某一市场或某一区域内占有较大的市场份额，顾客能够将企业产品与企业本身联系起来。其次，在质量大体相同的情况下，尤其对定位为"质优价高"形象的企业来说，实行差别定价只能在一定限度内，因为它必须支付较大的广告、包装和售后服务方面的费用。因此，从长远来看，企业只有提高产品质量，才能真正赢得顾客的信任，才能在竞争中立于不败之地。

## 【资料链接】4-3

### 联邦快递："10+2"挑弄价格战

近年来，国内物流界接连发生了3次"地震"：荷兰跨国物流商TNT以"购买式"兼并华宇物流公司；联邦快递以4亿美元收购了与大田合资的快递公司；UPS则以1亿美元的代价同中外运协议分手，这被业内认为是外商独资化举动的一个开始。

因合作而分享资源，又因分手而独享资源，成为外资物流巨头"中国攻略"的路线图。这一循序渐进的选择途径并不像看起来那么简单。对绝对话语权的追求，早已彰显出其寻求掌控权以及垄断利益的意图。抢占核心城市，掌控快递业命脉，外资物流巨头独立后，更是步履轻盈，进而一边攻城略地、抢占核心城市，一边与航空公司结盟，垄断航线，布下"天罗地网"。

目前美国联邦快递在我国的服务网络已经覆盖了220个城市，并计划未来几年再增加100座城市；敦豪公司（DHL）已经建立了中国最大的快递服务网络，覆盖全国318个城市。目前四大外资公司已经垄断了我国国际快递市场80%的份额。

**1. 当金牌也玩价格时**

进入6月，我们可以在各地报纸上看到之前少见的联邦快递"价格战"广告，即在国内一些城市之间"次日达"最低为9.6元，加2元可升级为"次早达"。这对那些热爱金牌服务的用户是特大喜讯，而对中国邮政的EMS及诸多民营快递无疑晴天霹雳。比如，在年初从石家庄发深圳的快件，联邦快递的"次日达"为60元，而现在为20元。同样的快件EMS为22元，3天左右到达。

当金牌企业也玩价格时，低端企业将无还手之力，地盘尽失。一直靠品牌打天下的洋快递，一旦占据金字塔顶的高端市场之后，会无一例外地向下进军，蚕食更大的中低端市场地盘。扩张中还是依仗品牌力发威。

**2. "降价+提速"双管齐下**

联邦快递中国区总裁陈嘉良表示，联邦快递的优势不是价格，而是"限时"和"时效"，如没有准时到达就会退款，瞄准的也是对时效性和可靠性要求更高的客户群。

而一年时间，联邦快递的递送费已多次下调，去年10月，其从北京到上海的次早达运价就从135元降为60元。如今，联邦快递新的资费价格已与国内民营快递接近，甚至更低。

据了解，国内与联邦快递运送模式类似的民营快递公司顺丰快递（同样用包机递送快递）"次日达"的收费是每千克20元，比联邦快递最新的价格还高2元。而邮政EMS

"次早达"的收费是起重 500 克 20 元，每续重 500 克 6 元；每件另加收 5 元特殊服务费，也就是说 1 千克需要 31 元，远远高出联邦快递的价格。

而且，联邦快递这一价格不是临时的价格，做出价格调整是吸引更多希望使用快件的客户了解并享受联邦快递的服务。陈信孝透露，目前客户的确得到拓展，联邦快递国内快递的货量已是一年前推出服务时的 3 倍以上。

除降价举措，联邦快递还进一步加强了其"时效"优势，将国内限时"次早达"的服务从最开始的 19 个城市拓展到了 40 多个城市。而"隔日达"服务可以覆盖全国 200 多个城市，以后还将不断拓展二三线城市。另外，"次早达"的时间也从第二天的中午 12 点提速到上午 10 点 30 分，截件实践则延长到了晚上 9 点。

值得注意的是，目前联邦快递开始更多向楼宇投放广告，业内分析这也与其降价策略和客户定位的变化有关。联邦快递已经将目标客户伸向更多大众。

### 3. 进来的都是鲨鱼

我国快递业的年增长速度已经连续 20 多年保持 20% 的水平，这个速度超过了同期 GDP 平均每年 8% 的 2 倍。据统计，全国从事快递服务的法人企业已达到 2 422 家，从业人员达到 22.7 万人，2007 年我国快递行业的收入达 380 亿元，增长速度超过 25%，高于第三产业的平均水平。在未来经济发展预期良好的前提下，物流快递行业的市场蛋糕为众多企业垂涎。

几年来，外资快递巨头在华扩张紧锣密鼓：对内资企业实行合作、并购、控制"三部曲"，步步为营控制资源；抢占核心城市，垄断航线，布下天罗地网，掌控快递业命脉。

资料来源：高辐《联邦快递："10+2"挑弄价格战》，中金在线

## （三）需求导向定价法

需求导向定价法也称为顾客导向定价法，是一种以市场需求强度及消费者感受为主要依据的定价方法。其特点是灵活有效地运用价格差异，使平均成本相同的不同服务的价格随市场需求的变化而变化，不与成本因素发生直接关系。需求导向定价法包括感受价值定价法、反向定价法和需求差异定价法三种具体的方法。

### 1. 感受价值定价法

所谓"感受价值"，也称"理解价值"或"认知价值"，是指顾客对某种服务价值的主观判断，感受价值定价法就是企业根据购买者对产品的感受价值来制定价格的一种方法。该方法与现代市场定位观念相一致，企业在为其目标市场开发新产品时，在质量、价格、服务等方面都需要体现特定的市场定位观念。因此，首先要决定所提供服务的价值和价格；之后，要顾及在此价格下所能销售的数量，再根据这一销售量决定应提供的服务总量、投资及单位成本；接着，管理人员还要计算在此价格和成本下能否获得满意利润，如

能获得满意利润，则继续推广这一服务产品，否则，就要选择放弃。

感受价值定价的关键在于准确地计算产品所提供的全部市场感受价值。企业过高或过低的估计感受都会导致服务营销的失败，为了准确地把握市场感受价值，必须进行营销研究。

### 2. 反向定价法

反向定价法也称为逆向定价法，是指企业依据消费者能够接受的最终销售价格，计算自己从事经营的成本和利润后，逆向推算出产品的批发价和零售价。这种定价方法不以实际成本为依据，而是以市场需求为定价出发点，力使价格为消费者所接受。在现实中，分销渠道中的批发商和零售商多采取这种定价方法。

### 3. 需求差异定价法

所谓需求差异定价法，就是指服务价格的确定以需求为依据，首先强调顾客需求的不同特性，而将成本补偿放在次要的位置。这种定价方法，通常对同一服务在同一市场上指定两个或两个以上的价格，或使不同价格之间的差额大于其成本之间的差额，其优点是可以使企业定价最大限度地符合市场需求，促进服务销售，有利于企业获取最佳的经济效益。根据需求特性的不同，需求差异定价法通常有以用户为基础的差别定价（即根据不同的用户和顾客以及付款能力定价）；以地点为基础的差别定价（即不同的地理区域收取不同的价格）；以时间为基础的差别定价（即在不同的时间收取不同的服务费）；以交易条件为基础的差别定价（及不同形式的服务定不同的价格）等四种形式。

由于需求差异定价法针对不同需求而采用不同的价格，不仅满足了顾客需求，而且为企业谋取了更多的利润，因此在实践中被广泛中应用。但是，需求差异定价法并不是万能的，它的实施必须具备一定的条件。

（1）从购买者方面来说，购买者对服务的需求有明显的差异，需求弹性不同，市场能够细分，不会因差别价格而导致顾客反感。

（2）从企业方面来说，实行不同价格的收入要高于统一价格的收入。因为差别定价只是获取利润的一种手段，所以企业必须进行供求、成本和盈利分析。

（3）从竞争状况来说，在本企业实行高价策略的市场范围内，竞争者不可能制定低价。这可能是企业已垄断市场，竞争者极难进入；也可能是服务需求弹性小，低价不会对顾客需求产生较大的影响；还可能是顾客的品牌忠诚度。

成本导向、竞争导向及需求导向定价法这三种定价方法在实践中各有优势，但各自也存在着一定的局限性。例如，成本导向定价法没有考虑顾客的需求，没有考虑独特的服务特征和出售条件；竞争导向定价法没有在究竟比竞争者定价高还是低的问题上提供具体的指导；需求导向定价法实施比较困难；等等。针对这些情况，多步骤综合定价法应运而生。具体而言，多步骤综合定价法往往包括六个主要步骤：确定市场定位及识别竞争者，计算市场提供的附加服务的价格，计算成本加成价格，比较附加服务价格和成本加成价格，确定价格区间，在此区间内运用顾客驱动思维修正价格。

确定市场定位及识别竞争者 → 计算市场提供的附加服务的价格 → 计算成本加成价格 → 比较附加服务价格和成本加成价格 → 确定价格区间 → 在此区间内运用顾客驱动思维修正价格

**图 4-2　多步骤综合定价法**

资料来源：王永贵. 服务营销[M]. 北京：清华大学出版社，2019.

这一方法同时考虑了服务定价的几个重要方面，即市场竞争状况、企业内部成本和收益结构、捆绑及非捆绑的服务定价、额外服务的提供、价格标准、顾客导向的价格、需求敏感性以及顾客导向的利润最大化等因素。当然，这种综合的定价方法在操作时的复杂性将变得更大，但它代表着企业服务定价的一种方向，即综合考虑各种相关因素。

# 本 章 习 题

## 一、判断题

1. 服务产品的无形性使得服务产品的定价远比有形产品的定价更为困难。　　（　　）

2. 以最大利润为目标的服务企业通常采用高价策略。　　（　　）

3. 消费者货币收入的增加导致该产品的需求量有更大幅度的增加，这说明服务产品的需求收入弹性较小。　　（　　）

4. 竞争导向定价法适用于服务标准化或市场上只有少量同类服务提供者等。　（　　）

5. 新服务的需求价格弹性较小时，可利用渗透定价策略使服务尽快为市场所接受。

（　　）

## 二、单选题

1. 在保险服务中，价格称为保险金；银行服务的价格称为手续费和利息；运输服务中的价格称为运费；等等。这说明（　　）。

   A. 服务价格术语是复杂多样的

   B. 服务定价目标是多样化的

   C. 服务价格是复杂多变的

   D. 服务价格术语的复杂性决定了服务价格策略的多样性

2. 在引入一种新服务时，企业可用低价政策去渗透市场，并在短期内快速争得市场占有率。这说明，在服务定价时，应考虑到（　　）因素。

   A. 服务的市场地位　　　　　　　　B. 服务的生命周期阶段

   C. 价格的战略角色　　　　　　　　D. 市场需求状况

3. （　　）策略是在市场上以远高于成本的价格投放新服务，以求得在短期内获取厚利，尽快收回投资的战略。

A. 关系定价　　　　　　　　　　B. 渗透定价

C. 撇脂定价　　　　　　　　　　D. 适中定价

4. 以下（　　）因素不是影响服务定价的主要因素。

A. 预期利润　　　　　　　　　　B. 成本

C. 需求　　　　　　　　　　　　D. 竞争

5. 游乐园有门票费，但入园后游玩某些项目会另外收费，这种定价方法是（　　）。

A. 特色定价法　　　　　　　　　B. 必需附带品定价方法

C. 捆绑定价法　　　　　　　　　D. 两部分定价法

## 三、问答题

1. 服务产品与有形产品相比，其在定价方面有什么特点？

2. 服务定价有哪些目标？

3. 常见的服务定价策略有哪些？

4. 新产品定价有哪些策略？如何理解这些服务定价策略？

5. 影响服务定价的主要因素有哪些，它们如何影响服务定价？

6. 服务定价方法主要有几种？

7. 心理定价策略包括哪些常用技巧？

8. 什么是需求导向定价法？简述其特点。

## 四、分析案例

### 从价格战看服务定价策略运用——美团打车上线引发的网约车低价肉搏战

2017 年 2 月 14 日，美团打车正式在江苏省南京市上线试点运营，并于 2018 年 3 月 21 日正式于上海上线，即首日接单突破 15 万单。美团打车能够迅速吸纳众多乘客与司机与其低价竞争策略有着直接关系，早在美团打车上线之前，"低价出行"的口号就已打响，众多美团手机软件的用户也提前收到了优惠力度很大的乘车红包。为了吸纳司机，美团打车推出限量领取开城后 3 个月"零抽成"的福利政策，以及在司机当天车费不足 600 元时，平台直接为其补齐至 600 元；车费达到 600 元时，额外奖励 200 元。

在这种低价力度下，许多乘客转向美团打车，享受前三单每单 14 元的减免。甚至在部分城市美团打车短程出行价格低于公共乘车费用，由此可见美团打车为了抢占网约车市场在价格方面采取的强劲措施。相应地，美团打车迅速打入市场，即首日订单量突破 15 万单后，第二日突破 25 万单，第三日突破 30 万单大关，仅用七天就达成了 220 万单的服务量。

滴滴出行（以下简称滴滴）在面对市场份额下跌风险的情况下，也迅速推出了一系列价格优惠活动：为用户送上 18 元打车券，在双休日享受前四次出行 8~11 元的减免优惠，

2017年3月27日起更是推出了连续三天的"0元打车享不停"活动。

这样的场景并不是第一次出现，从2014年起，网约车行业的价格战就从未停息过。2014年初，快的打车与滴滴的价格战持续到2015年2月两家公司合并才停息。在此不久，滴滴与优步开展新一轮价格战，直到2016年8月优步被滴滴收购，双方各自花费/耗资数亿。多轮价格战以后，滴滴的市场份额达到了网约车行业首位，即使后来神州租车、首汽租车等叫车平台多次挑战滴滴的市场地位，直至今日，滴滴仍然在网约车行业保持着垄断地位。

但一家独大对用户而言并非友好，滴滴的运营逐渐暴露出服务质量下降、调价频繁等问题。此次美团打车的上线究竟会为网约车行业带来怎样的变化，对滴滴而言究竟是机遇还是挑战，尚不得而知。毕竟，一味的价格竞争并不能为企业带来长久的竞争力，在网约车行业，订单密度、供给匹配、安全保障和服务水平等方面的提升才是企业塑造核心服务的重中之重。

资料来源：网约车又开启烧钱模式这轮"价格战"能打多久，中国商网，http：//news. zgswcn. com/2018/0404/824913. shtml

**问题**：试分析网约车价格战的原因和结果。

## 五、应用训练

随着我国高校的发展，高校相关产业的发展业也发展迅速，而由高校产品发展带动的相关行业的发展速度也是非常惊人的。在各高校的周围，总是会伴随着很多企业、店铺，如快餐店、美发店、书店、网吧和眼镜公司。可以说它们的发展完全依赖学校的发展。可见，高校的发展对一个城市的经济发展起着举足轻重的作用。试以你所在大学周边的某家美发店或网吧等服务业为例，对其进行实地调查，并结合理论说说其经营者定价方法和策略的优缺点，并就不足之处提出针对性的意见和建议。

# 第五章　服务渠道

## 学习目标

掌握服务渠道的几种类型；熟悉服务渠道的几种选择；了解服务渠道的创新。

## 导入　案例

### 奥克坦尔通信公司销售有术

与 AT&T 和北方电讯这样的通信巨头竞争，对奥克坦尔通信公司来说不能不说是一个巨大的挑战。但是，道格拉斯·查恩斯认为公司的使命远不仅于此。"我们要使顾客接受有声邮电的观念并使用它，一年前人们还会对建议他们在别人有声信箱里留言表示愤慨，今天他们反而会因为别人没有这样的有声信箱感到不便，这是一个巨大的社会变革。"

1990 年，有过 24 年通信工作经验的查恩斯接任奥克坦尔通信公司的总经理，自此以后，成立 10 年的以加利福尼亚的梅尔皮斯坦为基地的奥克坦尔通信公司发展迅速，目前已占有声邮电市场的 22% 的份额，并且还在继续增长。

为了进一步促使美国公众接受有声邮电的观念及其各种应用方式，奥克坦尔通信公司每年要举办 40 次以上的顾客讨论会，展示一些满意客户的说明书，有时甚至与竞争对手们一起开讨论会。这一切都为了激发公众对有声邮电的兴趣，带动公司的销售额上涨。

奥克坦尔通信公司利用多种市场营销工具推销产品：直销邮件、电话直销、目标营销、顾客表扬录像带、讨论会。

奥克坦尔通信公司利用前两种直销方式为政府服务，以利传播。公司在销售部、营销部和将近 600 人的顾客支持组织之外，还有设在本土和加拿大、澳大利亚、新加坡等地的独立分销机构。在欧洲，奥克坦尔通信公司的几个全权代表分部的国际销售额正在快速上升，占公司收入 40%。奥克坦尔通信公司在产品销售成绩的不断提高中，已经成为与 AT&T、北方电讯相齐名的大的电信公司。其总裁格拉斯在该公司的产品营销中，采用了独特的手段来激发公众对该公司产品的兴趣，从而带动公司的销售额上涨。

# 第一节　服务渠道类型

**课堂讨论**

1. 中国移动的分销渠道有哪些？
2. 谈谈电子分销渠道的优势与劣势。

服务渠道是促使服务产品顺利到达顾客手中，被使用或消费的一整套相互依存、相互协调的有机系统组织。它包括如何把服务交付给顾客和服务应该在什么地方、什么时间进行，它弥合服务产品和其使用者的缺口。在服务营销中，企业为了获得竞争优势，应该寻找并制定适宜的交付服务方法和地点的渠道策略，方便顾客对服务产品的购买、享用和受益。服务企业交付服务的场所和渠道选择对企业的收益有着重要影响。一般而言，从服务交付所涉及的中间环节的数量角度来看，服务渠道主要包括直销和经由中介机构销售两种情况，如图 5-1 所示。随着网络技术的发展，网络分销渠道也正在兴起并迅猛发展。

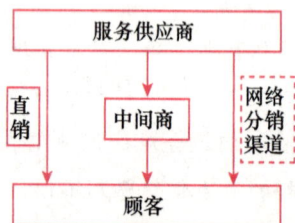

图 5-1　服务企业的渠道选择

## 一、服务渠道分类

### （一）直接渠道

直接销售，即服务供应商直接提供服务。直销是最适合服务产品的配送形式。直销可能是服务生产者经过选择而选定使用的销售方式，也可能是由于服务生产和服务消费同步性的原因。当服务企业选择直销时，经营者的目的往往是为了获得某些特殊的营销优势。

第一，对服务的供应与表现，可以保持较好的控制。企业使用自有渠道，可以自主决定聘用、激励、解雇员工，可以对服务质量保持较好的控制以实现服务供给的一致性，还可以完全控制顾客关系。若经由中介机构处理，往往造成失去控制的问题。第二，能及时获取市场信息。在与顾客接触时，企业可以直接了解顾客的需求及其变化趋势，以及顾客的意见和竞争对手产品内容的意见等信息，使企业可以对市场变化快速做出反应。第三，有助于实现服务差异化。企业直接向顾客提供服务，对顾客的了解更为深入，可以根据顾客的需求偏好灵活地提供真正个性化的服务，产生有特色服务产品的差异化。

但是，如果因为服务和服务提供者之间的不可分割性（如法律服务）而选择了直销，那么，服务提供者可能面临如下问题：

第一需要大量投资。向顾客直接销售服务，需要由企业自筹资金开设或增加店面。对大多数企业而言，这不但加重了企业的负担，还需要企业为此承担所有的财务风险。第二是地域的局限性。尤其是在人的因素所占比重很大的服务产品中更是如此，如著名律师提供的法律服务，服务提供者的不可复制性使得企业难以开拓新的市场，直销可能意味着企业会局限于某个地区市场。

## （二）间接渠道

服务公司最常使用的渠道是通过中介机构，中介的责任是间接的，它负责销售，生产者负责生产。销售者可以为生产做贡献，但是责任要分清，并一定要告知消费者。中介可以是独立于服务生产者的，可以是代理，保险公司这类典型最多；也可以是零售商，旅行社和银行的代售信用卡和共同基金的机构就是这类典型。服务业市场的中介机构形式很多，常见的有下列五种。

### 1. 代理

这是指依据代理合同的规定，受服务供应商的授权委托从事某项服务活动，一般是在观光、旅游、旅馆、运输、保险、信用、雇用和工商业服务市场出现。例如，保险代理人接受保险人的委托，代表保险公司依据保险合同的规定招揽业务，代收保险费，接受投保人的投保单，从保险公司获得保险代理手续费。

实际上，代理代替服务的生产企业与潜在购买者进行接触。代理收集订单，将其转交给生产者，再以各种方式得到付款。最常见的报酬方式是确定按照销售的一个百分比提成。使用代理的主要好处是：（1）比直接销售投资更少，风险更小。（2）潜在购买者喜欢在购买主要服务的同时能选择其他辅助服务，而代理可以满足他们的这种要求。代理可以适应某一地区或某一细分市场的顾客的特殊要求。（3）服务生产者不一定了解市场，特别是一个新市场，其成功往往要靠一个当地人熟地熟的好代理。（4）在某些国家的某些服务不允许服务的外国生产者与本国顾客直接接触，必须通过某些得到授权的代理人，这类许可经常是发给本国的自然人或法人的。（5）有时候，要销售一种性质复杂的服务，就需要了解一些生产者不一定了解的事物，服务企业可以雇用职业水平高的人员，但是成本太高，而销量不一定高。例如，银行在新区开设的分行要销售金融服务，需求较低，离总行又较远，不如找当地代理更合适。

代理的职能相当于服务生产企业的一线人员。潜在购买者找保险公司的代理打听各种信息，实际上就已经开始了服务过程，这些代理就是服务的组成部分。如保险，保险代理签署各类保险合同：火灾、盗窃、民事责任、意外伤害、疾病保险。服务（对于顾客的好处）是由保险公司总部管理：核查、理赔、付款等。实际上代理就是总部的零售点。

### 2. 代销

代销指专门执行或提供一项服务，然后以特许权的方式销售该服务。特许专营者将自己所拥有的服务供应商标、商号、产品、专利和专有技术、经营模式等以特许经营合同的形式授予被特许者使用。被特许者按照合同规定，在特许者统一的业务模式下从事经营活动，并向特许者支付相应的费用，如快餐业、租车服务业和干洗业中的特许经营。

### 3. 经纪

在某些市场，服务必定或因传统惯例要经由中介机构提供才行，如股票市场和广告服务。经纪人，按我国《辞海》说法，是买卖双方介绍交易以获取佣金的中间商人。1995年10月26日国家工商行政管理局颁布《经纪人管理办法》指出：本办法所称经纪人，是指依照本办法的规定，在经济活动中，以收取佣金为目的，为促成他人交易而从事居间、行纪或者代理等经纪业务的公民、法人和其他经济组织。一般地讲：经纪人系指为促成他人商品交易，在委托方和合同他方订立合同时充当订约居间人，为委托方提供订立合同的信息、机会、条件，或者在隐名交易中代表委托方与合同方签订合同的经纪行为而获取佣金的依法设立的经纪组织和个人，如汽车经纪人、明星经纪人、文化经纪人。

**【资料链接】5-1**

#### 保险经纪人

保险经纪人（insurance broker），我国《保险法》第一百一十八条规定：保险经纪人是基于投保人的利益，为投保人与保险人订立保险合同提供中介服务，并依法收取佣金的机构。（注：包括保险经纪公司及其分支机构。）

保险经纪人通过向投保人提供保险方案、办理投保手续、代投保人索赔并提供防灾、防损或风险评估、风险管理等咨询服务，使投保人充分认识到经营中自身存在的风险，并参考保险经纪人提供的全面的专业化的保险建议，使投保人所存在的风险得到有效的控制和转移，达到以最合理的保险支出，获得最大的风险保障，降低和稳固了经营中的风险管理成本，保证了企业的健康发展。

另外，因为保险经纪人的业务最终还是要到保险公司进行投保，保险经纪公司业务量的增加会引起保险公司整体业务量的增加，从而降低了保险公司的展业费用；在保险市场上，保险经纪人把保险公司的再保份额顺利地推销出去，消除了保险公司分保难的忧虑，大大降低了保险公司的经营风险；而且保险经纪人代为办理保险事务，减少了被保险人因不了解保险知识而在索赔时给保险人带来的不必要的索赔纠纷，提高了保险公司的经营效率。

因此，保险经纪人的产生不管是对投保人还是对保险公司都是有利的，他的产生是保险市场不断完善的结果。

### 4. 批发商

在批发市场的中间商有"商人银行"等。在服务领域，批发商似乎不多。一个成批购买连锁旅店的床位的旅行社再转手将床位卖给旅客，换取一定利润，它实际就是服务的批发商。同样一家保险公司就一个大航空公司的所有飞机签署保险合同，然后再转卖给其他公司，这也可以看成一种代理。这种情况很少被看作"大买主"，但是对服务的购买者来说是第一责任人。如果预订的旅店床位卖不出去，旅行社要将其归还给旅店。

### 5. 零售商

例如，照相馆和提供干洗服务的商店。代理是靠自己的介入实现服务的生产者与顾客之间接触的，而零售商则是独立经营的。零售商与顾客和服务生产者之间的关系都是直接的，但不使两者相接触，因此情况不同。这种中介承担所有的买卖责任。顾客知道面对的是替生产者经营的中介。这类中介仅限于销售服务的使用权，顾客也并不认为服务的质量要由中介负责。

顾客的感受有复杂的标准。最有效的政策就是以信息进行介入。很多情况都取决于顾客对服务的了解程度。没有人认为，因为旅行社出售了机票，它就一定是因大雾造成飞机停飞的责任人。但是如果旅行社对旅客提供的起飞时间错误，或者没有向信息中心正确输录预订机票的旅客姓名等数据，这就是旅行社的责任问题。如果没有及时通知购票人航班取消或者延误的消息，也可以看作旅行社的责任。自动销售机是将生产与销售责任分离开的最好方式。

销售点经常是独立企业，但是使用服务生产者的招牌（如打字服务社使用佳能打印机），应该很清楚，零售商承担买卖生产的所有责任。不应忘记，在服务中，潜在购买者购买的也是信任，招牌不应是欺骗。

以下列出适用于各种服务业的中介机构的可能组合形态，但这只是服务业渠道结构可能有的组合形态，而不是所有的可以组合形态。

（1）金融服务业。银行对个人及公司所提供的广泛服务范围领域包括现金账户，存款账户、信用、金融顾问咨询、不动产规划、现金贷放，以及许多可以利用的金融产品。当然，大多数的消费者是直接和银行来往，但通过中介机构的情况也很普遍。目前信用卡被广泛使用，银行便在接受信用卡为付款的卖主（如零售店）和处理信用单的信用卡公司之间扮演清算中心的角色。因此，银行和卖主都由于提供此项服务所担任的角色而获取佣金。另外一个例子是，雇主将资金通过往来银行支付工资或薪水给员工，而员工则可通过其他的银行领取，因为银行之间有资金转移的合作关系。

（2）保险服务业。直销保险一向很通行，但也可经由商店、代理商、经纪人或多重中介机构的合并服务来销售保险。有些商业公司，如合作社就可拥有自己的保险公司。另外，有些服务销售者，如旅行社，可能替一些保险公司向顾客提供旅游保险服务。而经纪商往往替好几家保险公司从事工作，再保险业分销渠道上，经纪商是极重要的中介机构。自动售货机用来销售保险的情况（如在飞机场）已愈来愈多，许多工作场所的团体保险也极普遍，如保险代理商签立团体保险保单给雇主，以为其员工投保（如工作意外险），等等。

（3）旅馆饭店。虽然在传统上都是使用直接方式销售其服务，但近年来，旅馆和大饭店使用间接渠道销售服务的现象，已日益增多。快捷酒店、如家酒店、汉庭快捷酒店等都采用连锁加盟的方式。

## 二、服务渠道的发展

最近几年来，服务分销渠道有了很多新的发展，大致以独立渠道和结合渠道两种方式发展。

### （一）独立服务渠道

独立渠道的兴起，是为了满足特定需要而无须与另外的产品或服务相关联。因此，一家顾问公司或一家旅行社，不与其他公司联合，且与其他公司分开经营，即属独立服务公司的例子。不过独立服务公司当然也可以利用其他的中介机构。

### （二）结合型服务渠道

结合型服务渠道，是服务结合在一个销售某一产品的渠道之中。结合型服务渠道一般是通过下述形式发展而来的。

#### 1. 收购

服务是整体产品组合的一部分（如对耐用消费品采购的融资）。

#### 2. 租用

服务在另一家公司的设施中提供和营运，如特许权使用人必须给付租金或者将营业额抽成给出租的公司。

#### 3. 合同

这是两家或两家以上的独立公司，以某种契约方式，合作营销一项服务。

### 北京银行社区支行将增至50家

北京银行零售业务战略转型工作再次取得新进展。该行在世纪城支行推出社区银行个人金融服务模式品牌——"社区金管家"。北京银行副行长、来自 ING 集团的侯德民在发布仪式上表示，北京银行将增设 30 家社区支行，届时北京银行将建立 50 家社区支行。截至目前，北京银行在北京地区已经建立近 20 家社区支行，这些新型网点重点服务于周边社区内的居民和中小企业。

资料来源：周鹏峰：《2009 年北京银行社区支行将增至 50 家》，载《上海证券报》，2008-10-22，经过整理得来

# 第二节　服务渠道选择

## 一、服务渠道定位的意义

营销活动的核心是使产品或服务被使用或消费，从而为组织带来经济利益。而营销渠道正是促使产品或服务顺利地被使用或消费的一整套相互依存的组织。渠道决策是服务组织面临的最重要的决策，其所选择的渠道将直接影响所有其他营销决策。因此，服务渠道的设计应该充分考虑各种限制性因素，制定出适合组织产品或服务特性的营销渠道，促进组织营销目标的实现。总的来说，服务渠道设计的限制因素包括以下方面：产品或服务的不同特性，如产品概念、定价、目标人群、使用方法；现有渠道的特性，如进入成本、发展性、商业信誉、专业性；销售地区的经济环境，如人均收入、景气指数等；以及组织的营销规划，如销售预算。服务渠道的定位是与服务企业营销战略和竞争战略相联系的一项重要决策。成功的定位将从战略层面出发，使企业在环境适应、竞争地位、需求管理和规模效益等经营要素上取得全面进步。

### 1. 环境适应

环境适应是指服务企业对外在经济条件改变的反应能力。因为定位决策牵涉企业大量资金的投入，因此网点位置的选择将大大影响到企业能否对未来的经济、人口和竞争态势变化保持良好的反应能力。

### 2. 竞争地位

竞争地位是指服务企业相对于竞争对手的状态。成功的定位可以通过率先形成的便利

的服务体系和市场认知度而设置一种无形的进入障碍。而在市场繁荣前，获得并保持最佳位置，更是能够人为地创造一种竞争优势，从而有效地打击竞争对手有利地点的争夺。

### 3. 需求管理

需求管理是指企业对服务需求的数量、质量和实践的控制能力。服务固有的属性——生产能力的有限性、低弹性和服务的不可储存性，决定了服务企业往往很难引导需求、控制需求，但是，服务企业可以通过在不同的市场群体周围定位的策略来达到控制需求的战略目的。

### 4. 规模效益

服务企业可以通过在众多定位点提供相同或相似的服务，获得规模经济效益。多点定位和服务标准化策略能使优质的服务得到迅速复制，这是企业扩张的一种常用策略。当然，多点定位也可能引发邻近的网点相互争夺业务、浪费经营资源的风险，但是基于理想的成长模式规划的定位策略，将有助于风险的规避。

## 二、服务渠道选择的标准

一旦服务企业的决策层认定有必要建立分散的网点，就需要进一步考虑网点数量和地址选择的有效标准。具体从以下几方面看。

### （一）营销战略和竞争战略

这是决定服务企业是否采取多点定位最根本的参照标准。如果一家服务企业在营销和竞争战略上采取全球扩张、主动竞争的态势，那么它的网点数量和地址选择的标准自然就是基于全球范围的多点定位和全球出击的策略；如果只希望在某一区域内逐步扩张，那么它的网点定位标准就可能是以重点地区的重点网点为中心，采取梯度扩张的策略。

### （二）竞争对手的网点分布

这是影响服务企业网点定位和地址选择的重要条件和标准。在竞争策略上采取抗衡、同步竞争策略的服务企业往往把网点设置在竞争对手网点的邻近区域甚至附近，如肯德基和麦当劳两大快餐店，网点遍布全球，数量庞大，竞争十分激烈。几乎所有能看到肯德基的地方附近就有麦当劳。

虽然许多服务是无形和不可分割的，且多数情形下直接销售是合适的渠道，但是服务还是可以由许多种其他渠道选择来提供。选择什么样的渠道来配送服务，主要依赖市场的特殊需求和服务自身的本质。

服务的多种渠道选择包括以下几方面。

（1）直接销售，如会计和管理咨询服务。

（2）代理人或经纪人，如保险代理、房地产代理和旅行代理。

（3）卖主和买主的代理人和中间商，如股票经纪人。

（4）特许经营或承包服务交付者，如快餐、轿车服务和干洗业。

事实上，很多服务企业都采取多种渠道销售。有的用若干中介针对同样的目标顾客群销售同样的服务；有的通过同样的渠道针对不同的目标顾客群销售同样的服务；有的针对同样的目标顾客群通过不同的渠道销售不同的服务。

## 三、服务位置的选择

服务业渠道选择问题中，有关服务所在位置的选择是一个极为重要的方面。不论以什么渠道形态去获取顾客，中介机构的位置，也就是服务业公司应设置在什么地方，都是很重要的。银行、会计师事务所、法律顾问公司、餐厅、干洗店等服务业公司面临的位置决策，与销售实物产品的公司没什么两样。

### （一）选择服务位置的依据

位置是企业做出的关于它在什么地方经营和员工处于何处的决策。对服务来说，位置的重要性取决于相互作用的类型和程度。服务提供者和顾客之间具有三种相互作用方式：顾客来找服务提供者、服务提供者来找顾客、服务提供者和顾客在随手可及的范围内交易。当顾客不得不来找服务提供者时，服务业的位置就变得特别重要。如餐馆的位置就是顾客光顾的主要理由之一。因此，选择适宜的地点成为一个关键的问题。当服务提供者能够来找顾客时，假定顾客在足够近的地方得到了高质量的服务，坐落位置就变得不那么重要了。当服务提供者和顾客在随手可及的范围内交易时，位置是最无关紧要的。在这种情况下，这些地方装备了有效的邮电通信，便不关心服务供应者的实际位置在什么地方，如电话、保险。

服务业位置的重要性依据服务业类型而各有不同，但有几个问题是共同的，是服务提供者在进行服务位置决策时必须考虑的。

（1）市场的要求是什么？如果服务不在便利的位置提供，是否会导致服务采购或利用的延迟？不良的位置是否会造成顾客做出自己动手而无须服务的决定？可及性与便利是选择服务（如选用银行）的关键性因素吗？

（2）服务业公司所经营的服务活动的基本趋势如何？其他竞争者的势力正在渗入市场吗？

（3）服务业的灵活性有多大？它是基于技术还是人员？这些因素如何影响所在位置以及重置位置决策的灵活性？

（4）公司有选取便利位置的义务吗？（如保健等公共服务）

（5）有什么新制度、程序、过程和技术，可用来克服过去所在位置决策所造成的不足？

（6）补充性服务对所在位置决策的影响性多大？顾客在消费时是在寻找服务体系还是服务群落？其他服务机构的位置是否加强已做出的任何位置决策？

由于许多服务业公司认识到位置的重要性，因此，目前在服务营运上更注重系统化方法的运用。服务营销人员全面系统地考虑这些问题将有助于做出正确的位置抉择。

## （二）服务位置的确定

位置的重要性根据所要营销的服务性质不同而有所差异。例如，上门修理服务业的紧急水电修理服务，其服务表现者的位置，与顾客的利用决策过程没有太大关系。而快递业的位置选择与服务对象的利用有很大关系。一般来说，服务业可依其所在位置分为与位置无关的服务、集中的服务和分散的服务，相应地服务位置确定也各不相同。

### 1. 与位置无关的服务业的位置确定

有些服务业，如住宅维修、汽车抛锚服务及公用事业，其所在位置是无关紧要的。这些服务都要在顾客的处所实现，因而服务设备所在位置比起服务实施的地点来说就很不重要。但是，当顾客需要服务的时候，服务如何能具有高度的可得性和可及性十分重要。就此意义来说，所在位置就不只是实体上的邻近而已。当然实体上的邻近对于某些服务业公司是重要的，因而必须发展分支事务所，以接近客户（如广告代理、建筑师），为了能使顾客顺利地取得服务，重要的一个因素是传送系统，通过此系统可使顾客的召唤能获得迅速的反应。

### 2. 集中的服务业的位置确定

有些服务经常是集中在一起的，主要原因是供应条件和传统两项因素。此外，促成集中现象的原因还有：由于某些点的地位关联、需求密集度低，顾客移动的意愿、邻近核心服务的补充性服务的历史发展以及需求导向的不重要。

### 3. 分散的服务业的位置确定

分散的服务业所在的位置取决于市场潜力。有些服务业由于需求特性及其服务本身的特征，必须分散于市场中，但是，有时是机构可以集中（如企业顾问），但服务营运是分散的（如顾问走访特定客户）等。

【资料链接】5-3

### 德邦怎样布置网点

网点建设方面，德邦坚持营业网点自建策略，为客户提供优质可靠及时的服务。德邦有自己的一套网点建设评分机制，该区域人流量、交通运输条件、商业发达程度、已有物流企业、工业企业数量等，建立一套评价指标，赋值，打分，综合考虑。每家营业网点的开设都会根据这套机制严格评定，得分达到基准分的地方才可以开店。

# 第三节　服务渠道创新

创新是发展的不竭动力，随着服务业市场的发展，不断有新服务分销方法出现。

## 一、租赁服务

许多个人或公司已经或正在从拥有产品转向产品的租用或租赁。采购也正从制造业部门转移至服务业部门。这就意味着许多销售产品的公司，增加了租赁和租赁业务。同时，新兴的服务机构也纷纷投入租赁市场的服务供应。在产业市场，目前可以租用或租赁的品种包括汽车、火车、厂房和设备、飞机、货柜、办公室装备、制服、工作服、毛巾等。在消费品市场，则有公寓、房屋、家具、电视、运动用品、帐篷、工具、绘画、影片、录像等。还有些过去是生产制品的公司，开发了新的服务业务，提供其设备作为租用和租赁之用。

### （一）出租者的利益

对于出租者，可以获得如下利益。

（1）扣除维持、修理成本和服务费用之后的所得，可能高于卖断产品的所得。

（2）租赁可以促使出租者打开市场，否则因其产品的成本因素，根本进不了市场。

（3）设备的出租可以使出租者有机会销售与该设备有关的产品（如复印机和纸张）。

（4）租用协定可协助开发及分销新产品，并为客户提供购买、拥有产品而引发的各种补充性服务。

### （二）租用者的利益

对于租用者，可以获得如下利益。

（1）资金不至于套牢在"资产"上，因而这些资金可以用来从事其他方面的采购。

（2）在产业市场，租用或租赁可能比拥有物品更能获得租税上的利益。

（3）物品能够租用的话，要进入某一行业或某一市场所需的资本支出，总比其物品必须购买者为少。

（4）租用者可以获得新设计的产品，这样也可以减少购置过时产品与遭受式样改变的风险。

（5）在某种情况下对于一种产品只是有季节性或暂时性需求时，租用设备就比拥有设备更为明智和经济。

（6）在多数租用条例规定下，服务上的问题，包括维护、修理、毁坏等，都是由别人负责。

（7）租用可以减低产品选用错误的风险并减少购买后考虑的问题。

## 二、特许经营

"特许经营"一词源于英语的"ranchising"，原本是一种政府的行政许可，自19世纪末以来广泛地应用于商业领域。在一般情形下，服务业的特许经营模式是指特许人将自己拥有的商标（包括服务供应商标）、商号、产品、专利和专有技术及经营模式等以合同形式授予受许人使用，受许人按照合同规定，在特许人统一的业务模式下从事经营活动，并向特许人支付相应的费用。这里涉及两个重要的当事人，即特许人和受许人。其中，特许人是指在特许经营活动中，将自己所拥有的商标、商号、产品、专利和专有技术、经营模式及其他营业标志授予受许人使用的组织或个人；受许人是指在特许经营活动中，被授予使用特许人的商标、商号、产品、专利和专有技术、经营模式及其他营业标志的组织或个人。一般而言，特许经营需要坚持规范化管理的原则、开放的原则、互惠互利的原则及循序渐进的原则。合作、动力和团队精神，往往是特许经营成功的重要条件。

在可以标准化或实际上可以被复制的服务业中，特许经营越来越多地被采用，如快餐业、美容业、干洗服务等行业都有特许经营的成功案例。服务越复杂化，如管理咨询、医疗诊断，越不可能准确按照授权需要的方式复制。

特许经营可分成两种：一是垂直的特许经营，即生产者授予销售者向潜在购买者出售服务的独家经营权。另一是横向特许经营，即生产者授权者几乎要规范销售点的一切，从布局到招牌，从人员培训到经营程序。

### （一）特许经营必备条件

在服务领域里，特许经营是很普通的，如饭馆、旅店、房地产公司。特许经营在服务业的快速发展，是与服务的特殊性密切相关的。服务产品具有无形性和差异性的特点，这大大提高了消费者的购买风险。而特许经营模式的标准化，使无形的服务在某种程度上具有了预知性，从而降低了购买风险。同时，经营模式迅速复制和品牌扩张效应，还为企业发展带来了规模经济，形成了良性循环。也就是说，特许经营模式本身所具有的优点，正好弥补了服务业固有的局限性，为服务业的快速发展注入了活力。

这种经营模式的必备条件为：

（1）必须订立包括双方同意的所有条款的契约。

（2）特许人必须在企业开张之前，给予受许人各方面的基础指导与训练，并协助其业务的开展。

（3）业务开张之后，特许人必须在经营上持续提供有关事业营运的各方面支持和指导。

（4）在特许人的控制下，受许人被允许使用特许人所拥有的商业名称、定型化的业务或程序以及特许人所有商誉的相关利益作为经营资源。

（5）受许人必须从自有资源中进行实质的资本性投资，并承担经营风险。

（6）受许人必须拥有自营企业，能够充分发挥自主经营权。

## （二）特许经营的好处

由于特许经营方式可以带来很多好处，因而很可能变成服务营销上更重要的一个环节。

### 1. 特许人可获得的好处

（1）特许经营体系的扩展可在某种程度上摆脱资金和人力资源的限制。

（2）可激励经理人在多处所营运，因为他们都是该事业的局部所有权人。

（3）特许经营是控制定价、促销、分销渠道和使服务产品内容一致化的重要手段。

（4）是增加营运收入的一种来源。

### 2. 受许人可获得的好处

（1）有经营自己事业的机会，而且其经营是在一种业经测试证实过的服务产品观念指导下进行的，降低了经营风险。

（2）有大量购买力作为后盾，之前被证实此行业面临的是巨大的市场。

（3）有促销、辅助、支持力量作为后盾，整个特许经营体系能起到互相促进的作用。

（4）能获得集权式管理的各种好处。

### 3. 顾客可获得的好处

对顾客而言，服务具有无形性，靠顾客对于服务质量的主观感知，有失客观。通过特许经营的方式，保证了服务质量的一致性。同时，也增加了顾客消费的方便性，顾客更容易得到服务质量的若干保证，尤其是在全国性特许经营的情况下，更是如此。

## （三）特许经营的风险

### 1. 特许人的风险

（1）激励和保留被特许人困难。服务企业激励内部员工本来就是一件较复杂的工作，而根据特许合约来激励独立的被特许人更是一项困难的工作。特别是当企业经营状况不佳时，更是难以留住被特许人。

（2）特许经营模式中服务加盟商服务品质的一致性难以保证，特许方的形象和声誉容易受损。

（3）作为被特许人的服务加盟商更直接地控制了客户关系和客户信息，增加了特许人的市场依赖性。

### 2. 被特许人的风险

（1）高特许费蚕食被特许方的利润。

（2）特许方对品牌、服务标准和管理模式管理不善，影响被特许方的发展。

（3）特许经营模式下服务加盟商布局过于密集，导致被特许人获利能力降低。

（4）如果有少数，即使是一家被特许企业发生有损于品牌形象的经营行为，其他被特许的服务加盟商也会受到牵连。

（5）随着被特许的服务加盟商数量不断增加，特许人管理能力可能无法跟上，导致整个特许经营体系混乱，被特许的服务加盟商因此受损。

## 三、综合服务

上面所说的特许经营的增长，也显示出服务业部门的另一个现象，即综合公司体系与综合性合同体系正在持续发展，并已开始主宰某些服务业领域。例如，在大饭店和汽车旅馆方面，综合体系如假日饭店、希尔顿饭店都愈显其举足轻重的地位。在观光旅游方面，许多服务系统正在结合两种或两种以上的服务业，譬如航空公司、大饭店、汽车旅馆、汽车租赁、餐厅、订票及订位代理业、休闲娱乐区、滑雪游览区、轮船公司。目前有些大型的服务业公司，正通过垂直和水平的服务渠道系统，控制了整体的服务组合，提供给旅游者和度假的人。以前综合服务渠道一直被认为是一种制造业的体制，现在已经变成许多现代化服务业体系中的一种重要特色。

## 四、自助服务

自助服务是指消费者自己就可以完成相关服务产品的购买，不需要服务企业相关人员的参与。在银行旁边使用自动取款机、在加油站自己加油、在地铁站自己通过自动售票机购买车票，这些都是自助服务。科技进步、自助服务的低成本和低价格、自助服务给顾客带来的便利性、社会对自助服务的推广都促进了顾客自助服务趋势的形成，现在自助服务越来越多了。但自助服务的潜在危险是可能会使企业和顾客之间的关系疏远，顾客和员工之间互动的缺乏会导致顾客忠诚度降低。

**【资料链接】5-4**

### 无人零售的探索者——Amazon Go

美国的传统便利店大多以药房、1美元商店、加油站旁边的饮料和零售售卖点的形式存在。美国便利店协会的研究显示，美国目前15.5万家便利店中12.25万家是"兼职"的加油站。据《华尔街日报》的数据统计，对都市中成长起来的千禧一代而言，在购买食品杂货上他们追求方便，在日常用餐上也不像老一代人那么讲究和守时，三餐和正餐的概念正变得越来越淡。

Amazon Go正是瞄准了这类需求，在公司楼下、大型商圈、都市中心提供健康、新鲜、易得易食的快餐，用充满科技感的购物体验，吸引在都市中年轻、富足、忙于工作但追求健康、高质量饮食的人们。在忙碌拥挤的上下班时间段内，这些都市白领大多不介意为健康和便利付出一些"体验上的溢价"。

Amazon Go 是亚马逊公司在 2018 年推出的无人零售店铺，Amazon Go 的标语"不排队，不结账"很好地诠释了无人零售店对顾客的吸引之处。顾客只需打开 Amazon Go 的 App 即可完成购买，这一套"无间断"的购物流程，亚马逊称之为"拿了就走"（Just Walk Out）。

Amazon Go 的店里，货架上都配备了摄像头，摄像头不仅监测商品取出和放回的状态，还对顾客人脸识别。顾客在挑选商品时，亚马逊综合计算机视觉、传感器、深度学习和数据分析，确定你的"购物车"，当你走到出口处，准确地说是"感应交易区"时，系统将从你的亚马逊账户绑定的银行卡中自动扣款。除了需要你进门时打开 Amazon Go 的 App 外，整套购物流程并没有科技的突兀介入，而实现这种体验则需要采用从无线射频到压力传感等诸多黑科技。

目前 Amazon Go 已经开设了 10 家门店，未来将在全美开设 3 000 家，无人零售能否改变人们的生活方式，我们拭目以待。

资料来源：两年只开了一家店的 Amazon Go，凭什么在未来四年再开 3 000 家？https://www.geekpark.net/news/233143

## 五、网络分销服务

随着信息技术的成熟与互联网的蓬勃发展，越来越多的服务机构利用先进的互联网技术来提升效率和更好地为顾客提供服务。网络服务是指企业利用网络平台与顾客进行交易并向顾客提供服务。例如，网络订餐服务、飞机票与火车票的网络购票服务、远程教育和培训、在线医疗会诊和咨询、中国移动的网上营业厅等电子服务。网络服务也可分为直接分销和间接分销。网络直接分销是指服务机构通过自建网站将服务提供给顾客，网络间接分销是指服务机构利用已有的电子商务平台为顾客提供服务。

### （一）网络分销服务的优势

#### 1. 广泛分销

网络渠道可以使服务机构与大量的终极顾客建立连接发生联系，全世界可以上网的消费者都可以通过网络来选择购买产品和服务。从企业的角度来说，这也意味着可以为同样广阔的地理区域和范围提供产品和服务。即使是一个刚刚开张的小企业也可能在全球范围内寻找顾客。所以，从市场的需求和供给两方面来看，网络分销渠道能使交易更加方便而快捷。

#### 2. 顾客的便利性

利用网络渠道可以让顾客在方便的时间、方便的地点获得服务。顾客不必要再受到供应商的限制，而可以根据自己的时间和地点来要求服务机构提供服务。例如，电子商务正在改变人们购物的方式。许多在线交易的网站，如阿里巴巴、淘宝可以为顾客提供一周7 天、一天 24 小时的网上订货服务。

### 3. 顾客选择和定制化能力加强

网络分销渠道为顾客提供了更多选择的权利，互联网允许供应商从一开始就接触顾客的需求，并根据顾客要求对服务进行设计，开发出顾客定制化的产品和服务，如淘宝提供的顾客购物车营销。

### 4. 降低成本

通过网络渠道获得服务的成本更低，因为网络渠道分销的效率更高。例如，如果通过网络提供顾客所需要的信息，往往比电视、杂志、报纸或者销售人员的推销更为有效，那么相应的销售成本也必然会进一步降低；如果网络分销渠道能够使企业把存货集中在一个地方，那么也必然会降低加工及运输的费用。

### 5. 快速的顾客反馈

互联网能让企业和顾客之间实现实时互动，结合顾客以前浏览、购买、登记和其他相关互动数据，服务企业可以快速发现顾客对其服务和交易的想法和评价，利用顾客的快速反馈，可以及时改变服务品种、解决顾客提出的问题，并缩短服务企业自身的学习周期，为更有效的服务营销决策提供依据。

## （二）网络分销服务的劣势

### 1. 如何诱导顾客成为对服务企业的新挑战

网络分销渠道中，顾客主动性增强。譬如，通过互联网向顾客分销服务时，顾客点击或者不点击、看或不看服务企业传送服务的网站，完全由其自己决定。因此，服务企业需要设计特别的方案来积极引导顾客关注自己的网站。这些方案包括采用设计游戏、提供奖励、举办竞赛、美化网页、优化内容等能吸引顾客眼球的方法诱导顾客进入网站。

### 2. 价格竞争变得更激烈

与有形产品相比，比较服务的特征和价格信息困难很多，但互联网的发展使得顾客对范围广泛的各种服务价格进行比较变得可行而简单。譬如，过去消费者通过售票门店购买机票时，要充分比较价格几乎是不可行的，但是现在只要一打开相关网页，就可以对各航空公司、各航班的机票价格进行充分比较，这无疑加大了航空公司价格信息的透明度和竞争的压力。

### 3. 存在一定的安全问题

采用网络分销渠道的一个重要核心是如何保护信息的安全性，尤其是顾客的个人和财务信息。虚假信息、黑客侵入、盗号病毒、窃取口令、窃取隐私信息、冒充网站等，都让顾客在网络上提供信用卡账号和密码获取服务时忐忑不安。因此，网络安全有待进一步的发展和完善。

### 4. 售后无法保障

由于网络分销渠道不具有直接接触性，主要着重于服务销售，售后则关注度不够。例如，近年较火的小红书福利社采用B2C（Business to Client）自营模式，直接与海外品牌商和大型贸易商合作，通过保税仓和海外直邮的方式发货给用户。但至今也因售后问题饱受诉病。如快递寄错地址要求转寄被小红书拒绝，售后联系困难，回复慢，售后服务态度不积极。据《2016年中国电子商务用户体验与投诉监测报告》统计，发货问题、物流问题、顾客服务、退款问题、退换货难、虚假促销、商品质量、疑似售假、货不对板、信息泄露为"2016年度零售电商十大热点被投诉问题"。

## 六、全渠道零售

"全渠道零售"一词最先出现在美国国际数据集团（IDG）2009年的零售研究报告中该报告指出，全渠道购买者（omni-channel shopper）是多渠道购买者（multi-channel consumer）动态演进的结果。这种新型的购买者会同时关注并选择多种渠道，而不像传统的购买者在平行的多种渠道中只选择一种渠道，科特勒（Kotler）在《营销革命4.0》一书中也提出，全渠道营销就是整合多种渠道，为顾客提供卓越的无缝体验。李飞认为，全渠道营销是个人或组织为了实现目标，在全部渠道（商品所有权转移、信息、产品设计生产、支付、物流、客流等）范围内实施渠道选择的决策，然后根据不同目标顾客对渠道类型的不同偏好，实行针对性的营销定位，并匹配产品、价格等营销要素组合策略。

随着技术发展与数字化潮流的推进，越来越多的零售业企业采用全渠道营销模式，通过建立线下渠道、线上渠道、移动渠道与消费者进行互动。据梅莱罗（Melero）的调研，有75%的企业认为全渠道营销是企业目前最关注的问题。消费者也开始习惯于通过企业提供的不同渠道来购买商品。根据麦肯锡2017年发布的报告，在中国，已经有85%的消费者成为全渠道消费者。在全渠道环境中，消费者在企业所有渠道中的整体购物体验成为影响消费者以及企业品牌的重要因素。

【资料链接】5-5

### 梅西百货的全渠道模式转型

随着互联网的发展，电子商务崛起，传统零售渠道受到了巨大的冲击。在这种情况下，美国传统零售业巨头梅西百货却逆势增长。在2010年—2014年五年的时间内，梅西百货的销售额和净利润持续上升，有很大一部分原因是梅西百货实施了全渠道战略。

所谓全渠道销售是指企业为了满足消费者在任何时间、任何地点，以任何方式购买的需求，采取实体渠道、电子商务渠道和移动电子商务渠道整合的方式销售商品或服务，提供给顾客无差别的购买体验。梅西百货从以下三点对自己的销售渠道进行改革。

（1）实体店销售渠道。实体店销售是梅西百货最传统的销售渠道，在零售电商飞速发展的诱惑下，梅西百货始终保持着冷静的头脑，认为实体店必须存在，并且要持续发展。

（2）电子商务渠道。面对互联网的出现与普及，梅西百货并没有像其他很多百货公司一样抵制或者弃之不顾，相反，它选择利用互联网来促进自身发展。一方面，梅西百货建设的网站为顾客提供了方便快捷的网上购物体验；另一方面，梅西百货在移动端进行零售，注重移动端的开发和建设。例如，2014年梅西百货推出一款手机App，让顾客拍下他们喜欢的服装上传到网上，就能从梅西百货的存货中找到同样的或者类似的商品，方便顾客选购。

（3）社交媒体销售渠道。社交媒体的影响力早已不容小觑，在美国，脸谱（Facebook）和推特（Twitter）的影响力更是不能忽视。梅西百货在进行全渠道零售时当然要运用这些社交媒体的力量。2014年，在"黑色星期五"即将到来之际，梅西百货在脸谱上推出了视频广告，积极推进公司社交媒体战略。另外，梅西百货也会在社交媒体上分享购物清单以及推出一站式自助购物。社交媒体上的销售不仅可以及时收到反馈，还可以使得公司与顾客保持实时互动，了解顾客的真实想法和需求。

不过近几年梅西百货的发展开始出现下滑趋势，2017年初，梅西百货在其官网正式宣布重组计划，裁员数量预计达到上万人。不仅是梅西百货，目前，美国零售业已是哀鸿一片，梅西百货为挽救处在下滑窘境的销售业绩也是竭尽所能，裁员关店、寄希望于电商、降低成本，还卖掉了超过8亿美元的物业资产，但丝毫不见成效。未来，梅西百货想要回到万众瞩目的"世界上最大的商店"并不容易。

资料来源：夏彩云，郭荣. 梅西百货——传统零售企业的转型升级[J]. 企业管理，2016（7）.

## 本章习题

### 一、判断题

1. 服务直销有助于实现服务差异化。（　　）
2. 竞争对手的网点分布是影响服务企业网点定位和地址选择的重要条件和标准。
（　　）
3. 管理咨询、医疗诊断等服务行业适合采用特许经营模式。（　　）
4. 特许经营模式中，受许人无须承担经营风险。（　　）
5. 网络分销渠道可以加强顾客选择和定制化能力。（　　）

### 二、单选题

1. 下列关于直销的叙述中，错误的是（　　）。

A. 直销可能是服务生产者选定的销售方式，也可能是由于服务生产和服务消费同步性的原因。

B. 对服务的供应与表现可以保持较好的控制

C. 利用直销策略，服务企业可以快速抢占市场

D. 可以从顾客那里直接了解当前的需求状况

2. 股民一般通过证券公司购买股票。在这里，证券公司属于中介机构形态中的（　　）。

    A. 代销　　　　　　　　　　　　B. 零售商

    C. 批发商　　　　　　　　　　　D. 经纪人

3. 在全国范围内定位，可以摆脱因为区域经济下滑导致的经营困境；在全球范围内定位，可以抵御国家政治、经济危机造成的全面金融风险。这说明，服务网点定位能够提高企业的（　　）。

    A. 环境适应能力　　　　　　　　B. 竞争位置

    C. 需求管理能力　　　　　　　　D. 规模效益

4. 决定服务企业是否采取多点定位最根本的参照标准是（　　）。

    A. 营销战略和竞争战略　　　　　B. 追求目标和服务特征

    C. 竞争对手的网点分布　　　　　D. 行业的网点分散程度

5. 下列关于特许经营的说法中，错误的是（　　）。

A. 业务开张之后，特许人必须在经营上持续提供有关事业营运的各方面支持和指导。

B. 特许人更直接地控制了客户关系和客户信息，增加了受许人的市场依赖性。

C. 服务加盟商服务品质的一致性难以保证，特许方的形象和声誉容易受损。

D. 受许人必须拥有自营企业，能够充分发挥自主经营权。

## 三、问答题

1. 服务分销渠道有哪些几种类型？

2. 为什么说直销是最适合服务产品的配送形式？服务直销有哪些优点和缺点？

3. 使用服务代理的好处有哪些？

4. 服务企业在进行服务位置决策时必须考虑哪些问题？

5. 怎样实现服务分销方法的创新？

6. 什么是特许经营模式？

7. 特许经营模式给特许人带来哪些利益和风险？

8. 分析网络分销渠道的优势和劣势。

9. 举例说明什么是全渠道零售。

## 四、分析案例

选址对连锁零售经营企业有多重要？套用李嘉诚的一句话来说："第一是地址，第二是地址，第三还是地址！"在大多数餐企是靠模糊化的直觉来决策时，星巴克已经运用了

数学家的功力：通过建模，把各项参数设计进一套决策模型，市调人员将相关数据输入，就能得到较为明确的决策建议。

这是不是很酷？科学大作战，商业大实验。

仅仅5年，星巴克从一个无名小卒成长为一位耀眼的明星，并迅速演变为一种标榜流行时尚的符号。在都市的地铁沿线、闹市区、写字楼大堂、大商场或饭店的一隅，在人潮汹涌的地方，那墨绿色商标上的神秘女子总是静静地对你展开笑颜。

### 生活的"第三空间"

星巴克选址首先考虑的是诸如商场、办公楼高档住宅区此类汇集人气聚集人流的地方。此外，对星巴克的市场布局有帮助，或者有巨大发展潜力的地点，星巴克也会把它纳入自己的版图，即使在开店初期的经营状况很不理想。

星巴克对开店的选址一直采取发展的眼光及整体规划的考量。因为现在不成功并不等于将来不成功。星巴克全球最大的咖啡店是位于北京的星巴克丰联广场店，当初该店开业时，客源远远不能满足该店如此大面积的需要。经营前期一直承受着极大的经营压力，但随着周边几幢高档写字楼的入住率不断提高，及区政府对朝外大街的改造力度不断加大，丰联店一定会成为该地区的亮点。于是最终咬着牙关坚持了下来。现在该店的销售额一直排名北京市场前列。

星巴克在中国的拓展之路就这样一步步地迈开了。步调的快速则得益于开店时遵循以租为主的发展策略。星巴克对店面的基本要求很简单，从十几平方米到四百平方米都可以开设，以租为主，可以在最短的时间内利用最少的资金开设最多店面。

### 选址利用GIS选址

对于快餐连锁店，能够对比各种各样的数据，了解车流量、消费群体分布、安全信息、商业构成以及其他相关信息，可以帮助他们在决定门店选址中节省大量的开支。

星巴克全球市场计划经理帕特里·欧·汉根（Patrick O' Hagan）在美国圣地亚哥举办的Esri用户大会上告诉参会者，星巴克现在使用一个叫作Atlas的内部绘图和商务智能平台，来决定在哪儿开设新门店。Atlas的使用遍及全世界；星巴克如果要在中国开设新门店，欧·汉根的团队就会使用这一平台，让当地的合作伙伴评估附近的零售商圈、公共交通站以及小区的人口分布图。

在南京，Atlas已经开始运用在选址工作上了，星巴克当地代表使用这一平台定位一个门店，而这个门店选址位置步行可达范围内有几栋在建写字楼，然后他们建立了一个工作流程，开始准备新门店开业许可及法律程序方面的事宜。

这些区位数据还有一些其他意想不到的用途。星巴克的数据分析方法不仅对于门店选址有利，他们还会利用当地智能手机的用户数量，决定在美国南方州市的哪一区域进行手机应用优惠推广。

在孟菲斯，星巴克使用气象数据，预测是否会有热浪来袭，然后巧妙地将星冰乐的促销时间与之配合。对于长期以来希望将啤酒和红酒加入菜单中的推广努力，星巴克现在正使用 Atlas 平台，寻找符合两大标准的门店：高消费人群和高消费需求。

对于连锁门店，使用 GIS 和其他的数据密集型服务遵循一个简单的逻辑：数据有助于企业节省开支，同时也防止企业因为在不适宜的地点开设门店而导致的错误决策浪费金钱。

### 选址两个阶段

首先，当地的星巴克公司根据各地区的特色选择店铺；这些选择主要是来自三方面：公司自己的搜寻；中介介绍；另外还有各大房产公司在建商楼的同时，也会考主动引进星巴克来营造环境。在上海，这三种选择方式的比例大概是 1∶1∶2。

第二阶段是总部的审核。一般来讲，星巴克的中国公司将店面资料送至亚太区总部由他们协助评估。星巴克全球公司会提供一些标准化的数据和表格，来作为衡量店面的主要标准。而这些标准化数据往往是从各地的选店数据建立的数据库中分析而来的。

事实上，审核阶段的重要性并不十分突出，主要决定权还是掌握在当地公司手中。如果一味等待亚太区测评结束，很可能因为时间而错失商机。往往在待批的过程中，地方店面已经开始动手装修。

"虽然95%的决定权在地方公司，但是也有制约机构来评定我们的工作。"一位部门负责人透露。在星巴克，一方面理事会会根据市场回报情况，评定一名经理的能力。另一方面，会计部会监控各店面的经营情况。

星巴克有独立的扩展部负责选点事宜，包括店面的选择、调查、设计和仪器装备等一系列工作。以上海统一星巴克为例，这一部门的人数包括部门经理在10人以上。但在中国，星巴克也会委托专业的第三方招商团队帮助他们选址。

商圈的成熟和稳定是选址的重要条件，而选址的眼光和预测能力更为重要。比如，星巴克的新天地店和滨江店，一开始都是冷冷清清，并不是成熟的商圈，然而新天地独特的娱乐方式和滨江店面对黄浦江，赏浦西风景的地理优势，使得这两家店面后来都风生水起，成为上海公司主要的利润点。

在上海星巴克看来，旗舰店的开设意味着在一个城市的亮相。人们对于不熟悉的事物第一印象往往至关重要。因而，上海星巴克对第一店的选择尤为慎重。当时上海星巴克面临两个选择，一个是在南京市的新街口商圈，这里人口密集，有4~5家大型场，新街口商圈的东方商厦是一家经营高档商品的大型商场，这里的消费者的层次与星巴克的消费人群类似，而且消费水准稳定；另一个是南京市北极阁地区，这里风景优美，环境安静而不嘈杂。更重要的是，这里是省市政府机关的工作区域，在星巴克看来，政府公务员消费也是不可小觑的一块。另外，南京正在修建的地铁就从那里路过。星巴克对于两个地区的流动人群做了调查，从他们的穿着、年龄、男女比例来确定潜在的客户数量。"星巴克更多是一个偏向女性化的咖啡店，带着些梦幻和情，"公司一位负责人介绍，"而且女性客人往往会带来她的男友或者伙伴，而男性客人往往是独来独往。"最终东方商厦与星巴克一拍即合，以抽成的租金方式，建立了在南京的第一家星巴克。随即，星巴克在南京的北极阁地区开出了第二家连锁店。星巴克的负责人解释，将第一家店开设在新街口，看中的是其稳定成熟的商业氛围，可以维持营业额的稳定。而将第二家店开设在北极阁，主要是看以后几年的增长。

资料来源：星巴克为什么总是能把店开在最好的地方？https：//www.sohu.com/a/256417734_ 100251780

**问题：**请结合案例谈一谈服务位置选择的策略。

## 五、应用训练

相对实体店而言，你所购买的通过互联网传递的服务（如网上订餐）有哪些优势？

# 第六章　服务促销

　　了解服务促销的目标；理解有形产品促销和服务促销的差异；熟悉各种不同的服务促销策略的特点以及工作任务；掌握影响服务促销设计的因素及有效促销管理的原则；熟悉各项促销策略的评价方法。

## 导入　案例

### 安徽文旅走出新媒体创意营销之路

　　3个月，3.5万讨论，2亿+阅读。"美好安徽月月游"话题营销项目成效显著，不仅打造了"游客用铜钱购物体验穿越感""安徽新晋网红打卡地"等系列微博热点事件，更是构建了一套传播矩阵体系，推动了安徽文旅品牌建设。

#### 发挥传播效应，策划热点话题

　　文化旅游创意营销如何策划出"一夜爆红"的热点内容？一条题为"游客用铜钱购物体验穿越感"的视频给出了答案。这条时长1分钟的视频，通过镜头记录下游客用铜钱购物的乐趣，一时间刷爆网络迅速登上微博全国热搜。此次热点事件让视频拍摄地——铜陵永泉旅游度假区的"江南味道"民俗美食街火了一把，见证了"一条视频带火一个景区"。

　　2021年3月，"美好安徽月月游"话题营销项目正式启动。项目围绕安徽文旅网络宣传"日日有内容、月月有精彩、时时有关注"的目标，先后聚焦春季踏青、五一劳动节、六一亲子游等节点主题，策划出"拥抱皖美春天""玩转皖美五一""相伴皖美童趣""粽享皖美假期"等热点话题，每个话题阅读量均突破千万大关。同时，推出40条精品旅游路线，40 篇主题宣传文稿，涵盖 100 多个旅游景区景点，融合文字、图片、视频等元素，图文并茂地展示美好安徽新景象、新气象、新亮点。个性化热点事件的打造，高频次优质内容的输出，让"美好安徽月月游"话题火爆出圈。

**发动网络达人，引领年轻风潮**

微博@上海冷空气、@骑在牛背上、@胡恩泰_7、@郝地瓜 Cynthia_、@背包客紫漫等青年博主达人，围绕青年人喜欢的玩法，发表安徽旅游攻略，通过微博平台进行传播，助力安徽文旅话题营销。据统计，目前参与话题内容传播的旅游类青年大 V 超过 40 位，粉丝量均在百万以上，粉丝量最高的博主@游走旅行的摄影人拥有 411 万粉丝。

新颖的创意，结合独特的视角、专业的见解、合理的编排，让一批优质作品被创作出来、转发出去，这些优质的旅游攻略一经推出，便迎来网友点赞不断，阅读量激增，讨论激烈，大大拓展了安徽文旅的传播边界。其中，微博达人@滢萱 yingxuan、@是 Molly 酱吖等发布的主题攻略，引发了火热讨论，网友高呼：被安徽"种草"了，想去安徽体验！

**联动媒体资源，实现矩阵效应**

积极联动央媒、长三角主流媒体、地方政务微博矩阵等宣传平台，包括学习强国、新华社、安徽卫视等重点媒体平台，中国江苏网、中国浙江网等百余家长三角媒体渠道形成了强大合力，宣传安徽文旅资源产品，构建安徽文旅营销新方式，矩阵传播效果凸显。

目前，"美好安徽月月游"微博话题阅读量已突破 2 亿，话题日均阅读量超过 200 万。流量增长速度在全国文旅类内容营销案例中名列前茅。下一步将继续开展安徽文旅网络话题营销，通过组织信息推送、话题传播、社交传播、互动传播等形式进行融媒推广，为细分游客出游提供指引，引导节假日等重要时间节点旅游消费，以高品质内容推动安徽文旅高颜值展示、高频率宣传、高质量发展。

资料来源：安徽文旅走出新媒体创意营销之路，www.cnr.cn/ah/jhfc/20210623/t20210623_525519952.shtml

在当今激烈的市场竞争环境中，各种服务企业要想在市场中站稳脚跟，必须主动地采取强有力的措施来强化顾客对本企业服务产品的理解和认知，并积极购买和消费其服务。这就需要服务企业在服务促销的战略选择以及具体的策略选择方面不断地进行调整。服务促销是指为了提高销售，加快新服务的引入，加速人们接受新服务的沟通过程。促销对象不仅限于对顾客，也可以被用来激励雇员和刺激中间商。而服务促销的成败，对服务企业形象和服务产品的销售至关重要。

# 第一节　服务促销特点

在学习服务促销的特点之前，我们先来搞清楚什么是服务促销、服务促销的目标、服务促销与有效沟通的关系等一些相关概念。促销是企业与消费者进行的沟通，是企业在现存消费者和潜在消费者中进行的，旨在影响消费者购买行为的所有行动。企业将产品或服务的有关信息进行传播，帮助消费者认识商品或服务所能带来的利益，诱发消费的需求，激发他们的欲望，促进他们采取购买的行动，最终实现销售目的。服务促销的含义是指以合适的时间，在合适的地点、用合适的方式和力度加强与消费者的沟通，促进消费者购买其服务的行为。

## 一、服务促销目标与 AIDA 模式

服务促销的促销目标与产品营销大致相同，其主要的促销目标包括以下内容。

（1）建立对该服务产品及服务公司认知和兴趣。

（2）使服务内容和服务公司本身与竞争者产生差异。

（3）沟通并描述所提供服务的种种利益。

（4）建立并维持服务公司的整体形象和信誉。

（5）说服顾客购买或使用该项服务。

任何服务促销的最终目标都是促使消费者购买某种服务。实现促销目标过程的一个经典的模型称为 AIDA 模式。AIDA 是四个英文单词的首字母。A 为 attention，即引起注意；I 为 interest，即诱发兴趣；D 为 desire，即刺激欲望；最后一个字母 A 为 action，即促成购买。

这个模型认为消费者对促销信息的反应顺序是认知、影响以及行动。首先，促销经理通过在人员推销中进行问候和接触，或者通过在广告和营业推广中高音量、特别对比、醒目的标题、动作、鲜艳的色彩等吸引人们的注意，进而通过解释服务的特性如何来满足消费者的需求和愿望。最后，可以通过提供某种特殊的服务或通过推销人员的宣传来引发消费者的购买行为。

该模型没有解释所有促销活动是如何影响购买决策的。该模型提出可以在消费者从一个阶段到下一个阶段的进程中衡量促销的有效性。然而，AIDA 模式各阶段的顺序以及消费者是否会经历所有阶段是人们争论已久的话题。但是，如果不考虑阶段顺序和购买进程，则 AIDA 模式通过建议有效的促销策略对服务营销人员大有好处。

## 二、服务促销与沟通

在服务营销活动中，顾客不仅需要知道核心服务的存在，还需要获取服务的地点、时间、价格和针对他们需求的种种建议信息。因此，能否和顾客进行有效沟通将直接决定前期服务营销活动的成败。服务的无形性给沟通带来了较大困难。研究者发现了沟通中存在的四个潜在难题，即语言、非语言行为、价值观和思维过程的差异。在这四种差异中，因语言的差异产生的难题最显而易见因而也最容易克服。非语言行为会影响服务质量。我们每个人都能感受到各种非语言线索的存在，而这些线索主要提供有关我们感觉方式的信号。在服务交易中，顾客的感觉是关键的信息。在跨文化的条件下，这些非语言线索通常

比较难以了解且容易被误解。笑、皱眉头、沉默、插话、语气、用双手递名片等，所有这些非语言行为都能预示服务提供者与顾客之间的关系。对服务人员理解顾客非语言行为的能力的训练是保证服务效率和顾客满意的一个关键。显然，服务人员不可能被训练成顾客非语言行为的"词典"，关键是识别出那些重复发生的问题并制定出适当的管理战略和训练方案。

沟通组合有助于界定和生动表现一个服务企业的个性特征，并且突出其服务的特色和竞争优势。对服务业来说，有效沟通可以使那些原本无形的服务获得有形的支持，并把后台的生产活动表现出来。显现那些一度被掩盖起来的优势和资源。服务企业在促销与沟通中可以利用各种线索向顾客宣传本企业的服务特色，帮助顾客做出明智选择，促使顾客形成品牌偏好。这些线索包括提供客观数据、成功案例、服务人员的资质证明、工作经验、顾客证明、展示服务流程、打造服务品牌形象、服务绩效承诺和保证等。例如，医院可以通过文字、数字和图片来介绍专家履历、治疗好转率及治愈率、先进的医疗设备等，使无形的医疗技术和质量得以有形化，打消患者的疑虑。

促销与沟通（二者通常简称为促销）是针对顾客而专门设计的，它有助于增加服务本身的附加价值，强化顾客的参与，服务企业通过各种宣传教育活动，可以让顾客明白在服务过程中他们应该扮演的角色和相应的行为规范，让他们更有效地参与到服务过程中。

由于服务具有无形性、同步性和易逝性等特点，使得大多数服务产品不可储存，服务业供给能力短期内刚性较强，服务企业往往在短期内面临平衡服务供给与服务需求的压力。服务促销作为一种附加于激励措施之中的沟通，可以刺激低峰时段的服务需求和转移高峰时段的服务需求，有助于企业实现服务的供需平衡。

服务促销作为服务营销组合中的一个要素，综合运用各种促销工具，是服务企业具有战略意义的重要工作。以迪士尼公司为例，它的许多促销措施都对其服务的整体价值提升有所贡献。除了对其顾客进行不同的信息传播，迪士尼的促销还令该组织光彩照人，对顾客充满诱惑，从而扩大顾客对其提供的服务的需求。

## 三、服务促销与有形产品促销的差异

下面我们就来介绍一下服务促销与有形产品促销的差异，希望大家通过对本节内容的学习可以识别出服务促销的特点。

有形产品和服务在促销上有许多类似点，这种类似表现在：（1）促销在整体营销中的角色；（2）建立各种有效促销方式的问题；（3）促销执行管理的问题；（4）为了促销目的而使用的各种各样的方法和媒体；（5）可利用的协助促销的组织团体。

与此同时，有形产品促销和服务促销也存在着显著不同。

### （一）由服务的行业特征造成的差异

服务行业因类型不同，各具特点，因此要找出所有类别的共同差异不是一件容易的事。下面列举的各项因素旨在说明为何产品和服务的促销之间会有区别。

### 1. 营销导向的不足

有些服务业是产品导向的，因而不清楚营销措施对业务有多大程度的帮助，只把自己当作服务的生产者，而不是提供顾客需要的企业。这类服务业的经理人未受过专业化营销训练，也缺乏相关的营销技术，不清楚促销在整体营销中扮演的角色。

### 2. 专业和道德限制

在采取某些营销手段和促销方法时，可能会遇到专业上和道德上的限制。传统和习俗可能阻碍某些类型的促销的运用，甚至被认为"不适当"或者是"品位太差"。

### 3. 服务企业规模小

许多服务企业的规模都很小，不认为自己有足够的能力和实力在营销或者在特别的促销活动方面进行投入。

### 4. 竞争的性质和市场条件

许多服务企业并不需要扩展其服务范围，因为在现在的经营条件下，企业所拥有的业务已经用足了生产力，甚至是已经超出了自己的生产力。处在这种状况的企业普遍缺乏远见，不认为在目前状况下，促销努力可以维持稳定的市场地位，并且具有长远的意义。

### 5. 对于可用的促销方式所知有限

服务企业对于可利用的、广泛多样的促销方式可能知之甚少，可能只会想到大量广告和人员推销方式，而根本想不到其他各种各样适当、有效而且可能花费更少的促销组合。

### 6. 服务本身的性质，可能会限制大规模使用某些促销工具

服务的种类、特定服务业的传统，以及在某些服务种类中对某些促销方法的限制，使得许多促销方法不能自由发挥。例如，广告代理服务企业就极少会使用大众媒体广告。

## （二）由服务本身特点造成的差异

从顾客的观点来看，针对产品促销和服务促销的差异的调查研究很少，但在不多的调查报告中显示：买主对于两种促销的反应有许多类似之处，但还是存在很大的差异。

### 1. 顾客态度

顾客态度是影响购买决策的关键。服务业的非实体性是营销上的一项重要因素，顾客在购买时，往往是凭着对服务与服务表现者或提供者的主观印象，而这种对主观印象的依赖，在购买有形产品时则显得没有那么重要。一般来说，服务被视为比有形产品更为个性化，并且顾客对于自己所消费的服务往往没有那么容易会感受到满意。

### 2. 购买的需要和动机

在购买的需要和动机上，制造业和服务业大致相同。不论是通过购买有形产品还是购

买服务，同类型的需要都可以获得满足。不过，有一种需求对有形产品和服务都是很重要的，那就是"个人关注的欲求"。凡能满足这种"个人关注的欲求"的服务销售者，必能使其服务与竞争者之间产生差异。

### 3. 购买过程

在购买过程中，制造业和服务业的差异较为显著。有些服务的购买被视为有较大风险，部分原因是买主不易评估服务的质量和价值。另外，顾客也往往会受到其他人，如对购买和使用有经验的邻居和朋友的影响。而这种在购买决策过程中容易受他人影响的现象，对服务营销而言，有比较大的意义，尤其是在服务的供应者和其他顾客之间，有必要发展形成一种专业关系，以及在促销努力方面建立一种口碑传播的方式。这两种做法，势必促使各种服务促销努力更为有效。

对组织顾客来说，在其资本设备购买过程和服务购买过程之间存在着显著的不同，一项调查发现，组织对服务的购买通常与下列事项有关。

（1）涉及的组织层级较资本设备购买过程小；

（2）涉及的同一层级的部门数也较资本设备购买为少；

（3）涉及的组织人数较多；

（4）涉及的意见沟通比资本设备购买多。

这项调查结果显示：组织在服务购买上，受到的各种社会性影响力在正式和非正式的两方面都不太大。不过从另一方面看，较低的多样化程度就可能会大大减少影响购买的选择机会。

该调查证实：在购买实物上，非实体性是主要的影响要素，并认为由于一项服务的非实体性，卖方的声誉就变成投标清单的重要考虑因素。另外，在某些情况下，潜在买主必须以商谈的方式解释和回答购买问题。确属所需的细节，都必须经过双方探讨，因为要写出一项服务的严格规格通常非常困难。

## （三）促销组合方式运用的差异

无论是有形产品促销还是服务促销，最基本的促销工具都是广告、人员推销、销售促进和公关宣传，然而在实际运用中，它们的重要性有所不同（见表6-1）。表中的重要性由上到下，依次减弱。

表6-1　促销组合的运用差异

| 消费品促销 | 行业用品促销 | 服务促销 |
| --- | --- | --- |
| 广告 | 人员推销 | 人员推销 |
| 销售促进 | 销售促进 | 广告 |
| 人员推销 | 广告 | 销售促进 |
| 公关宣传 | 公关宣传 | 公关宣传 |

有形产品促销具体分为消费品促销和行业用品促销。对消费品来说，主要强调非人员推销，这是因为目标市场太分散，而广告的特性（有效培养顾客的意识，大量提供企业及产品信息）则决定了它在消费品促销中的最重要作用，人员推销则是行业用品促销的主要方式，行业用品市场的特性（例如，顾客地域的高度集中与大的单次购买量）决定了人员推销的重要性。特别当有形产品是为特殊的行业顾客设计，而且在销售计划和实际购买之间有一段相当长的时间时，人员推销更加重要。销售促进在这两个市场中具有同等重要程度，但这并不意味着广告在产业用品市场促销中不重要，而人员推销在消费品市场促销中不重要，这只是一个重要程度相对强弱的问题。

对服务业而言，由于更多地强调互动性，销售人员与顾客接触频繁。服务越复杂，就越需要提供准确信息，回答顾客的各种问题，讨论其他可行的方案，因此，对大多数服务行业来说，人员推销的沟通作用最重要。人员推销是刺激潜在服务购买者消费服务的最佳手段，随着服务的个性化发展，这种趋势还在不断加强。同时，广告也是服务业的重要促销工具，特别是由于互联网近年来的高速发展所带来的网络广告的兴起，它对吸引注意力和刺激购买兴趣的作用不容忽视。在服务业中，销售促进和公关宣传则起着相对来说比较次要的作用。

# 第二节　服务促销策略

促销策略是指企业如何通过人员推销、广告、公共关系和营销推广等各种促销手段，向消费者传递产品信息，引起他们的注意和兴趣，激发他们的购买欲望和购买行为，以达到扩大销售的目的。企业将合适的产品，在适当地点、以适当的价格出售的信息传递到目标市场，一般是通过两种方式：一是人员推销，即推销员和顾客面对面地进行推销；另一种是非人员推销，即通过大众传播媒介在同一时间向大量消费者传递信息，主要包括广告、公共关系和销售促进等多种方式。这两种推销方式各有利弊，起着相互补充的作用。

服务促销组合的构成要素可以从广义和狭义两个角度来考察。就广义而言，市场营销组合中的各个因素都可归入服务促销组合，诸如服务的质量、价格都传播了某些信息。就狭义而言，服务促销组合只包括具有沟通性质的促销工具。主要包括各种形式的广告、服务现场展示、劝诱工具（竞赛、奖券、消费代金券）以及宣传等。一个服务组织的促销措施，可以包括其中的任何一项要素或涵盖全部几项要素，各要素之间也有多种组合方式。作为促销工具，每一个都有或多或少的可取之处，当一个服务组织的目标发生变化时，它的促销组合也会发生相应的变化。因此，营销人员应该针对不同促销工具的优势和特点进行有效的促销。

# 一、人员推销

人员推销是指服务企业通过推销人员直接向顾客进行推销，说服顾客购买其服务产品的一种促销方式。这种方式尽管古老但是十分有效，在现代市场上仍占有着其他促销方式无法取代的地位，发挥着重要作用，始终是现代企业开拓市场不可或缺的重要手段。

## （一）人员推销的优势和特点

### 1. 信息传递的双向性

人员推销是一种双向沟通的促销形式。在推销过程中，一方面，推销人员必须向顾客宣传介绍服务产品的形式、质量、功能等，为顾客提供有关服务产品信息，达到促进销售的目的；另一方面，推销人员还必须通过与顾客的交谈，了解顾客对企业及所推销服务产品的态度、意见和要求，在推销过程中不断地收集和反馈信息，为企业的经营决策提供依据。

### 2. 推销目的的双重性

人员推销的目的不仅是为了推销服务产品，还要帮助顾客解决问题，与顾客建立长期合作关系。因此，它具有推销商品和建立合作关系的双重目的，并且这二者是相互联系的。

### 3. 满足需求的多样性

人员推销活动中，不仅要通过推销商品，满足顾客对服务商品的使用价值的需要，而且通过宣传介绍产品，满足顾客对产品信息的需要；通过售前、售中、售后的服务，满足顾客对服务和技术方面的需要；通过文明经营、礼貌服务，满足顾客心理精神上的需求。

### 4. 推销过程的灵活性

人员推销过程中，买卖双方当面洽谈，易于形成一种直接、友好的相互关系。推销人员可以通过交谈和观察，掌握顾客的购买动机，有针对性地从某个侧面介绍服务产品的特点和功能，抓住有利时机促成交易；可以根据顾客的态度和特点，有针对性地采取必要的协调行动，满足顾客的需要；如果顾客对于服务有什么不满意，推销人员还可及时发现，进行解释，解除顾客的疑虑，清除顾客的不满意感。

### 5. 推销成果的有效性

人员推销过程是推销人员将服务产品"推"给顾客的过程，通过面对面的查看服务质量、议价、谈判来达成交易，使促销人员和顾客之间建立起长期的关系，比非人员推销更具有人情味，因而常能当场成交，成功率较高。

正如广告一样，人员推销的原则、程序和方法，在服务业和制造业的运用大致类似。例如，销售工作必须予以界定；应该招募合格的推销员并加以训练；应该设计并执行有效的奖酬制度；对销售人员必须予以监督和管理等。虽然各种主要项目的工作大致类似，但在服务市场上，这些工作和活动的执行手段则与制造业市场有很大的差异。其中一个显著的差异是，在某些服务业市场，服务业者可能必须雇用专门技术人员而不是专业推销人员来推销其服务。另外一个差异则与服务业特征（如非实体性）所造成的广告上的问题一样，这些特征也使得对推销人员的资格有不同的要求。例如，对人寿保险业中顾客"如何看待服务的购买""购买服务时的行为"以及"购买服务与有形产品有何不同"等观点（见表6-2）的调查，反映出推销服务比推销有形产品更加困难。

**表6-2　推销产品和推销服务的差异**

| |
|---|
| 1. 顾客对服务购买的看法 |
| ①顾客认为服务业比制造业缺乏一致的质量 |
| ②购买服务比购买有形产品的风险高 |
| ③购买服务似乎总有比较不愉快的购买经验 |
| ④服务之购买主要是针对某一特定卖主为考虑对象 |
| ⑤决定购买一项服务时，对该服务企业的了解程度是一个重要因素 |
| 2. 顾客对服务的购买行为 |
| ①顾客对于服务不太做价格比较 |
| ②顾客对于服务的某一特定卖主给予最多关注 |
| ③顾客受广告的影响较小，受别人介绍的影响较大 |
| 3. 服务的人员推销 |
| ①在购买服务时顾客本身的参与程度很高 |
| ②推销人员往往需要花费很多时间说服顾客做出购买决策 |

资料来源：William R. George and T. A. Myers. Life underwriter perceptions of differences in selling and services [ J ]. *CLU Journal*, *April*, 1981, pp. 44-49

　　虽然这项研究报告是关于人寿保险服务业的，但其调查结果与已发表的其他服务业的营销调查报告相同。可见服务营销中人的接触的重要性和人的影响力已经被普遍认同。因此，人员推销与人的接触已经成为服务业营销中最受重视的因素。还有调查报告显示，服务购买所获得的满足往往低于对有形产品购买的满足。此外，购买某些服务往往有较大的风险性。因此，服务业比制造业更应该采取一些降低风险的策略。总之，以上调查结果对于服务企业促销措施的取舍和调整必将有所帮助，而对于人员销售则更有帮助。这些调查结果肯定了一件事情，即服务业市场的正式销售人员比产业市场的更重要。而所谓的推销人员定义则是较为广义的，其责任也较为重大。

### （二）人员推销的原则

　　在服务业背景下，服务业的人员推销有许多指导原则。

#### 1. 发展与顾客的个人关系

　　服务企业员工和顾客之间，良好的个人接触，可以使双方之间相互满足。服务企业以广告形式表达对个人利益的重视，必须靠市场上真实的个人化关心来协助实现。

### 2. 采取专业化导向

在大多数的服务交易中，顾客总相信卖主有提供预期服务结果的能力。在顾客的心目中，销售人员必须是一个地道的专家。

### 3. 利用间接销售

以下三种间接销售形式可以采用：（1）推广和销售有关产品和服务，并协助顾客更有效率地利用现有各项服务，以创造延伸需求。例如，航空公司可销售"假日旅游服务"。新加坡航空公司以及旗下全资区域子公司胜安航空，与新加坡樟宜机场集团（CAG）合作推出假日旅游超值套餐，展现新加坡最精彩一面。新加坡过境随意行为新航及胜安航空的旅客提供更为优惠的酒店、交通及主要游览景点套餐选择。新加坡过境随意行套餐包括酒店住宿、免费的机场与酒店间接送服务、新航观光巴士无限制乘坐以及14个主要景点的免费门票比去年新增6个。旅馆业销售"当地名胜游览"，电力公司销售"家电产品"以提升用电量。（2）利用公断人、意见领袖与见证人以影响顾客的选择过程。在许多服务业，顾客必须依赖他人给予协助和建议，如保险代理业、旅行社、投资顾问、管理顾问咨询。（3）自我推销。这种方式在某些专业领域，使用的相当普遍，包括较为非正式的展露方式，如对公众演讲、参加社区事务、参与各种会议讨论。

### 4. 建立并维持有利的形象

有效的市场营销依赖良好形象的创造和维持，人们和公司虽然会发展成各种各样的形象，但市场营销活动（如广告、公共关系）所试图达到的，是要发展出一种希望被人看到的个人或公司的形象，而且要与顾客心目中所具有的形象相一致。消费者对企业及其员工的印象，将直接影响他们的惠顾决策。形象建立和形象维持在服务营销上是一个要素。推销人员的礼仪、效率、关心度和销售技巧，都会影响或提高公司的既有形象。

### 5. 销售多种服务而不是单项服务

在推销核心服务时，服务企业可从包围着核心服务的一系列辅助性服务中获得收益。同时，这也使顾客采购时，较为简易、便利并省去很多麻烦。假期承包旅游服务就是一个明显的案例，即一系列的多种服务可以从顾客的立场合并而成为只需要一次购买的服务。

### 6. 使采购简单化

顾客对服务产品，在概念上可能不易了解。其原因，可能是顾客并非经常购买（如住房），也有可能是因为顾客利用服务是在某种重大情感压力之下（如使用殡仪馆服务时）。在这类情形下，专业服务销售人员应当使顾客的采购简单化。也就是说，以专业方式照顾并做好一切处理工作，并告诉顾客服务进行的过程即可，尽量减少对顾客的要求。

## 【资料链接】6-1

### 华为云的一名销售只用一封邮件就拿下了千万级客户罗振宇的《得到》

华为云的一名销售只用一封邮件就拿下了罗振宇的千万订单，不仅如此，还感动得让罗振宇直接向华为点名要这一名销售员。要知道《得到》用的云服务原来是阿里云的，每年费用高达几千万。让这样一家大客户把国内最大的云服务商给替换掉，并非易事。

这件事情的背景是什么样的呢？

1. 在国内的企业云服务领域，阿里云第一，腾讯云第二，华为云只能排第三。《得到》选择用的阿里云一点问题都没有，相信每个企业在阿里云和华为云两个之间考虑的话，肯定会选择阿里云，毕竟是中国最大的服务商。华为云最近几年虽然势头也较猛，但因起步晚，与老大哥阿里云相比还相去甚远。

2. 华为云之前也一直在说服罗振宇，把得到的数据迁移到华为云上，但罗振宇说："这个事情没法说服我，不可能。因为数据可以说是一家公司的命脉，公司承担不起将之前在阿里云的积累（稳定性、合作关系）放弃，然后把所有数据搬到华为云上去的风险。"确实，换云服务商是一件很大的麻烦事，光耗费的劳力还说，风险也挺大。

直到最近，华为云可能知道了得到正在做ToB的企业服务，一名销售员就给罗振宇发了一封邮件，简直让罗振宇除了华为云无路可选，这封邮件里面主要讲了什么呢？

1. 我们华为云做事情，不是要赚客户的钱，而是要帮助客户赚钱。得知得到正准备做企业知识服务，我们本着为客户服务的思想，在我们服务的客户里面，经过精挑细选、反复筛选，为你们挑选出了一家不错的客户，也帮助得到企业服务在这家客户里面做了工作，他们亟须签约，预算500万，请给我们一个联系人，我们帮你把这件事情促成。

2. 不要有任何顾虑和压力，这跟我们华为云和得到之间的合作没有任何关系，我们仅仅是想把这件事情促成。至于得到和华为云之间的合作，慢慢来，你还可以仔细考虑。

3. 在你们现在的服务商眼中，得到可能只是一家普通的大客户，但在华为云眼中，得到不一样，我们的总裁、副总裁都是得到的忠实用户，他们很关心这个项目的进展，如果我们之间能够有幸合作，我们将调集最优秀的资源和最优秀的人员为得到服务。

4. 你就是拒绝我们100次，我们还会和你进行第101次沟通。凡事慢慢来，不着急。

5. 我们虽然没有"美式装备"，但是在你最需要的时候，我们一定是金刚川上的那座"人桥"。

每一位企业负责人看到这样的销售邮件，相信都很难拒绝，第四、第五点可能是销售人员惯用的套路，但前三点就不是一般的销售能够做到的，第一、第三体现的是极致地为客户服务的思想理念，第二点体现的是格局和胸怀。罗振宇看到这封邮件说："我跟华为签约的所有障碍和顾虑，似乎都被他搬走了，眼前只有一个选择，那就是和华为云签约。"不过后面他还和华为云提了个要求，他想要华为云这名给他发邮件的销售员，不知华为云会不会满足他。

这封邮件可以说是将华为在市场中的生存法则体现得淋漓尽致了，那就是不择手段地为客户服务，真实地为客户着想，倾尽自己所有的能力和资源帮客户解决问题。这样的华为能不强大吗？还会有攻不下的客户吗？

利他，为客户着想，可能是所有销售人员都知道的一点。但不是所有销售能够真正地做到这点，很多销售可能嘴上说着为客户着想，但一旦你的钱进了他的口袋，那可能态度就变样了。估计也只有华为的销售员能够将这一点做到极致。

百事通创始人苏世民曾经说过一句话："解决问题的途径通常在于你如何解决别人的问题。"确实如此，很多时候，当我们真正把别人的所有问题都给解决了，那自己的问题也就迎刃而解了。就像华为云对罗振宇的态度一样，帮你扫除所有顾虑和障碍，并且让你看到合作的美好场景，这样自己的问题不解决都难。

资料来源：www.360doc.com/content/20/1205/10/37253146_ 949596171. shtml

**课堂讨论**

华为云的销售员为什么能够成功说服罗振宇？

## 二、服务广告

广告可以通过其使用的媒介将信息迅速传达给顾客，为他们提供有价值的信息、有说服力的论点和强有力的论证。广告是组织向顾客传递信息的主要手段，并且常常是一个组织促销工作的基石。

### （一）服务广告的指导原则

由于服务业所具有的特征，即生产和消费的无形性、多样性和不可分割性等，使得顾客在购买服务时面临各种困难，并承担较大的风险。因此，服务广告必须有自己独特的，并且可以为促销目标服务的指导原则。

#### 1. 使用明确的信息

服务广告的最大难题在于，要以简单的文字和视听形象传达所提供服务的领域、深度、质量和水准。有些服务广告可以使用图像或符号等来协助传递信息，但有些必须更加详尽地解释其服务（如专业服务业），然而这么做的结果很可能会形成冗长的广告而影响广告效果。从另外一方面来看，也会相应地增加成本。广告代理商因此面临的问题是：如何创造出简明精练的广告语和相关形象，更加贴切地把握服务内涵的丰富性与多样性。

### 2. 强调服务的利益

能引起消费者注意力的有影响力的广告，应当强调服务的利益而不是强调一些技术性细节。强调利益才符合营销观念，也与满足顾客需要有关。不过，需要注意的是服务企业所强调的利益应该与消费者寻求的利益一致。因此，服务广告中使用的利益诉求，必须建立在充分了解顾客需要的基础上，只有这样，才能确保广告的最大有利影响效果。

### 3. 只宣传企业能够提供与顾客能够得到的允诺

使用服务可获得利益的诺言应当务实，而不应提出让顾客产生过度期望而公司又无力实现的允诺。服务企业必须能保证自己有能力实现在广告中的诺言，这对于劳动密集企业较为麻烦，因为这类服务业的表现往往因服务传递者的不同而异。这也意味着有必要使用一种可以确保实现的最低一致标准性能（minimum consistent standards performance）的方法。对不可能完成或维持的服务标准所做的允诺，往往造成对员工的不当压力（如旅馆服务业和顾问咨询服务业）。最好的做法是，只保护"最起码的服务标准"，如果能做得比标准更好，顾客通常会更高兴。

### 4. 对员工做广告

服务业雇用的员工很重要，尤其是在人员密集服务业以及必须由员工与顾客互动才能满足顾客的服务业更是如此。服务企业的员工也是服务广告的潜在对象："由于顾客购买的服务是由员工表现出来的，因此，服务广告者不仅要关心如何激励顾客购买，而且更要激励自己的员工去表现。"

### 5. 在服务生产过程中争取并维持与顾客的合作关系

在服务广告中，营销者面临两项挑战：一是如何争取并维持顾客对该服务的购买；二是在服务生产过程中获取并保持顾客的配合与合作。这是因为在许多服务业中，顾客本身在服务的生产与表现中扮演着相当积极的角色。因此，构思周密的广告总能针对在服务生产过程中如何争取和维持顾客的配合与合作的问题。

### 6. 注重口碑传播

口碑传播是一项营销者所不能支配的资源，对于服务企业及服务的购买选择，却有着较大的影响。服务广告必须注重这一沟通方式的效果，可使用的具体方法有：

（1）说服那些满意的顾客，让他们把自己的感觉告诉其他人。

（2）制作一些资料供顾客转送给非顾客群。

（3）针对意见领袖（opinion leaders）进行直接广告宣传活动。

（4）激励潜在顾客去与现有顾客进行沟通交流。

### 7. 提供有形线索

服务广告发布者应该尽可能使用有形线索作为提示，才能增强促销努力的效果。这种较为具体的沟通展示可以变成非实体性的化身或隐喻。知名的人物和物体（如名人和建筑物）经常可用来为服务提供服务本身无法提出的"有形展示"。

### 8. 发展广告的连续性

服务企业可以通过在广告中持续连贯地使用象征、主体、造型或形象，克服服务业的两大不利之处，即非实体性和差异化。英国的航空公司成功的"fly the flag"标语广告，就得益于连续性的使用。有些品牌和象征变得非常眼熟，顾客甚至可以从象征符号中辨认出是什么公司。一项对于服务企业使用的各种广告主题的研究调查发现，有些主题最突出，即效率、进步、身份、威望、重要性和友谊。

### 9. 解除顾客购买后的疑虑

购买产品和服务的顾客，经常会对购买行动的合理性产生事后的疑虑，就是俗话所说的"后悔"。对于有形产品可通过对产品客体的评估解除疑虑，但对于服务业则不能如此。因此服务营销中，必须在对买主保证其购买选择的合理性方面下更多的功夫，并且应该鼓励顾客将服务购买和使用后的利益转告给其他人。而广告也是达到此目的的一种手段。不过，最好也最有效的方式是在购买过程中，在顾客与服务企业人员接触时，得到体贴的、将心比心的、合宜的和彬彬有礼的服务。这时人员推销方式就显示出其重要性了。

## （二）服务广告的任务

服务广告的主要任务包括以下几点。

### 1. 创造公司形象

包括说明公司经营状况、各种活动、服务的特殊之处、价值等。

### 2. 展示公司个性

塑造顾客对公司及其服务的了解和期望，并促使顾客能对公司产生良好的印象。

### 3. 建立顾客认同

公司的形象和所提供的服务应与顾客的需求、价值观和态度息息相关。

### 4. 引导员工行为

服务业所做的广告有两种诉求对象，即顾客和公司员工，因此服务广告也必须能表达和反映公司员工的观点，并让他们了解，唯有如此，才能让员工支持与配合公司的营销努力。

### 5. 支持业务代表推销

服务业广告能为服务业代表的更佳表现提供有利的背景。顾客若能事先就对公司和其服务有良好的印象，则对销售人员的工作有很大的帮助。

【资料链接】6-2

### 上海迪士尼度假区——每个小孩子心中的童话梦

相信迪士尼这个词在我们心中并不陌生，尤其是在小朋友的心里，它更是一个梦想级的存在。迪士尼出品的每一部动画都堪称经典，从早年设计的米老鼠、唐老鸭到现在的冰雪公主等卡通形象，一直为大众所熟知且仍然处于流行中。因此，迪士尼在业内成了不可超越的神话！

刚刚完工的上海迪士尼度假区近期投放了一则口号为"点亮心中奇梦，开启你的秋日童话"的宣传视频。在视频中可以看到由工作人员扮演的各个时期经典的迪士尼卡通人物和动画里曾出现过的奇幻城堡等卡通元素，还能够和迪士尼公主们进行互动。

广告片通过视频呈现给人们一个现实版的童话世界，让迪士尼游乐园成了人们与童话世界近距离接触的桥梁，满足童年时期自己想要置身童话世界的美好祈愿，借此勾起了人们对童话王国的憧憬，来进行宣传。

## 三、公共关系

### （一）公共关系的特点

服务和有形产品的公关工作没有明显的差异，但在争取报纸期刊评论版面的方式上，公关目标及公关工作对于服务业的重要性方面可能有所不同。不过竞争性公关的内容及诉求都是相同的，而且都具有以下三个显著特点。

#### 1. 可信度

新闻特稿和专题文章往往比直接花钱买的报道具有更高的可信度。

#### 2. 解除防备

公关是以新闻、活动等方式表达，而不是以直接销售的方式，更容易被潜在顾客或使用者所接受。

#### 3. 戏剧化

公关工作可以使一家服务企业或一种服务在沟通中得到戏剧化的效果，以加深相关受众的印象和了解。

### （二）公共关系的任务

公共关系的任务通常被认为是在各种印刷品和媒体上获得不付费的报道，以促销或"赞美"某个产品或服务。目前，随着公关宣传的日益增长，它还有助于完成以下任务。

#### 1. 协助新任务的启动

公关宣传能够帮助服务组织树立一个良好的形象，进而容易使其以一种令人信服的方式向社会推荐新型或风险型的产品或服务，比如，媒体评论与宣传是电影、戏剧等推出新项目的首选手段。在其他服务行业中，宣传在新服务早期接受过程中也会扮演类似角色。

### 2. 建立并维持形象

成为积极的新闻素材能帮助服务组织树立良好的品牌形象。如果服务组织能够作为技术领先者或顾客服务冠军被提及，将有助于在顾客心目中形成高品质、高信誉的形象。

### 3. 处理危机

如果反应及时、处理得当，公共关系能抵消诸如飞机坠毁或食物中毒等事件的负面宣传效应，帮助服务企业度过灾难性危机。

### 4. 加强定位

步入成熟期的组织，通过媒体的经常报道或组织精心策划的公关宣传，有助于顾客保持认知和加强定位。沃尔玛的"天天低价"之所以能如此深入人心，与其公关宣传密不可分。

## （三）公共关系的工具

### 1. 内部刊物

这是企业内部公关的主要内容。企业各种信息载体，是管理者和员工的舆论阵地，是沟通信息、凝聚人心的重要工具。

### 2. 发布新闻

由公关人员将企业的重大活动、重要的政策以及各种新奇、创新的思路编写成新闻稿，借助媒体或其他宣传手段传播出去，帮助企业树立形象。

### 3. 举办记者招待会

邀请新闻记者，发布企业信息。通过记者的笔传播企业重要的政策和产品信息，传播广、信誉好，可引起公众的注意。

### 4. 设计公众活动

通过各类捐助、赞助活动，努力展示企业关爱社会的责任感，树立企业美好的形象。

### 5. 企业庆典活动

营造热烈、祥和的气氛，显现企业蒸蒸日上的风貌，以树立公众对企业的信心和偏爱。

### 6. 制造新闻事件

制造新闻事件能起到轰动的效应，常常引起社会公众的强烈反响。

### 7. 散发宣传材料

公关部门要为企业设计精美的宣传册或画片、资料等，这些资料在适当的时机，向相关公众发放，可以增进公众对服务企业的认知和了解，从而扩大企业的影响。

### （四）公关工作的四项重点决策

（1）建立公共关系目标。

（2）选择合适的公共关系的信息和工具。

（3）执行公关计划。

（4）评估公共关系效果。

这四个重点决策对所有的服务企业都是必要的。许多服务企业都很重视公关工作，尤其是营销预算较小的小型服务企业。公关的好处在于它是获得展露机会且花费较少的方法，而且公关更是建立市场知名度和消费者偏好的有力工具。

## 四、销售促进

销售促进是针对某一事件、价格或顾客群的营销活动，通过提供额外利益鼓励顾客或营销中介做出直接的反应。销售促进对于服务人员特别重要，因为它属于一种短期因素，能用来加快服务的推进、吸引顾客注意力和激励他们迅速采取行动。

### （一）采用销售促进的原因

服务企业在使用销售促进这一促销工具时，通常出于下面的考虑。

#### 1. 需求问题

特别是在需求波动且闲置产能的情况下。

#### 2. 顾客问题

（1）使用该项服务的人不够多。

（2）购买服务的量不够大。

（3）购买/使用之前的选择需要协助。

（4）在付款方面有问题。

#### 3. 产品问题

（1）新服务正在推出。

（2）没有人知道或谈起该服务。

（3）没有人在使用该服务。

#### 4. 中间机构问题

（1）经销商对公司销售的服务未给予足够的注意。

（2）经销商对公司销售的服务未给予足够的支持。

#### 5. 竞争问题

（1）竞争激烈而密集。

（2）竞争的趋势更加激烈。

（3）新服务开发也相互竞争。

与有形产品的销售促进相比，服务企业采用销售促进时应该考虑的特殊因素有两点。其一，由于服务的特征造成的问题，例如，服务不能储存。因此，在销售促进措施的使用上，必须有所注意，如使用高峰折扣定价技巧，平衡服务的数量。其二，某些服务业本身专有的特殊问题，例如，某些销售促进手段的使用，可能涉及道德的限制，或者某一专业团体会认为有些方式太过于冒险。因此，在实践中，销售促进往往经过"伪装"或在其他促销手段的名义下进行。

## （二）销售促进的优点

### 1. 调整需求和供应的波动周期

比如，为保证航空公司和旅馆都有稳定的顾客流，两者可以共同推出一项具有吸引力的假期服务捆绑销售，并以低价格和优质服务来吸引顾客，填充那些可能出现空闲的座位和房间。

### 2. 形成强有力的防御手段

销售促进也可被服务企业用作强有力的防御手段。例如，当某一航空公司通过降低票价来争取客源时，其他竞争者可能会紧急跟进，否则就会面临顾客大量流失的风险。

### 3. 形成新的服务特色

经过认真选择的销售促进手段，可以为服务注入新的内容。有奖销售或竞猜的激情，降价以及特卖的刺激，都能提升顾客对服务的整体感觉。在某些情况下，销售促进甚至能制造轰动效应，帮助组织从竞争者中脱颖而出。最为大家所熟悉的就是麦当劳快餐推出的游戏促销。

## （三）销售促进的技术方法

服务销售人员可以采用六种促销技术来增加顾客对服务的兴趣，刺激他们进行购买。这些方法包括样品赠送、价格/数量促销、优惠券、未来折扣补贴、礼品赠送和有奖销售。

### 1. 样品赠送

它给了顾客一个免费使用服务的机会。比如，信用卡公司可以向信用卡持有人提供信用卡保护计划中的一个月免费试用。

### 2. 价格/数量促销

这种方法如果被顾客理解为短期促销而不是鼓励持续的大额订购，那么应该在一个有限的时间内采用，而不宜作为长久之策。如航空公司像商务旅行人员提供特定航线上的多年通行证，条件是他们在某一特定的时间范围内与航空公司签约。

### 3. 优惠券

这种销售促进的方法主要有三种形式：其一，直接降价，与最初购买者同来的一个或多个顾客可享受折扣或费用减免，或在基本服务的基础上提供免费或有价格折扣的延伸服务（如在每一次洗车时都提供免费的喷蜡服务）。其二，是将优惠券印刷在报纸或者期刊上，或者通过直邮方式发送给顾客。其三，中间商成功地把各种优惠券组合成优惠券博销售，激励购买者使用大量各种各样的服务，包括餐厅、酒吧、电影院和其他服务供应商。

### 4. 未来折扣补贴

它被竞争性的航空公司、酒吧和汽车租赁公司广泛用来保持那些频繁外出旅行人员的品牌忠诚度，他们在加入某一特定的常客计划之前必须签约。

### 5. 礼品赠送

它是一种为了给短暂易流失的服务增加有形要素而提供的特殊促销方式。例如，银行和保险行业提供的服务很难进行差别化，在美国，这些行业就广泛采用礼品赠送。

### 6. 有奖销售

这种方式引入了机会这一要素，如抽签中奖。它可以被用来有效地增加顾客对服务经历的参与和兴奋感，最终目标是为了鼓励顾客增加对服务的购买和使用。

根据促销对象的不同，网上促销策略可分为消费者促销、中间商促销和零售商促销等。本文主要是针对消费者的网上促销策略。

## 五、促销新工具——利用互联网进行服务促销

### （一）网上折价促销

折价亦称打折、折扣，是目前网上最常用的一种促销方式。有关数据显示，近年来网民在网上购物 的热情持续高涨，网上商品或者服务的价格一般都要比传统 方式销售时要低，以吸引人们购买。比如，我们看到很多团购网站经常在网上进行折价促销，在这类例子中，美容美发店以及航空公司最为典型。

### （二）网上变相折价促销

变相折价促销是指在不提高或稍微增加价格的前提下，提高服务的品质数量，较大幅度地增加产品或服务的附加值，让消费者感到物有所值。由于网上直接价格折扣容易造成降低了品质的怀疑，利用增加商品附加值的促销方法会更容易获得消费者的信任。

### （三）网上抽奖促销

抽奖促销是网上应用较广泛的促销形式之一，是大部分网站乐意采用的促销方式。抽

奖促销是以一个人或数人获得超出参加活动成本的奖品为手段进行商品或服务的促销。

### (四)积分促销

积分促销在网络上的应用比起传统营销方式要简单和易操作。网上积分活动很容易通过编程和数据库等来实现，并且结果可信度很高，操作起来相对较为简便。积分促销一般设置价值较高的奖品，消费者通过多次购买或多次参加某项活动来增加积分以获得奖品。例如，被大家熟知的电信公司经常在网上营业厅推出这样的活动：积分兑换服务业务，通过这项业务可以保留很多的老顾客继续购买其服务，也会吸引新的顾客，实际上也是一种促销形式。

### (五)网上联合促销

由不同商家联合进行的促销活动称为联合促销，联合促销的服务可以起到一定的优势互补、互相提升自身价值等效应。如果应用得当，联合促销可起到相当好的促销效果，如网络公司可以和传统商家联合，以提供在网络上无法实现的服务。

以上五种是网上促销活动中比较常见又较重要的方式，其他如节假日的促销、事件促销等都可从以上几种促销方式进行综合应用。但要想使促销活动达到良好的效果，必须事先进行市场分析、竞争对手分析以及网络上活动实施的可行性分析，与整体营销计划结合，创意地组织实施促销活动，使促销活动新奇、富有销售力和影响力。

服务企业是现代很多企业中的一种特殊形式，服务企业的促销策略和其他传统企业有很多类似之处。简单地说，服务促销策略就是如果一个服务企业打算进行促销活动，那么它依据自身的条件所做出的促销方式的选择（可能是一种促销方式也可能是几种促销方式的组合）。现代服务企业运用促销组合来接触中间商、消费者及各种公众；中间商也可以运用一套组合来接触消费者及各种公众；消费者彼此之间、消费者与其他公众之间则进行口头传播；同时，各群体也对其他群体进行沟通反馈。

---

**【资料链接】6-3**

#### 京东手机"真香"服务

借助网络流行元素和一些很火的梗来做文章是当下很多品牌的创意营销特点，京东手机的"真香"服务很明显脱胎于网络知名表情包"真香"和其来源王境泽。网络上盛行的"真香"梗其意思是"发誓绝不做某事但最后还是做了，并对此发出赞叹和认同的态度转变"。借助这个梗的热度，京东手机推出了"真香"服务，为了将借梗和"蹭热度"进行到底，京东手机和邀请来王境泽合作拍摄了关于"真香"的视频广告，演绎了生活中手机碎屏、想要以旧换新、想随时退货的一些问题，而广告主要体现的正是京东手机为消费者提供的碎屏保、以旧换新、7天无理由退货这三大"真香"服务，表达出凭借着优厚周到的售后服务能够让消费者在不好的消费体验后能够通过售后服务来"打脸"。

"真香"服务借助热梗的话题度和王境泽本人的出镜成功引起了众多网友的关注，而其广告内容也切中了很多消费者的内心诉求，其突出的"真香"服务针对这些诉求提供了非常周到优良的售后服务解决方法，让消费者打消了关于产品的许多后顾之忧，能够更加放心地进行产品体验和消费，从而增强消费者对京东手机的好感与信赖。

资料来源：https://www.haitaoseo.com/495227.html，2019-09-22

# 第三节　服务促销评价

本节我们要学习怎样对服务促销进行评价，对于服务促销的评价可以理解为对于服务促销策略、组合的选择的评价，也就是说我们要考虑服务促销策略过程的合理性以及服务促销策略的目标是否达成，或者多大程度的达成目标。当然对于服务促销进行评价的目的不仅在于单纯地评价一个服务促销策略，更重要的是我们要能从一次促销活动中学到其优点，改正其不合理的地方以指导以后的促销活动。在实际进行服务促销的评价过程中，我们需要了解的内容有影响促销设计的因素、有效促销管理的原则以及各种具体的促销策略的评价方法。一个服务促销活动只有当其在进行选择促销策略、组合时考虑到各项影响促销设计的因素，并且符合有效促销管理的原则时才是有效的服务促销。

## 一、影响促销设计的因素

在选择了一项服务促销方式后，营销人员面临着具体促销活动的设计问题。一般而言，以下六个要素是营销人员设计促销活动时必须考虑的。

### （一）产品范围

这一项解决的是应当对哪些特定的服务或者辅助性的商品进行促销的问题。如果促销的目的是防卫性的，就应当对那些面临竞争压力的服务进行促销；如果促销的目的是吸引顾客，就可能是对那些低风险、低价格的服务进行促销，以吸引顾客，不然，他们就会成为其他服务交叉销售的对象；如果目的是在竞争对手中主动进攻，就可能要照这样一种产品（如6个月的储蓄存单）进行促销，它可以让服务营销人员与顾客建立一种更长期的关系。

### （二）市场范围

这个因素考虑的是促销活动是在所有市场上进行还是在有选择的市场上进行。考虑到所存在的价格歧视问题，服务营销人员在这方面比有形产品的营销人员拥有更多的弹性空间。尽管一个酒店连锁集团可以通过开展定期的全国性的促销活动来建立统一的企业形象，但是也应看到，在单个市场上存在着开展不同水平的价格促销的需要。此外，服务营销人员可以把一次促销活动限制在某一特定的消费人群范围内。

与顾客之间有着会员关系的服务企业能够追踪每一个顾客对服务的使用情况，并且以使用服务的数量、时间、地点和其他使用类型为标准来开发细分市场。市场细分方案也可以把企业首次签约或以后续约时收集的顾客概况作为依据。

### （三）促销价值

这是指服务营销人员设计促销计划时必须考虑提供给顾客什么样的价值与形式。一些促销活动（尤其是数量或价格促销）提供给顾客的是一定的现金价值，即以较低的价格提供同样的服务；另外一些促销活动提供给顾客的是一种延迟价值，通常与所促销的服务价格没有联系，即以同样的价格提供更多的服务。

服务营销人员在决定提供给顾客的价值形式和水平时，必须考虑顾客的偏好、成本与促销目标。当顾客对服务的使用差异很大时，可以提供不同价值的奖励。以飞行的里程数、入住酒店的天数、信用卡应付款项的金额水平作为依据的促销活动就是很好的例子。

任何促销活动都包含着一定的价格折扣。服务营销人员应当认识到顾客对此的反应可能随促销种类的不同而不同，但不可能是线性的。例如，10%的价格折扣的促销所带来的销售量的增加不一定是5%的价格折扣所增加的销售量的两倍。

### （四）促销时间

设计促销活动还应该明确的一个问题就是时间。什么时候？多长时间？频率多少？这是关于促销的三个重要问题。任何促销的时间长度都应该考虑目标顾客的购买周期、企业提供的促销价值以及竞争对手的压力。以平衡需求为目的的服务促销时间的设定，应当减小而不是加剧销售的周期性变化。此外，在促销活动中引入"出其不意"这个要素是有利的。这样精明的顾客就不会因为等待一次预期的促销活动而推迟购买。

### （五）受益对象

由于促销是用来影响或者强化顾客行为的，因此，选择正确的细分市场就显得尤其重要。有时候，不一定是服务的使用者本人付钱，商务旅行人士使用的酒店和交通服务就是如此。向那些每天不享有固定津贴的人提供价格折扣产生的吸引力可能有限，因为节省的钱并不属于个人。航空公司和酒店已经通过常客计划对这种情况做了巧妙的应对，因为常客计划奖励的是旅行者个人而不是公司；但有的公司坚持认为所有的空中常客奖励都属于公司，应用于将来的商务旅行。

### （六）竞争防卫

最后一个要素是设计一种能够提供独特竞争优势的促销活动，许多服务企业在设计促销活动时发现很容易被对手模仿。因此，需要设计一种防卫竞争的促销活动，如活动非常复杂以至于无法迅速模仿，或者与一个或多个著名企业进行排他性联合促销，这样其他企业就不可能直接复制这种计划。

## 二、有效促销管理的原则

随着服务竞争的加剧，服务营销人员对服务促销的运用正在迅速增加。为了使促销更好地为企业的整体营销服务，避免人力、物力、财力的浪费，营销管理者必须考虑以下促销管理的原则。

### 1. 规划促销策略

服务营销人员需要对服务促销活动进行详细规划，应该有计划地选择对哪些服务，在什么时间、什么地点在哪些市场上促销，促销的目标以及使用的促销技巧和手段，而不是仅仅依靠采取无差异的促销作为对竞争者的反应，从而确保促销活动的统一协调性和多样性。

### 2. 限制促销目标

服务营销人员应该正确看待促销的效果，不应该过分夸大一次促销活动可能实现的目标。如果服务促销人员在一次促销活动中强调达到多个目标，往往会适得其反。任何一次既定的促销活动都应当有选择性地集中于一两个目标，以使其产生最佳效果。

### 3. 限制促销时间

服务营销人员希望每一次促销活动都能引发特定顾客的即刻购买行为，这就要明确限定活动的截止日期。例如，航空公司的机票在进行促销时一般都会有明确的活动截止日期。无限期的促销不但会降低消费者的购买积极性，而且还会被竞争者效仿，从而可能成为服务供给的一个组成部分，这样促销就成为一个永久性的成本中心而不是收益来源了。

### 4. 联合促销

服务营销人员通过同时对几种自有服务进行促销组合或加入其他企业的力量，常常能够有效地利用它们的促销资源并设计出影响更大、效果更好的促销活动方案。例如，航空公司可以与酒店联合举行有奖销售，提供度假服务包。联合促销常常会给顾客带来惊喜，并且双方都可以从对方的参与中获利。服务企业还可以与有形产品企业联合促销，借助其在产品市场中的有利资源接触到新的消费者。

### 5. 搭配促销

随着越来越多的企业对促销活动的利用，关于促销的声音日益增加。服务企业可以通过搭配使用几种促销技巧来制造爆炸性的活动。例如，签约返利，提供折扣券，并同时进行销售。在淘宝、天猫的双十一购物节时，消费者既可以享受到较低的价格，又可以在选好商品的基础上满额减款。

### 6. 激励分销渠道

最有效的促销能够通过激励销售渠道中各方（顾客、促销人员、中介机构等）来同时创造"推"和"拉"的效应。例如，服务企业可能针对顾客采取抽奖活动，同时对于其他两方则提供着相似主题的奖品结构和销售竞赛活动。

### 7. 平衡创新与简易的关系

服务促销活动的设计应该既考虑创新性，以便从众多的促销活动中脱颖而出，吸引顾客的目光，又必须考虑简易性，使其容易被顾客理解与尝试，最终有利于服务企业的发展。

### 8. 评价促销效果

服务营销人员必须衡量每次促销活动产生的效果，比较促销前后销售量的差异，检验是否达到了原先既定的促销目标，如果与计划产生差异并要分析产生差距的原因，为将来的促销活动积累经验与基础。

在实际管理工作中，当促销职能成营销部门常规工作时，人们往往只记得通过促销把商品卖出去或者把服务推销出去，而忘记促销是为了凸显商品或服务的价值。消费者需求是多方面的，既是理性的，也是感性的，服务促销活动需要满足客户的这种心理需求。促销管理也与一般管理有相通性，需要明确目的、制订计划、过程管理、结果评价。缺少一个环节，都会造成促销的浪费和无效。

## 三、服务促销策略的评价

在对各项服务促销策略进行评价时，一般会考察服务促销的方案是否合理有效，以及促销活动成本与收益的关系等要素，也就是服务促销方案评价和服务促销效果评价。

### （一）促销方案评价

对促销方案的评价是指要评价一个服务促销方案整体的设计是否合理、在预期时间内是否达到服务促销目标、对于各种服务促销组合的运用比例是否合理以及在执行某项服务促销方案时的具体行动是否及时有效等。概括地说就是评价促销目标、评价促销方法、评价促销要素、评价行动计划。在具体的评价过程中就要考虑该项促销方案有没有参考我们在上一个知识点所讲的多种影响促销设计的因素，以及这个方案在整体上是否符合有效促销管理的原则。

### （二）促销效果评价

促销效果评价分为市场评价指标和经济效益评价，其中市场评价指标又有以下三种具体的指标：销售额/量，参与者人数，试用者人数。经济效益评价最常用的工具是促销利润评价，促销利润评价除了可以显示促销活动的效益和促销工具的价值以外，还有一个很重要的作用，即它能为服务企业的经营决策提供依据，指导企业的经营活动，使服务企业的经营管理数量化。

当然我们对服务促销策略进行评价的目的不仅在于只是考察以上一些因素，以及一些指定的标准。更近一步，我们需要对评价的结果进行记录。比如说，在进行评价促销目标时，我们要考察目标是否达成、在多大程度上达成，若是和预期促销目标有差距，则要分析为什么没有达成的原因，或者在以后的促销活动中应该采取什么措施来减少差距的产生。这种作用就如同管理学中所说的控制职能的作用一致，在评价的基础上找出原因、分析原因、最终会促成服务促销目标的达成。

## 本章习题

### 一、判断题

1. 在常见四种服务促销方式中，销售促进和公关宣传起着比较主要的作用。（　）
2. 服务企业的员工也是服务广告的潜在对象。（　）
3. 如果反应及时、处理得当，广告可以帮助服务企业更好地处理危机。（　）
4. 通过销售促进可以调整服务需求和供应的波动周期。（　）
5. 以平衡需求为目的的服务促销时间的设定，应当减小而不是加剧销售的周期性变化。（　）

### 二、单选题

1. 研究者发现了沟通中存在的四个潜在难题中，最显而易见因而也最容易克服的是（　）。
   A. 语言的差异　　　　　　　　B. 非语言行为的差异
   C. 价值观的差异　　　　　　　D. 思维过程的差异
2. 广告代理服务企业极少会使用大众媒体广告，这说明在服务促销中要考虑（　）。
   A. 竞争的性质　　　　　　　　B. 服务企业的规模
   C. 服务本身的性质　　　　　　D. 专业和道德限制
3. 对大多数服务行业来说，最重要的促销工具是（　）。
   A. 广告　　　　B. 销售促进　　　　C. 人员推销　　　　D. 公关宣传
4. 服务企业举办记者招待会，通过记者的笔传播企业重要的政策和产品信息，这种促销方式是（　）。
   A. 广告　　　　B. 销售促进　　　　C. 人员推销　　　　D. 公关宣传
5. 下列哪一点不属于销售促进的优点（　）。
   A. 调整需求和供应的波动周期　　B. 建立并维持形象
   C. 形成强有力的防御手段　　　　D. 形成新的服务特色

## 三、问答题

1. 服务促销与有形产品促销有哪些异同？
2. 服务业促销组合策略有哪些？
3. 服务业人员推销的特点及推销人员的任务是什么？
4. 服务业广告促销策略的目标是什么？
5. 如何理解公共关系在服务促销中的作用？
6. 服务业有效促销管理的原则有哪些？
7. 进行服务促销设计时需要考虑哪些因素？
8. 结合自己的实际经历，谈谈在服务沟通中企业都实施了哪些促销策略。

## 四、分析案例

### 世界上最好的工作

很多旅游地还在用铺天盖地的硬广告来宣传迷人的风景时，澳大利亚旅游业已经早早地意识到，在这个社交媒体高度发展的时代，用户更看重的是来自用户之间互相分享的更为真实的信息，而不是官方发布的几张死板的宣传照片。也就是说，由使用者创造的信息（UGC）是非常重要的，澳大利亚对使用者创造的信息利用得非常好，使用多种方式对UGC进行管理，如"无与伦比的澳大利亚"活动，在网站上邀请到过澳大利亚旅游的游客把他们的经历上传到这个网站上，包括他们的博文以及照片视频等，形成这样一个网站，让旅行者共建了一张旅行地图，这个活动在一个月之内就吸引了上百万游客的点击。

除了自身网站以及为一些活动建立专门的网站营销之外，澳大利亚旅游局等还利用全球最有影响力的各类社交媒体进行旅游目的地的营销。

#### 1. YouTube："世界上最好的工作"——全球性的社交媒体病毒式营销

"当选者不但可以每日与白沙、碧水、艳阳为伴，还能享受半年15万澳元的高薪。看护员将从2009年7月1日至2010年1月1日期间在汉密尔顿岛工作。工作的主要内容是探索大堡礁各个岛屿，每周通过更新博客和网上相册、上传视频、接受媒体采访等方式，向外界报告自己的探奇历程。看护员还需要喂海龟、观鲸鱼，并担任兼职邮差，这可以让他或她有机会乘坐水上飞机从高空俯瞰大堡礁美景。另外，还有帆船航行、潜水等多项活动。"

大家还记得这个"招聘广告"吗？没错，这就是澳大利亚昆士兰旅游局2009年引发全球热议的大堡礁岛主全球招募。这次的招募与YouTube紧密合作，借助YouTube在全球范围巨大的影响力，实现了口碑和病毒传播，最终让昆士兰旅游局收获了3.5万份申请以及全球对大堡礁的关注。

这一由澳大利亚机构Cummins Nitro设计的事件，已经被包括英国路透社在内的知名媒体评为2009年堪称经典的网络营销案例。现在澳大利亚的旅游线路已经把昆士兰作为一个必游的项目。

2013 年，澳大利亚旅游局再一次启动"Best Jobs in the World"活动，由之前成功当选"岛主"的 Ben Southall 担任宣传大使，主要目的是吸引全球的打工度假者选择澳大利亚作为他们的目的地。

活动的主要传播渠道有 YouTube 和 Youku 等视频网站的宣传视频、Facebook 官方页面以及电子报。这次活动吸引了来自 196 个国家的 33 万参赛者。

参赛者需要递交 30 秒的视频，经过筛选，有 18 位进入面试，最后，有 6 位参赛者赢得了"全世界最棒的工作"，将获得 10 万澳元的薪酬以及签订 6 个月的合同。他们作为玩乐达人、内陆冒险家、森林看护员、野生动物看护员、时尚摄影师和美食家，分别在澳大利亚的 6 个主要地区工作，并且通过澳大利亚官方旅游网站以及个人的社交媒体来分享他们在澳大利亚的精彩生活。

在活动举办期间，澳大利亚旅游局打工度假者的 Facebook 主页从 15 万粉丝增长到 47 万粉丝，全世界的年轻人都希望到澳大利亚体验良好的气候和美丽的风光。

### 2. Instagram：Great Tassie Instagram Journey

2013 年，塔斯马尼亚旅游局发起名为"Great Tassie Instagram Journey"的活动。活动聚集了 9 位在 Instagram 极具影响力的用户，环游塔斯马尼亚 8 天，他们在旅途中及时更新 Instagram 中的照片，在 Instagram 发布的几百张照片吸引了超过 200 万 Instagram 的关注。另外，塔斯马尼亚旅游局还在 Instagram 上设有官方账号@ DiscoverTasmania，鼓励用户将在塔斯马尼亚拍摄的照片标注#DiscoverTasmania 的标签，以便强调这些照片的拍摄地。

塔斯马尼亚旅游局的局长 John Fitzgerald 说，景点在社交媒体中的曝光带来了无法估量的价值。通过社交媒体宣传旅游地的优势之一是成本低廉但是能产生丰富的内容。人们通过社交媒体向亲友做出推荐，增加旅游景点的吸引力。所以，我们为塔斯马尼亚找来世界各地的旅者，让他们通过社交媒体分享他们的故事。

### 3. Facebook："FUN PHOTO FRIDAY"

每周五晚上他们会在网站上举行一个摄影比赛。这个比赛在 Facebook 上叫"FUN PHOTO FRIDAY"，去过澳大利亚的游客可以把自己在澳大利亚旅游时的照片贴在他们比赛的页面中，Facebook 跟微博微信有很大的区别是，当我关注某项活动时，我的朋友都可以看见我在参加这项活动，这样一来影响的范围就会更广。

在收获由社交媒体带来的巨大成功之后，澳大利亚国家或者地方旅游局一直致力于通过社交媒体，借助口碑营销和视频营销来提升民众对澳大利亚旅游业的关注度。

资料来源：https://www.sohu.com/a/115153121_ 461506

问题：案例中的澳大利亚旅游业营销对于全域旅游营销有哪些启示？

## 五、应用训练

在实际生活中找出一个自己感兴趣的服务企业，利用本章所学知识为这个服务企业设计一个促销策略，在设计这个促销策略的同时要考虑到本章所提及的各种因素。

# 第七章　服务人员

**学习目标**

理解服务人员的特点；掌握服务人员的类型；理解并掌握内部营销的概念；了解内部营销的重要性；了解内部营销活动的实施；理解服务人员管理的内容；理解服务人力资源管理策略。

**导入案例**

## 不同的服务　不同的感受

Greg 自认为他计划得万无一失，他为从机场到火车站留出了两个小时的时间。从机场到火车站，乘公共汽车只需 30 分钟，两个小时显得绰绰有余。即使是飞机稍微晚点一会儿，他仍然有一定的时间余量。可是不幸的是，Greg 乘坐的飞机比预定的时间迟到了近一个小时，当 Greg 狂奔至汽车站时，发现他刚好错过了上一辆汽车，而下一辆汽车要等 20 分钟以后才发车。然而，当 Greg 用绝望的声音向汽车调度员解释其困境后，意想不到的事情发生了。汽车调度员告诉 Greg，他本人也曾遭遇过类似的困境，故他申请了一辆备用汽车并建议司机将 Greg 先生直接送到火车站。幸亏汽车调度员的同情与及时处理，Greg 在发车前 5 分钟到达了火车站。Greg 牢牢记住该公共汽车公司的名字，发誓一定要将这次经历告诉他人，将他所得到的伟大的服务传播给大众。

请把 Greg 的经历与 Cindy 的经历进行对比。Cindy 走进她的财务计划人的接待室，比约定的时间提前了 10 分钟。财务计划人的秘书正专注地与朋友在电话里聊天，当 Cindy 表明自己的来意后，她厌烦地瞪了 Cindy 一眼，冷冰冰地抛出一句 "Portfolio 先生一会儿就会见你"后，就继续与她的朋友聊天。Cindy 挪开等候区域长椅上的报纸和杂志，腾出一个位子坐下。10 分钟过去了，20 分钟过去了，30 分钟也过去了。偶尔，Cindy 也用目光与秘书交流一下，希望她能处理一下这件事情，至少也应对此次耽搁做出解释或道歉。当 Cindy 自己站起来去倒一杯咖啡时，秘书竟然忘了给她递只杯子。尽管 Cindy 不愿偷听，但她还是听了一些秘书在电话里的评论，评论夹杂着对 Portfolio 先生的尖锐评价，还不时介入一些亵渎与不敬。最后，Cindy 终于厌倦了如此无限期的等待，且秘书的通话内容也令她极为不舒服，Cindy 走近秘书，再次质询此次耽搁的原因。秘书丝毫未掩饰对再次被打断的不满，冲 Cindy 叫道："他会尽快来见你的。"尔后，又继续其有趣的聊天。Cindy 忍无可忍，恳求道："您知道大概什么时间可以吗？"不悦的秘书连眼皮都没抬一下，挖苦道："我怎么知道？我仅在这儿工作。"Cindy 转身就走，再也没回来过。

Greg 与 Cindy 所经历的一切，皆生动形象地表明：顾客对服务组织的感知或反映，受到服务员工的极大影响。

资料来源：杜兰英，芦琼莹. 服务营销[M]. 武汉：华中科技大学出版社，2011.

服务营销组合中"人"的要素应得到特别的强调。服务性行业是人的产业，人是任何服务营销策略及服务营销组合中一个不可缺少的要素。服务企业人员素质的重要性明显超过了生产制造业，自然应受到企业的高度重视。应把人员看作营销组合中的一个独立元素，把适宜程度的关心指向他们，激励和奖励他们做出企业所希望的贡献，使其行动最大化推进企业服务营销计划。

# 第一节　服务人员的重要性

## 一、服务人员的概念

服务人员在所有服务企业的服务生产与营销中，扮演了一个相当独特的角色，尤其是在没有实物产品作为证物，顾客仅能从员工的举动和态度中获得企业印象的情况下，更具有很深刻的含义。服务业公司与制造业公司的一大区别是，顾客所接触的服务业人员的主要任务是实现服务，而不是营销服务。在工业产品市场，顾客与操作层次的接触很少，对于整个产品的提供，顾客不可能有任何责任。但在服务企业，向顾客提供服务的过程就是生产过程，顾客需要与员工同时参与。服务企业的绝大多数员工，都与顾客有某些形式的直接或间接的接触，他们的态度对服务质量有很大影响。制定一项顾客服务政策，需要企业全体员工对顾客服务做出承诺，还要了解顾客究竟需要什么服务。建立顾客忠诚，有赖于全体员工的高度责任感和合作精神，因为它直接影响顾客对产品的态度和接纳程度。

从传统意义上讲，似乎只有与顾客直接打交道的员工才会对顾客产生影响。实际上绝非如此。提供服务及负责对外工作的员工常常与顾客打交道，通过留意、帮助顾客，他们能得到顾客的信任与尊重。他们的确是在直接为建立顾客忠诚做贡献。而从事技术工作的员工则不然。他们很少能见到顾客，更别说与顾客交谈了。但是如果他们能将本职工作做好，确保顾客购买的产品和服务运转良好，顾客就会满意并且再次合作。可见，技术人员同样对建立顾客忠诚做出了贡献。否则，就会对顾客产生负面影响。例如，若电信的通信传输网检修维护不及时，经常使顾客的电话通信联络出现故障，就会损坏电信企业的整体形象。因此，这些服务人员有效地完成其工作任务就很重要。高效的工作有赖于对顾客需求的高度重视，必须让技术人员也充分了解到个人贡献与让顾客满意之间的联系，并告诉他们如何才能使顾客满意。

## 二、服务人员的类型

### （一）按接触顾客频繁程度和员工参与常规营销活动的程度分类

把员工看作营销组合的一个元素，本质上讲是对员工既影响营销任务又影响顾客接触这一不同作用的认识。以接触顾客频繁程度和员工参与常规营销活动的程度为基础的分类方案。将服务人员分为接触者（contactor）、改善者（modifier）、影响者（influencer）、隔离者（isolated），如图7-1所示。

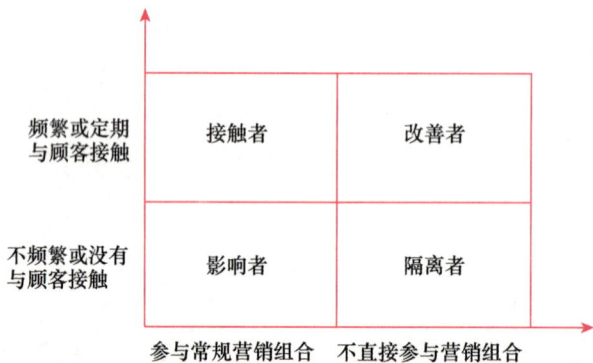

图 7-1　服务人员类型

（1）接触者频繁地或有规律地接触顾客，并且典型地经常参与常规营销活动。他们占据服务企业许多职位，包括销售和顾客服务。无论他们是否参与营销战略的策划与执行，他们都需要很好地领会企业营销战略。他们应该受到良好的培训、准备和激励，以负责的方式日复一日地去服务顾客。招聘他们的基础应该是对顾客需求响应的潜力，并在这个基础上被评估和奖励。

（2）改善者是像接待人员、信贷部门的电话总机员那样的人员。他们在很大程度上不直接参与常规营销活动，虽然如此，他们仍频繁地与顾客接触。因此，他们需要对机构的营销战略有明确的观念，并应能够在对顾客需要响应上发挥作用。他们在服务业务中起着特别但不是唯一的重要作用。改善者需要增强适应顾客需要和发展顾客关系的能力，因此培训和监督特别重要。

（3）影响者属于营销组合中的传统元素，不常或没有与顾客接触。但是，他们是机构营销战略实施的组成部分。他们包括那些在产品开发、产品研究等方面起作用的人员。招聘影响者时应该找寻那些能发展一种对顾客反应的意识潜力的人员。影响者应该根据顾客定位的业绩标准被评价和奖励，应将提高顾客接触水平的机会纳入他们的行动计划。

（4）隔离者实行各种支持功能，他们既不频繁和顾客接触，也不进行常规营销活动。但是，作为支持人员，他们的行动严重影响机构行动的成绩。属于此类的员工包括购买部门人员、人事和数据处理部门人员。这些人员需要感受到一个事实，就是内部顾客和外部顾客一样都有必须满足的需求。他们需要了解公司的整个影响战略以及他们如何为交付给顾客价值的质量做贡献。

## （二）按企业内部市场的观点分类

内部员工的管理是否有成效，关系到企业战略目标的实现。为了系统、充分地认识服务企业内部人员的结构与特点，可依企业内部市场的观点，将服务企业的内部员工细分为两个层面：核心层员工和辅助层员工。各层次的活动如何进行应取决于顾客需要，这将决定一个企业相对竞争能力的高低。

### 1. 核心层员工

核心层员工是指以各种形式直接与顾客接触的员工。企业与他们的关系是最重要的内部关系，核心层的员工与企业的目标和利益关系最为密切。企业的一切方针、政策、计划、措施，只有首先得到核心层员工的理解和支持才有可能实现。这些人的技术、工作质量和服务对于顾客是否认知企业，对于企业是否能留住老顾客具有绝对影响。如果服务人员态度冷淡或粗鲁，就等于破坏了为吸引顾客而做的所有营销工作。如果他们态度友善而温和，则可提高顾客的满足和忠诚度。企业目标要想获得实现，就必须让核心层员工掌握企业的经营理念和营销战略，并使员工充分共享企业的信息，从而积极引导员工参与到企业的决策中去，让员工有机会对企业的营销方案提出自己的意见。核心层员工与企业主体有着共同的利益，面临共同的外部公众，需要解决共同的整体发展问题，具有一荣俱荣、一损俱损的紧密联系。核心层员工积极性、创造性的激发有助于企业营销活动的顺利进行，使企业得以加速推进经营目标的实现。

核心层的员工是企业形象的重要体现。核心层的员工，常常代表企业进行各种经营活动，因而最直接地反映了企业形象和声誉。企业形象一方面表现为企业对社会的责任和贡献程度；另一方面则表现为企业风格、企业精神、企业凝聚力等。由于企业核心层员工的荣誉感、自尊心、责任心和进取心会对企业的生产和经营行为产生很大的影响，因此这一内在的推动力能使企业的关系营销取得真正的绩效。

### 2. 辅助层员工

辅助层员工是为企业的基本活动提供相关支持的员工。他们与企业之间的各种联系，对竞争优势也具有重要的影响作用，辅助层员工关系影响企业的经营活动效率。企业营销效率的高低在部分程度上取决于辅助层员工的紧密配合，辅助部门的团结一致、齐心合作有利于企业战略计划的落实与执行，从而提高企业经营效益。但是，如果企业内部矛盾重重，部门之间互相设置障碍，员工关系十分紧张，则必然导致企业人心涣散，最终成为一盘散沙。例如，财务部门员工的工作速度会影响到企业每个环节，因此必须尽力优化部门间员工的合作。最好的财务部门正在建立一种新型关系，这种关系建立在向企业其他部门提供信息价值的基础上。企业的财务人员测评整个企业的经营业绩，提供用以经营决策的信息，从而为实现企业的目标做出贡献。一方面，财务部门必须与业务部门融合，财务部门的员工参与业务运作，凭借自己的财务专长和业务判断能力，发挥不同凡响的作用，而不是把自己看作一个独立的流程。另一方面，财务部门的员工必须重视企业的内部顾客，以服务为导向可以使财务部门的员工认识自己的许多职责，然后尽己所能去协助其他部门更好地经营企业。除此之外，财务部门的员工在销售结算时也不可避免地与顾客或企业的其他公众发生关联等。

## 【资料链接】7-1

### 微笑再微笑

飞机起飞前，一位乘客请求空姐给他倒一杯水吃药，空姐很有礼貌地说："先生，为了您的安全，请稍等片刻，等飞机进入平稳飞行后，我会立刻把水给您送过来的，好吗？"15分钟后，飞机早已进入了平稳飞行状态。突然，乘客服务铃急促地响了起来，空姐猛然意识到：糟了，由于太忙，她忘记给那位乘客倒水了！当空姐来到客舱，看见按响服务铃的果然是刚才那位乘客。她小心翼翼地把水送到那位乘客跟前，面带笑容地说："先生，实在对不起，由于我的疏忽，延误了您吃药的时间，我感到非常抱歉。"这位乘客抬起左手，指着手表说道："怎么回事，有你这样服务的吗？"空姐手里端着水，心里感到很委屈，但是无论她怎么解释，这位挑剔的乘客都不肯原谅她的疏忽。

在接下来的飞行旅途中，为了弥补自己的过失，每次去客舱给乘客服务时，空姐都会特意走到那位乘客面前，面带微笑地询问他是否需要水，或者别的什么帮助。然而那位乘客余怒未消，摆出一副不合作的样子。

临到目的地前，那位乘客要求空姐把留言本给他送过去，很显然，他要投诉这名空姐。此时空姐心里很委屈，但是仍然不失职业道德，显得非常有礼貌，而且面带微笑地说道："先生，请允许我再次向您表示真诚的歉意，无论您提出什么意见，我都将欣然接受您的批评！"那位乘客脸色一紧，嘴巴准备说什么，可是没有开口，他接过留言本，开始在本子上写了起来。

等飞机安全降落，所有的乘客陆续离开后，空姐以为这下完了，没想到，等她打开留言本，惊奇地发现，那位乘客在本子上写下的并不是投诉信。相反，这是一封热情洋溢的表扬信。

是什么使得那位挑剔的乘客最终放弃了投诉的呢？在信中，空姐读到这样的两句话："在整个飞行过程中，你表现出真诚的歉意，特别是你的 12 次微笑，深深地打动了我，使我最终决定将投诉信写成表扬信！你的服务质量很高，下次如果有机会，我还将乘坐你们这趟航班！"

资料来源：http://www.360doc.com/content/13/1015/00/2036792_ 321633131.shtml，2013-10-15

## 三、服务人员的重要性

在顾客眼中，提供服务的员工也是服务产品的一部分，企业员工的形象和举止处于顾客的密切注视之下，顾客对服务企业的感知受到服务人员的极大影响。对服务企业来说，对服务人员的管理，包括服务态度、服务技巧、服务质量以及相关的培训等，都是提高顾客服务体验的有效手段。因此，对服务人员进行管理是服务企业成功的重要保障。服务人员对企业的重要性主要体现在以下几方面。

### （一）服务企业的员工是企业信守承诺的重要媒介与支撑

著名的服务营销专家格罗鲁斯的服务营销三角理论认为，企业、顾客和服务提供者是三个关键的参与者，服务企业要想在竞争中获得成功，就必须在这三者之间开展外部营销、内部营销和互动营销。这三种类型的营销活动相互影响、相互联系，共同构成了一个有机的整体。从三者的功能来看，外部营销是企业对所传递服务或产品设定顾客期望，并向顾客做出承诺；内部营销是企业要保证员工有履行承诺的能力，保证员工能够按照外部营销做出的承诺提供服务或产品；互动营销是指顾客与组织相互作用，以及服务被生产和消费的一瞬间，企业员工必须信守承诺。从服务营销三角形可以看出，在企业向顾客做出承诺后，承诺的实现必须依赖企业的员工，只有员工积极地为顾客提供服务，才能持续不断地信守承诺，实现顾客满意，确保企业获得顾客的青睐。

### （二）员工影响顾客满意度和企业利润

1994 年，哈佛商学院的赫斯克特、撒赛和施莱辛格等五位教授组成的服务治理课题组，在经历了 20 年对上千家服务企业跟踪、考察和研究的基础上提出了服务利润链模型。该模型指出了员工满足、顾客满足和企业利润之间存在着一定逻辑关系。服务利润链模型如图 7-2 所示。

服务利润链的逻辑内涵是：企业获利能力的增强主要是来自顾客忠诚度的提高；顾客

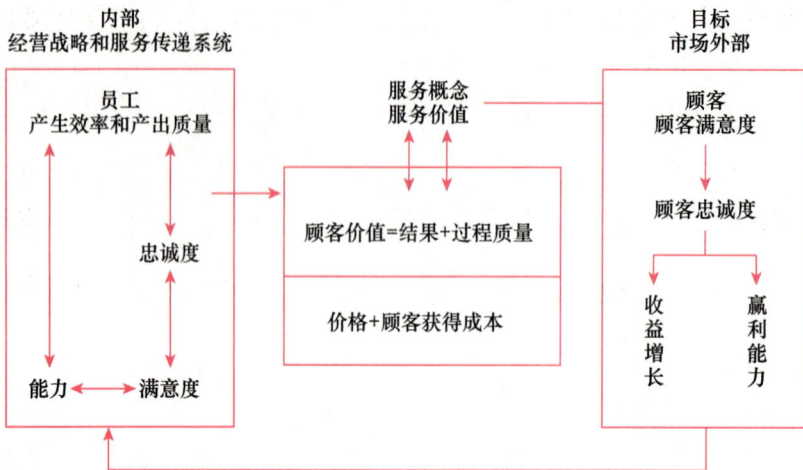

图7-2　服务利润链模型

资料来源：Heskett J，Jones T，Loveman G，et al.

Putting the Service profit Chain to Work[J]. *Harvard Business Review*，1994，72（2）：164-174.

忠诚度是由顾客满意度决定的；顾客满意度是由顾客认为所获得的价值大小所决定的；顾客所认同的价值大小最终要靠企业员工来创造。所以，追根溯源，员工才是企业竞争力的核心。服务利润链理论明确地指出了满意的员工能够产生满意的顾客，所以，企业的员工影响到顾客满意度和企业的最终利润。

## （三）员工行为直接影响到服务质量

### 1. 服务人员直接影响服务的可靠性

在以人为基础的服务中，服务人员的可靠性就意味着服务的可靠性。如果一位医生精神恍惚，那么他的诊断质量在病人看来就很不可靠。所以服务企业应该重视员工状态的稳定性，并加强对员工服务行为的监督和控制。

### 2. 服务人员直接影响服务的响应性

一名反应迟钝的西餐厅服务员，肯定无法适应不同顾客多变和多样化的需求。服务企业应该筛选头脑灵活、反应快的一线服务人员，并向他们适当授权，使他们有能力及时解决顾客的问题。

### 3. 服务人员直接影响服务的安全性

一名律师缺乏经验并对委托人流露出不耐烦的态度，会使客户对律师事务所的服务质量感到不放心、不安全，以至于敬而远之。服务企业应该选择具有一定服务资质、经验和能力的员工为顾客服务，并且培养他们对顾客的谦恭态度。

### 4. 服务人员直接影响服务的移情性

除了投入脑力和体力外，服务工作还要求服务人员投入感情。热情、敏感和富于同情心的员工，将使顾客感觉到在服务企业中他们是独特的个体。因此，服务企业应尽量招募和筛选感情密集型劳动者，让他们承担一线服务工作。

### 5. 服务人员直接影响服务的有形性

服务人员本身就是服务的一种有形表现。服务人员的仪表、穿着、打扮、表情、姿势、动作乃至化妆品的气味等，都会影响顾客对服务质量的感知。服务人员应具有整洁的仪表和优雅的风度。

## （四）服务人员是服务营销的人格化

服务人员就是服务的重要组成部分。实际上，许多服务主要就是直接向顾客提供人员，如保姆、美容、律师事务、学校和医院。这些服务机构的服务质量在很大程度上取决于服务人员。即使不直接提供人员的服务，人员因素也是主要的，如银行的自动取款机要保持正常的服务必须有人加以维护。

因为服务人员是服务机构的化身。制造业公司的化身是它们的实物产品，而服务机构提供的主要是无形产品。在顾客眼里，服务人员就是服务机构本身，服务人员代表着服务机构，服务人员的行为、素质和形象直接影响顾客对服务企业的感知，服务人员的一言一行都影响到整个服务企业的形象，客观上具有整体意义。同时，由于服务的无形性和不可分割性，使得服务生产与服务提供同时发生，顾客经常把服务人员的表现作为评价服务质量的重要依据。因此，服务人员本身就是服务的一部分，也是企业服务营销的人格化。

### 【资料链接】7-2

在目前人才竞争愈演愈烈的情况下，保留人才是每个经理人和人力资源工作者的重要职责。如果一个对公司或部门很关键的人把辞职报告摆到你的办公桌上，你才意识到他的重要性，那已经为时太晚。通常，一个人做出辞职的决定是要经过长时间的深思熟虑、考察和论证，一旦提交辞呈，意味着他已经与另一家公司签了聘书（offer），这时一般人不会因为公司的挽留而动心，因为他与另一家公司已经有了契约关系。其实一个人离开公司前的1~3个月（对于经理人可能会长达6个月）里，一定会表现出不同以往的言语或行为，如果你仔细观察，就可以发现异常动向，提前采取稳定人和留人的措施。

1. 对工作的积极性和主动性突然下降（no proactiveness and initiative）。一个一贯积极主动的人，突然变得消极被动，对什么事情都无所谓，这是很危险的信号。当一个人决定离开的时候，已经是"人在曹营心在汉"，因此出于职业道德的约束，会继续做好已经启动的工作，但不会做任何需要长期的承诺的事情。

2. 对公司的态度骤然变化（attitude toward the company changes）。原来对公司牢骚满腹、意见多多，突然变得沉默寡言，别人议论公司也不参与。当一个人对公司有抱怨有意见的时候，他暂时不会离开，因为他还对公司抱有希望，希望有所改善。但是当他已经决定离开了，他对公司的改善也就不抱希望，或者是无所谓了。

3. 表现低调（appear invisible and indifferent）。在各种场合，表现得比过去低调，开会不发言、讨论不讲话、有任务不主动请缨、有矛盾不卷入。为了淡出公司，他不会再主动请缨担当任何新的项目，也不会启动长期的工作项目。

4. 工作纪律散漫（become loose）。并非所有人会这样，但在低级岗位的员工中会见到。一个一贯遵守工作纪律的人，突然出现一些迟到、早退、上班聊天、上网等小毛病。既然要走了，在这个公司的表现就不那么重要了。但是，职业化的经理人往往能做到善始善终，原因一是职业素养使然，二是对于经理人，可能会有背景调查（reference check），会影响他能否拿到下一家公司的聘书。

5. 休长假（take long paid leave）。申请休息一两个星期以上的假期。外企由于工作紧张，很少有能够休息十天半个月而工作不受影响的情况。如果一个岗位可以空缺那么长时间，老板就要质问，公司是否需要这个岗位？但是对于要走的人，一方面为了个人的跳槽，如到外地考察、准备和参加面试等，另外因担心个人的带薪假可能在离开时得不到公司补偿，因此会长时间休息。

6. 经常离开办公室接打手机（receive mysterious phone calls）。跟对方公司的人事部或猎头通常是通过手机联系，接到这样的电话，该员工会神秘地快速离开办公室，走到僻静的场所接听。一般是安排面试、参观公司等事项。

7. 到HR询问有关年终奖金和休假的政策（check HR policy regarding year-end bonus）。各公司对于年终奖和带薪假有不同规定。例如有的公司规定，发放奖金时已经离职的人无权获得奖金；遗留未用的带薪假以工资补偿；而另一些公司则规定，凡是工作到上年度12月31日的人，来年2月、3月发奖时，仍有资格享受年终奖。

8. 做淡出的准备（prepared to phase out）。有职业道德的人，为了降低自己离职对现雇主的不利影响，会开始辅导自己的属下，把工作移交给称职的部下，把自己从各种长期课题和项目中脱离出来，以便能毫无牵挂地离开。否则，现公司可以以项目未完成为由而拖延他的离开。如果不顾一切地逃脱，给现公司造成损失，会损害自己在业内的名誉。

资料来源：张建．http：//club.ebusinessreview.cn/blogArticle-120541.html

# 第二节　内部营销

内部营销是一种把员工当成消费者、取悦员工的哲学。企业在内部营销上花的每分钱和每分钟对其外部关系都会产生倍增的价值。内部营销的实质是在企业能够成功地达到有关外部市场的目标之前，必须有效地运作企业和员工间的内部交换，使员工认同企业的价值观，使企业为员工服务。

## 一、内部营销理论

### （一）内部营销的概念

内部营销这一术语始于内部市场的概念。因为营销工作者在真正对外部现有顾客或潜在顾客开始实施营销前，必须确保企业内部员工理解并接受外部营销活动以及企业提供的服务内容。内部营销是在服务意识驱动下，通过一种积极的、目标导向的方法为创造顾客导向的业绩做准备，并在组织内部开展各种积极的、具有营销特征的、协作方式的活动及其过程。在这种过程中，处于不同部门和过程中的员工的内部关系得以巩固，并共同以高度的服务导向为外部顾客和利益相关者提供最优质的服务。

内部营销的重点在于组织中各个层级之间应建立良好的内部关系，这样，在与顾客接触的员工、参与内部服务过程的支持员工、团队领导以及各级经理的头脑中才会有服务导向和顾客导向思维。但仅有思维方式是不够的，还要有足够的技能和支持系统，因为它们也是内部营销的一部分。

### （二）内部营销的两方面

内部营销牵涉两个具体的管理过程，分别是态度管理和沟通管理。

#### 1. 态度管理

必须对所有员工的态度及他们的顾客意识和服务意识产生的动机进行管理，这是一个致力于在服务战略中占得先机的组织实施内部营销的先决条件。

#### 2. 沟通管理

经理、主管、与顾客接触的员工和支持人员需要各种信息以完成他们的工作，这些信息包括工作规定、产品和服务特征以及对顾客的承诺（如在广告中做出的承诺和销售人员做出的承诺）等。他们同样需要与管理层就其需要、要求、对提高业绩的看法及顾客需要等内容进行沟通，这是内部营销的沟通管理。

如果企业想有良好的业绩，态度管理和沟通管理是必需的。企业展开了沟通管理，但经常将其视为单向发生。在此种情况下，内部营销管理通常以活动的形式进行。企业会给员工派发内部宣传品和小册子，并举办内部会议，在会上给与会者口头或文字的信息，但基本上没有什么沟通。经理和主管并不认为他们有必要进行反馈、双向沟通，对员工认同或鼓励。员工虽然得到了许多信息，但其中很少有鼓励。当然，这意味着他们接收的大量信息对他们本身没有什么重要的影响。组织内部缺乏态度上的必要转变和针对优质服务及顾客意识的激励措施，所以员工无法得到有益的信息。

如果识别出并考虑到内部营销中关于态度管理的实质和需求，内部营销就成为一个持续的过程而不是一次或一系列活动，每个层级的经理和主管的作用就会更加积极。这样公司就会取得更好的营销效果。

总之，一个成功的内部营销过程需要态度管理和沟通管理的支持。态度管理是一个持续的过程，而沟通管理可能更像是一个包括在恰当时机出现的信息活动的独立过程。但是内部营销的这两方面也存在相互影响的关系。从本质上说，员工可以共享的大多数信息对态度有重要影响。例如，与顾客接触的员工在事先得到广告活动通知后对于兑现广告所做的承诺会有更积极的态度。总经理和各个部门经理、主管和团队领导的任务就是一起进行态度管理和沟通管理。

### （三）内部营销的目标

内部营销的目的在于：创造、维护和强化组织中员工（不管他们是与顾客接触的员工或支持人员，还是团队领导、主管或经理）的内部关系，更好地促使员工以顾客导向和服务意识为内部顾客和外部顾客提供服务。实现上述目标的前提是员工要拥有必要的知识技能，并能获得各层管理人员、系统和技术的支持。具体来讲，内部营销有五个目标。

（1）确保员工顾客导向和服务意识的行为能够得到激励，能使员工成功地履行兼职营销人员的职责。

（2）吸引、留住优秀员工。

（3）在组织内部和网络组织中的合作伙伴之间彼此提供顾客导向的内部服务。

（4）为提供内部服务、外部服务的人员提供充足的管理和技术支持，使他们顺利履行兼职营销员的职责。

（5）创造内部环境和实施内部活动，使员工乐于进行兼职营销工作。

## 二、内部营销的重要性

内部营销是一个不断与员工分享信息，并且认可他们所做出贡献的过程。这一持续的过程是构建健康企业文化的基础。对大多数服务来说，服务员工和服务是不可分离的。对服务企业，特别是劳动密集型的服务企业而言，员工素质往往对服务质量产生十分重要的影响。为了成功地交付服务，企业首先就必须进行成功的内部营销，向员工和潜在员工进行营销，像对待外部顾客那样对待企业的内部顾客——员工。尤其是在如今的互联网时代，许多企业都开通了线上咨询平台，消费者与各个部门的互动都更加便利，传统营销部门不再像之前那样享有与消费者联系的独有权。在这种情况下，进行企业的内部营销，整合业务流程，传递给消费者统一完整的企业理念更显得尤为重要。总体而言，内部营销的重要性可以概括为四方面。

### （一）内部营销有助于激发创新精神

服务企业通过提高对内部顾客——员工的服务，激发员工对服务工作的热爱与对外部顾客服务的热情，使员工从被动工作变为主动工作，从单纯地被管理变为积极参与到管理过程中，这必然会提高员工主动服务的意识，充分发挥自身主观能动性，致力于改进服务流程和进行服务创新工作。

### （二）内部营销有助于减少内部矛盾

在服务营销过程中，需要不同部门的共同协作，各个部门处于工作流程的不同环节，内部营销通过有效沟通可以减少工作中的误解，从而减少内部各部门之间的矛盾。

### （三）内部营销有助于提高工作效率

内部营销要求员工为顾客服务，或者为服务顾客的员工服务，这会使各部门员工提高内部服务意识，在服务企业内部营造出平等、和谐、互助的工作氛围，减少人际关系摩擦及不同服务环节的推诿扯皮现象，从而提高整体工作效率。

### （四）内部营销有助于推进企业文化建设

内部营销强调员工满意度的重要性，强调对员工价值的认同，这会增强员工的荣誉感和归属感，自觉维护企业的对外形象，并信守企业的对外承诺。而且内部营销的信息沟通可以使员工及时了解企业的经营战略，当所有员工都响应企业经营的战略并相互合作时，企业文化才真正能深入人心。

## 三、内部营销的三个层次

在下列三种情况下，企业需要引入内部营销。

### （一）需要在企业创建服务文化和服务导向时

当服务导向和对顾客的关注成为组织中最重要的行为规范时，企业中就有服务文化存在。将内部营销和其他活动一起应用是一种培育服务文化的有力手段。在此情况下，内部营销的目标有①帮助各类员工理解和接受企业目标、战略、战术，以及产品、服务、外部营销活动和企业的流程；②形成员工之间良好的关系；③帮助经理和主管建立服务导向型的领导和管理风格；④向所有员工传授服务导向的沟通和互动技巧。

实现第一个目标是至关重要的，因为员工必须认识到服务、服务导向、顾客意识及自己承担兼职营销人员职责的重要性。做不到这一点，员工就无法了解企业所要达到的目标。第二个目标同样重要，因为企业建立与顾客及其他方面良好的外部关系的基础是组织内部的和谐气氛。由于服务导向的管理手段和沟通、互动技巧是建立服务文化的基础，因此第三个和第四个目标也是非常重要的。

### （二）需要员工保持服务导向时

内部营销在保持服务文化方面十分重要。服务文化一旦建立，企业就必须以积极的方式去维护，否则，员工的态度很容易就发生变化。在保持服务导向时，内部营销的目标包括：①确保管理手段能够鼓励和强化员工的服务意识和顾客导向；②确保良好的内部关系能够得到保持；③确保内部对话能够得到保持并使员工收到持续的信息和反馈；④在推出新产品、新服务及营销活动和过程之前，要将其推销给员工。

这里最重要的内部营销事项莫过于每一个经理和主管的管理支持，管理风格和手段在这里至关重要。当主管把目光集中在为顾客解决问题而不是强调企业的规章制度时，员工会觉得十分满意。

由于管理层无法直接控制服务过程和服务接触中的关键时刻，因此企业必须开发和保持中间控制。可以通过创造让员工感到能指导自己的思想和行为的企业文化来实行间接控制。在这个持续不断的过程中，每一个经理和主管都要参与进来。如果他们可以鼓励自己的员工，服务文化就有可能持续下去。经理和主管有责任维系良好的内部关系。

### （三）需要向员工进行服务及营销相关内容的介绍时

在企业规划和推出新产品、服务或营销活动时，如果没有在内部员工中做足够的推广工作，则需要开展内部营销以系统地解决问题。相反，如果无法知道企业发生了什么，对新产品、服务或营销活动不甚了解，或者要从报纸、电视广告甚至顾客那里才能得知企业新服务及广告活动时，无论是与顾客接触的员工还是支持人员都无法表现良好。有利于新产品、服务和外部营销活动及过程的内部营销目标包括：①使员工意识到并接受即将开放以及推向市场的新产品或新服务；②使员工意识到并确保接受新的外部营销活动；③使员工意识到并接受新方式，即应用新的技术、系统、程序来控制或营销内部或外部关系及公司互动营销业绩的不同任务。

## 四、内部营销活动的实施

内部营销是一个持续的过程，需要组织管理层的持续关注。格罗鲁斯就强化服务文化角度提出了八项典型的内部营销活动：员工培训、管理支持和内部对话、大量内部沟通与信息支持、人力资源管理、大量外部沟通、开发系统与技术支持、内部服务补救以及市场研究与市场细分。

### （一）员工培训

不管是内部还是外部培训，都是内部营销计划中最重要的构成部分。培训任务的类型包括建立服务战略与服务营销观，识别每个员工在内部营销、外部营销中的地位和作用；培育、强化有利于服务战略和提高兼职营销绩效的态度；在员工中培养和强化沟通、销售与服务技巧。培训和内部沟通支持是内部营销沟通管理方面的主要工具，他们属于态度管理过程。

### （二）管理支持和内部对话

内部营销过程中仅有培训项目是远远不够的。为了实现过程的持续性，各层管理者的作用非常重要，管理者必须具有自己的领导风格，而不单是管理和控制。管理支持可以分为：通过日常的管理活动延续正式的培训项目；将鼓励员工视为日常管理任务的一部分；让员工参与规划和决策过程；在正式或非正式的信息交流中与员工实现双向沟通；建立公开和积极的内部文化。

### （三）大量内部沟通与信息支持

告知员工新的服务导向策略和实施内外部服务的新方法，让他们理解和接受新的策略、任务和思考方式。

### （四）人力资源管理

成功的内部营销从招聘开始。这就要求有恰当的工作描述，并将一线服务员工和支持人员视为兼职营销员。组织可以用工作描述、招聘程序、职业生涯规划、工资与红利系统、激励计划以及其他人力资源管理工具实现内部营销的目标。

### （五）外部沟通

企业的广告和各种推广活动进行之前，必须先将其介绍给员工，并在员工的协助下开展这些活动，这样可以使员工更加积极地兑现其做出的承诺。

### （六）开发系统和技术支持

企业通过开发顾客信息数据库和有效的服务系统、技术为与顾客接触的员工提供优质服务是内部营销的重要目标。信息技术和内联网的开发为内部营销提供了有效支持系统。通过数据库、网址或电子邮件，员工和内部过程可以快速地联系起来，在组织内部会由于彼此间的相互依赖产生归属感，从而对内部关系有积极的影响。

### （七）内部服务补救

服务补救是20世纪90年代西方学者提出的一个概念，是指企业在服务出现失败和错误的情况下，对顾客的不满和抱怨做出的补救性反应。其目的是通过这种反应，重新建立顾客满意和忠诚。服务补救是一种管理过程，首先要发现服务失误，分析失误原因，然后在定量分析的基础上，对服务失误进行评估并采取恰当的管理措施予以解决。

对与顾客直接接触的员工来说，充满怨气的顾客可能会使员工感到气愤甚至是羞辱。顾客的不安、感到的愤怒，内部员工也同样会感受到，再加上强大的工作压力，员工有时会不堪重负。因此，企业必须主动帮助员工解决此类问题，也就是实施内部服务补救。管理人员在内部服务补救中具有决定性的作用。

### （八）市场研究与市场细分

通过对内部与外部市场的研究，往往可以找出兼职营销任务，并为服务导向绩效管理的实施奠定基础；借助市场细分，则可以为企业各项职务找到合适的人选。

在服务营销与管理中，为了发挥企业的潜力，企业必须挖掘内部营销的潜力——通过提供符合员工需要的"工作产品"来吸引、发展、激励和维持高水平的员工——"内部顾客"，以便通过内部营销为外部营销奠定坚实的基础。

# 第三节　服务人员的管理

对服务企业而言，服务人员对顾客和服务企业都起着决定性作用，服务营销的成功与服务人员的选聘、培训、授权、激励和管理的联系越来越紧密，服务人员在服务营销中的作用日益重要。企业在管理服务人员时，使用的管理策略主要有以下两种：一是营销管理策略。企业将员工看成是内部顾客，将针对外部顾客所使用的一整套营销技术与手段用来管理员工，包括引入营销观念，对内部员工进行市场调研，运用 STP 战略对所有员工进行市场细分、内部定位，采用营销组合来满足不同内部目标市场的需求，使员工满意。二是人力资源管理策略。企业主要通过雇用合适的人员，对这些人员进行培训、激励和授权，以及提供员工服务传递中所需的设备、技术和管理支持等来让员工有能力并愿意提供优质的服务，使企业能够兑现其服务承诺。

## 一、营销管理策略

一些国外学者受到运用于外部顾客市场的市场营销技术和方法的启发，将市场细分、营销组合等营销工具引入服务人员管理中，强调如何对企业的内部顾客进行营销管理。

### （一）树立内部营销理念

营销观念对企业的成败起到决定性的作用，国外的学者认识到营销观念对企业发展的重要性，率先将市场营销观念引入企业内部管理中，把这种观念运用到企业与员工关系的处理上，形成了内部营销理念。内部营销理念就是要把员工当作企业内部的顾客，重视员工需求，通过满足员工需求来增进员工的满意度，使员工能够主动地向顾客传递优质的服务，从而实现顾客满意。企业要把员工当作顾客般对待，使员工满意，这就要求企业以人为中心，重视员工，要在了解员工心理需求和行为特征的基础上，灵活地运用各种非强制性的管理方式，对员工进行人性化的管理，以满足员工需求，提高员工士气，进而使员工自觉自愿地实现企业目标。

### （二）开展市场调研

企业开展内部营销，要把员工当作顾客加以善待，使员工满意，就必须了解员工的需求，这就需要进行内部市场调研。对员工的调查研究是内部营销不可缺少的重要环节之一，它既能体现出企业对员工的重视和关心，也能了解到员工情感和需求的情况。企业可以借用外部市场调查的各种方法，对员工展开调查，企业可以采取现场观察、小组座谈、会议、设立意见箱、网上交流等方法来了解员工素质、员工生产力、员工士气、员工满意度等情况。

### （三）进行市场细分

市场细分的理论依据是顾客需求偏好存在差异性，同样，企业中员工的需求是有差异的，通过市场细分，企业将所有的员工划分为不同的群体，有利于按照不同群体的需求特点采取差异性营销战略，有效地提升人力资源管理的效果。在对内部市场进行细分时，企业可以借鉴外部顾客市场细分的做法，采用人口变量、地理变量、心理变量和行为变量等细分依据把内部市场划分为不同的细分市场。通常，企业使用年龄、性别、受教育程度、职位等人口变量对内部市场进行细分，操作起来比较简便，但是，由于员工对企业的奉献程度主要取决于员工的动机、情绪、实际工作行为，所以在对内部市场进行细分时，应该侧重于以心理变量作为细分依据来划分内部市场。

## 二、人力资源管理策略

在开展内部营销的过程中，企业可以运用人力资源管理工具来实现特定的内部营销目的。服务营销专家格罗鲁斯提出，内部营销实施的工具包括招聘工作的支持、培训员工、参与式管理、授权和信息沟通，通过在内部营销中运用这些人力资源管理工具，使员工具有顾客导向意识和主动销售意识，从而使企业能在顾客满意的基础上实现目标。

### （一）服务人员的选聘

管理人员必须认真筛选服务人员，招聘到适合服务岗位的人员。对服务人员招聘的投资并不是成本，而是一项必需的投资，任务测试和角色扮演等方法都可以用来寻求称职的服务人员。此外，除了需要考虑服务人员的技术和专业知识，还应该测评他们的服务价值导向。一线服务工作需要员工的情感付出，挑选员工时应尽量选择能够应对情感压力的应聘者。

### （二）服务人员的培训

服务人员需要进行必要的技术、技能与知识培训才能提供优质服务。同时，加强培训，可以增强服务人员的服务意识，帮助员工掌握沟通技能、营销技能和服务技能。最初的培训内容通常是对各种资源和标准流程的熟悉，比如，如何做记录，如何使用数据库。随后，进一步的培训内容就要涉及如何处理顾客抱怨，如何推销服务，以及如何提高绩效。当员工掌握整个服务过程后，企业还要允许他们进行创新。

### （三）服务人员授权

企业要想对顾客需要做出快速反应并做出及时的服务补救，就必须授权给服务人员。授权增强了服务人员的决策自由权，从而增加服务人员对工作的热爱与热情，并会将热情融入为顾客服务中。

### （四）服务人员绩效考核

科学客观的绩效考核依据是服务人员绩效评估的前提。例如，以顾客满意为依据，员工就会努力使顾客满意；反之，如果以服务的顾客数量为依据，员工就只会关注操作过程和量化指标。企业可以根据 360 度绩效考核法评估服务人员的绩效，还可以辅以现场观察法对服务人员进行评价。

### （五）对服务人员进行奖励

对一线服务人员进行合理的奖励，恰当的奖励会强化员工正面行为的重复。奖励可以是货币形式（如奖金或红包），也可以是非货币形式（如月度最佳员工奖或专属停车位），还可以征求服务人员的意见，询问他们希望获得哪些奖励，从而使员工更加忠诚于组织。

**【资料链接】7-3**

#### 管理接触性员工的理论模型

Hartline & Ferrell（1966）在前人研究的基础上建立了一个管理接触性员工的理论模型（见图 7-3），并通过实证研究证明了该模型的有效性。我们也可以通过这一模型发现管理接触性员工的有效方法。

模型中影响顾客感知服务质量的变量分别为：工作满意、自信心、适应能力、角色冲突和角色模糊。其中，工作满意、自信心、适应能力直接对顾客感知的服务质量产生积极的影响；角色冲突和角色模糊这两个因素直接对工作满意、自信心和适应能力这三个因素造成负面影响，从而间接地与顾客感知质量形成了负相关的关系。此外，自信心对工作满意有积极的影响，对适应能力也有积极的影响，而角色冲突则会干扰员工在工作中获得有效的信息，从而导致角色模糊。由于这五个变量是影响接触性员工行为和态度的主要因素，所以对接触性员工的管理可通过对这五个变量施加影响来实现。

模型中同时还列出了影响五个变量的三种管理行为：授权、对服务质量的管理承诺和

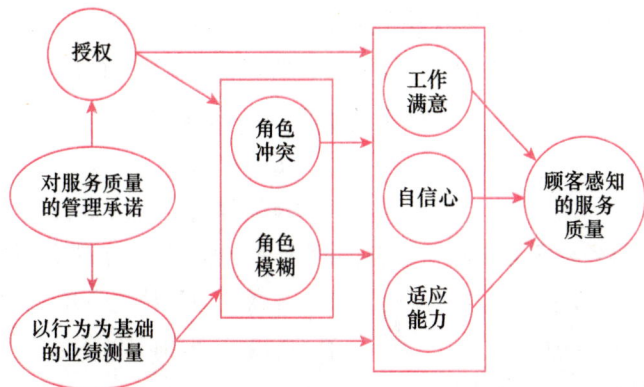

**图 7-3 管理接触性员工的理论模型**

资料来源：Hartline，M. D.，Ferrell，O. C，The Management of Customer Contact Service Employees：An Empirical Investigation［J］. *Journal of Markerting*，1960（60）：52-70.

以行为为基础的业绩测量。合理的授权是管理接触性员工的重要方法；对服务质量的管理承诺是指在选择企业战略和战术行为时要有质量意识，具体到接触性员工管理方面，企业应该充分考虑接触性员工对内部服务质量的感知；以行为为基础的业绩测量是根据员工的行为过程而不是行为结果来对他们的工作进行评价，测量业绩的主要指标是员工工作的努力程度、友善程度、团队精神、顾客导向程度以及解决顾客所提出问题的能力等，而不是销售额、利润、服务次数等指标。

资料来源：寿志钢. 内部营销理论的拓展研究［D］. 武汉大学，2005.

## 本章习题

### 一、判断题

1. 只有与顾客直接打交道的员工才会对顾客产生影响。　　　　　　（　　）

2. 核心层的员工是服务企业形象的重要体现。　　　　　　（　　）

3. 内部营销被认为是根据员工的需要设计更好的服务产品，以使员工感到满意和受到激励，从而更好地满足他们的顾客的过程。　　　　　　（　　）

4. 保证员工基本服务技能的基础是员工激励。　　　　　　（　　）

5. 在顾客眼中，提供服务的员工也是服务产品的一部分。　　　　　　（　　）

### 二、单选题

1. 作为企业要善待自己的"内部顾客"，这里的"内部顾客"指（　　）。

　　A. 经销商　　　　　　　　　　B. 供应商

　　C. 员工　　　　　　　　　　　D. 政府人员

2. （　　）是顾客满意的必要条件。

    A. 服务补救                     B. 顾客忠诚

    C. 服务改善                     D. 员工满意

3. 服务营销三角理论认为，（　　）是企业要保证员工有履行承诺的能力。

    A. 内部营销                     B. 互动营销

    C. 口碑营销                     D. 外部营销

4. 实施内部营销，服务企业必须注重两方面的管理，即（　　）。

    A. 态度管理和沟通管理         B. 态度管理和技能管理

    C. 沟通管理和风险管理         D. 态度管理和风险管理

5. 服务企业人员管理的关键是（　　）。

    A. 不断提高人员的素质

    B. 改善服务环境

    C. 不断改善内部服务，提高企业的内部服务质量

    D. 提高顾客满意度

## 三、问答题

    1. 论述服务人员的重要性。

    2. 简述服务利润链模型。

    3. 什么是内部营销？它包括哪些活动？

    4. 服务企业为什么要重视内部营销？

    5. 服务企业在哪些情况下应该引入内部营销？

    6. 如何实施内部营销？

    7. 什么是内部服务补救？

    8. 如何对服务人员进行管理？

## 四、分析案例

### 星巴克的内部营销

#### 一、星巴克公司的背景

    星巴克咖啡公司成立于 1971 年，是世界领先的咖啡零售商。旗下零售产品包括 30 多款全球顶级的咖啡豆、手工制作的浓缩咖啡和多款咖啡冷热饮料、新鲜美味的各式糕点食品以及丰富多样的咖啡机、咖啡杯等商品。1987 年，霍华德·舒尔茨（Howard Schultz）收购星巴克，从此带领公司跨越了数座业务发展的里程碑。长期以来，公司一直致力于向顾客提供最优质的咖啡和服务，营造独特的"星巴克体验"，让全球各地的星巴克店成为人们除了工作场所和生活居所之外温馨舒适的"第三生活空间"。与此同时，公司不断地通过各种体现企业社会责任的活动回馈社会，改善环境，回报合作伙伴和咖啡产区农民。

在文化上，星巴克公司是一家价值驱动型的企业，公司内有一套被广泛接受的原则。星巴克要打造的不仅是一家为顾客创造新体验的公司，更是一家高度重视员工情感与员工价值的公司。霍华德·舒尔茨将公司的成功在很大程度上归功于企业与员工之间的"伙伴关系"。他说："如果说有一种令我在星巴克感到最自豪的成就，那就是我们在公司工作的员工建立起的信任和自信的关系。"这家公司总是把员工放在首位，并对员工进行了大量的投资。这一切来得绝非偶然，全都出自首席执行官的价值观和信念。舒尔茨曾说道："我想建立的公司能给人们带来主人翁意识并能提供全面的医疗保险，最重要的是，工作能给他们带来自尊。人们普遍认为该公司是一家能给他们带来自尊的公司，能尊重他们所做的贡献，不管员工的教育程度和工作地点在哪里。"

公司坚信若把员工放在第一位的话，将带来一流的顾客服务水平。换言之，有了对服务相当满意的顾客后，自然会有良好的财务业绩。在星巴克，员工被称为"合作人"。1991 年，星巴克开始实施"咖啡豆股票"，这是面向全体员工的股票期权方案。其思路是：使每个员工都持股，都成为公司的合伙人。这样就把每个员工与公司的总体业绩联系起来，无论是 CEO，还是任何一位合作人，都采取同样的工作态度。星巴克公司真心对待员工，员工真心对待客人，客人在星巴克享受的不仅是咖啡，而是一种倾情参与的体验文化。一杯只需 3 美分的咖啡为什么在星巴克会卖到 3 美元？星巴克为什么既能为顾客带来期望的价值，又能让企业获得更可观的利润？一个重要的原因就是，星巴克按照内部营销的原理和方法，始终坚持"尊重员工，从顾客出发，与员工及客户多赢"的经营理念。

### 二、向员工"推销"公司的价值观

从创业开始，舒尔兹就希望员工能认同公司的目标，并以成为公司一分子而自豪，为达此目的，必须先厘清公司的宗旨何在。公司主管和多名各部门员工代表花了几个月，就星巴克的理念和价值观进行讨论、评估，并拟出"使命宣言"。公司的目的是透过全体职员智慧，将公司的任务凝聚成简明扼要的纲领，作为未来决策的指南。"使命宣言"系以员工为优先、利润摆最后的程序草拟出来。它是全体职员认同的指导纲领。被称为"使命宣言"的以下六条纲领协助星巴克衡量公司各项决策的正当性：提供完善的工作环境，以敬意及尊严来对待所有员工；多元化观念是经营的重要原则；采用完美无缺的高标准，选购、烘焙、分销新鲜咖啡；尽力培养极度满意的客人；积极回馈我们的社区和环境；承认利润是未来成功的要件。

为了使宣言落到实处，公司建立了"使命评价"制度，以确保公司按其使命前进。公司在每个地方放置了评论卡谈论有关使命评价的问题，员工可以在他们认为这些决策和后果不支持公司的使命时填写评论卡。相关的经理要在两周时间对员工的问题做出回应。此外，一个跨部门的小组在公开论坛上探讨员工对工作的忧虑，并找出解决问题的方法及提交相关报告。这样做不仅使得公司的使命具有生命力，也加强了企业文化的开放性。

为落实使命的第一条，星巴克十分注意听取员工的意见，为鼓励员工献计献策，公司对每位员工的建议都认真对待。星巴克公司经常在公司范围内进行民间调查，员工可以通过电话调查系统或者填写评论卡对存在问题畅所欲言。星巴克公司还在内部设立公开论坛，探讨员工对工作的忧虑，告诉员工公司最近发生的大事，解释财务运行状况，允许员工向高级管理层提问。在星巴克看来，员工反映问题可以给管理层带来新的信息好的思路。从不同角度提供解决问题的方法，值得公司收集研究。此外，公司还定期出版员工来信。这些来信通常是有关公司发展的问题。

星巴克的成功在于，通过公司价值观的传播、认同、落实，形成了"员工第一，客户至上"的服务文化，通过使命评价和人力资源制度的制定，落实了公司使命，培育了满意员工，满意员工造就了忠诚的顾客，忠诚顾客带给公司丰厚利润。

### 三、全面激励让文化落地

要实现内部营销的目标，使员工积极自主地工作，管理者就必须对员工进行有效的激励，把员工的潜能焕发出来。

星巴克的做法是，把员工放在首位，并乐意对员工进行大量的投资。这一切全出自其董事长舒尔茨的价值观和信念。舒尔茨的管理作风与他贫寒的家境有关。他从小就理解和同情生活在社会底层的人。他的人生经历与磨炼直接影响了星巴克的股权结构和企业文化，反过来，这种股权结构和企业文化又对星巴克的成功起了不可或缺的促进作用。他坚信把员工利益放在第一位，尊重他们所做出的贡献，将会带来一流的顾客服务水平，自然会取得良好的投资回报。

为了加强及推动公司的文化，公司实施了一系列的报酬激励计划。与同行业的其他公司相比，星巴克雇员的工资和福利都是十分优厚的。星巴克每年都会在同业间做一个薪资调查。经过比较分析后，每年会有固定的调薪。在星巴克，加班被认为是件快乐的事情。因为那些每周工作超过20小时的员工可以享受公司提供的卫生、员工扶助方案及伤残保险等额外福利措施。这在同行业中极其罕见。这种独特的福利计划使星巴克尽可能地照顾到员工的家庭，对员工家人在不同状况下都有不同的补贴办法。虽然钱不是很多，但会让员工感到公司对他们非常关心。

星巴克的员工除了可以享受优厚的工资福利外，还可以按照规定低价购买公司的股票期权。早在1991年，星巴克就设立了股票投资方案，允许员工以折扣价购买股票。这样，所有员工都有机会成为公司的主人。星巴克股票的价格持续飙升，员工的期权价值与自豪感不断上涨。

科学合理的薪酬激励机制不但提高了员工的收入，而且提升了公司的文化和价值观，降低了员工的流失率。据调查，星巴克员工的流失率约为同业水平的1/3。

### 四、重视培训提高服务技能

教育和培训是企业使员工愿意并有能力接受其所提供产品和服务的必经之路。星巴克对每一个职别的员工都有一个相对应的培训。新进人员必须非常清楚自己未来的生涯发展，清楚自己未来要发展的方向。员工每预定一个目标，就必须接受不同的职务训练，也因为如此，店经理大部分都是由组织内部晋升上来的。星巴克所有的新进人员都必须经过四种核心课程，包括星巴克体验、咖啡交流、服务技能、吧台技术。这四项训练是针对员工的工作职责所规划的。透过这套课程，员工可以了解组织的文化历史。其中也教导员工运用一套核心工具，来强化人与人沟通的重要性。运用这套工具，当面对伙伴时，可以重复性强化相互尊重的概念。而这种尊重人性的感觉，也会自然从人与人的应对中自然地散发出来，顾客一进门和服务人员接触后，就能够感受备受尊重的感觉。霍华德·舒尔茨曾经说过，星巴克所从事的是人的产业，不是咖啡产品，而是提供好咖啡来服务人。因此，他常教导员工如何喜欢咖啡、了解咖啡、分享咖啡知识。

资料来源：韩国栋. 星巴克的内部营销 [J]. 企业改革与管理，2013（012）：42-44.

**问题：** 根据以上资料，分析星巴克是如何进行内部营销的。

## 五、应用训练

### 1. 实训目的

通过本章实训，让学生了解服务人员的概念及作用，了解服务企业对内部员工进行营销的重要性，进而让学生深刻理解内部营销的概念，理解内部顾客管理和内部营销的重要性，掌握内部营销实施的过程。

### 2. 实训内容

（1）每组独立选择服务企业进行了解企业服务人员管理情况。

（2）了解服务企业内部营销实施的情况。

### 3. 实训组织

（1）把班级同学分为若干小组，并选一位担任组长。

（2）每组到所选择的企业了解企业服务人员管理情况，企业内部营销实施情况。

（3）由有组长组织小组研讨，集中本组成员的研究成果，制成PPT。

（4）每组推荐一人上台演讲，其间师生可以向该组同学提问，教师引导学生参与研讨。

### 4. 实训步骤

（1）每组独立收集相关资料，并主动联系相关企业了解情况。

（2）小组独立讨论，汇总本组意见。

（3）撰写实训报告，并设计制作PPT。

（4）各组代表进行PPT展示，班级同学参与讨论。

（5）教师对各组表现进行评价，并给出实训成绩。

# 第八章　服务流程管理

## 学习目标

掌握服务流程及设计的规律、方法；熟练掌握服务蓝图的设计；熟悉服务流程改造及方法；了解服务流程评价的主要指标体系。

## 导入　案例

柜台方式和电话、网络方式都可以实现银行服务。凡使用过网上银行或电话银行业务的人都有过这样的体会，比起银行柜台漫长的等待来说，这种电子化的自助方式确实大大节省了顾客的时间、精力甚至费用。比如，通过网上银行购买基金，顾客不仅避免了频频跑银行的劳顿之苦，而且节省了不少开销。与此同时，在使用这些自助式服务手段时，人们也经常遇到一些麻烦。比如，人工咨询接通困难、菜单过于复杂需要重听数次才能下单、相关网页打开速度极慢、多次操作未必能够成功下单。

请思考服务生产流程在服务营销中的重要性，如何通过流程的管理和再造来提高服务生产率？

## 第一节　服务流程

在服务型企业中，企业给顾客提供服务体现为一个过程，这个过程与生产有形产品的企业在运营逻辑方面有很多不同，这也是顾客价值的生产与传递过程。Gummesson

(1985) 认为顾客价值通过服务流程得以实现，流程中存在的等待、浪费、无效的环节无疑是对顾客价值的一种浪费，这种过程是在顾客与提供者、有形资源的互动关系中进行的，服务是由一系列或多或少具有无形性的活动所构成的过程。需要说明的是流程与过程在英文翻译时是同一个单词，而依据中国的文字理解流程与过程既有联系又有区别。联系上可以说流程是过程的重要组成部分，过程是流程的整合，同时还包含其他机制、程序等。两者的区别在于：（1）流程更为专业，用在物理学、热力学、机械学、经济学与管理等方面；过程更为普通与常用，过程的用法可以在各学科，各种口语表达中。（2）流程是一个连贯的过程片段，流程中的事件间隙短；而过程可以有中断，更重视输入与输出，中间可以是黑箱。当然在实际运用中人们没有太多地区分两者，在一定语境下两者是同义语。基于上述观点，本章我们主要探讨服务流程。服务流程的设计与执行是服务企业运营质量的关键环节，对于服务流程的评价应该是基于顾客导向。服务过程的管理，为保证提供的产品或交付后的服务满足消费者的需求，对服务的过程实施有效控制，使服务满足合同规定要求，确保顾客满意。

## 一、服务流程的概念与特点

### （一）服务流程的概念

流程的本意是指水流的路程。后来用在经济与管理学上，用在工艺上指工艺程序，从原料到制成品的各项工序安排的程序；用在生产安排上指流水线；用在经济学领域指由两个及以上的业务步骤，完成一个完整的业务行为的过程；用在事件描述上指事物进行中的次序或顺序的布置和安排。

流程是指系统将输入转化为输出的过程，流程直接关系到一个系统的运作效率、成本和质量，对系统竞争力有重要影响。贝瑞（Berry，1985）等人研究的服务质量模型中揭示出服务流程的运营过程同时也是顾客感知服务、获得满足感的过程。清华大学技术创新研究中心的蔺雷、吴贵生认为，服务流程是服务企业向顾客提供服务的整个过程，以及完成该过程所需要素的组合方式、时间与产出的具体描述。泽斯曼尔（Zeithaml，1985）认为服务流程与有形产品的生产过程不同，主要表现为服务过程的无形性、生产和消费的同时性、服务过程的异质性和易逝性。通过这些过程，企业的资源与顾客实现了互动，而正是这些互动过程，创造了服务的价值。

基于学者对服务流程的概念的界定，可以看出，服务流程就是服务企业借助于有形资源与无形资源，将自身能力转化为顾客价值、并传递给顾客的过程，是识别、传递、创新、实现顾客价值的过程，服务流程是服务分析系统设计的基础。

### （二）服务流程的特点

由于服务是一个涉及消费者的互动过程来完成的，服务流程的核心是消费者的实时体验。企业与顾客是服务流程的共同参与者，也是价值的共同创造者。因此服务流程与生产有形产品的流程有着根本的不同特点。

### 1. 服务流程中顾客与服务企业的互动性

顾客是服务流程的参与者，在整个流程中需要与服务企业的人员、设备、技术资源接触。顾客与服务人员的信息沟通，与服务组织中各种物质和技术资源的相互作用，与服务组织规章制度间的相互作用，这些互动的结果会直接影响顾客感知服务质量。同时，顾客的价值观、专业素质及态度、行为也会反作用于服务流程，成为服务流程成功的关键影响因素。

### 2. 生产流程与消费流程的不可分离性

制造流程是一个相对比较封闭的系统，消费者通常不会参与到有形产品的生产过程，顾客的消费过程发生在产品生产完工之后。服务流程有别于制造流程，服务的生产流程与消费流程同时进行。在此过程中，一系列资源与顾客产生互动，以帮助顾客生成自己需要的价值。顾客与服务企业在同一个空间中完成了服务的生产流程和消费流程。这就决定了服务流程的质量更加难以通过预先制定标准而加以控制，服务流程的质量主要取决于当时的服务情景、员工的业务素质、顾客的参与状态。

### 3. 服务流程设计及执行过程的差异性

制造流程的每一个环节往往都可以进行标准化的设计，以确保产品质量的稳定性和实现大规模生产。而服务流程要想进行高度标准化设计则存在一定难度。由于顾客的需求千差万别，大多数情况下高度标准化的服务流程难以满足顾客的个性化需求。另外，即使相同的服务流程设计，由于不同服务人员的技术水平、服务态度及其努力程度有所差异，也会导致服务流程执行过程中的差异性。服务流程相比制造流程更强调流程的柔性。服务流程设计及执行过程的差异性是流程柔性的充分体现。

### 4. 服务流程影响因素的多样性和复杂性

与制造流程相比，服务流程是一个更为开放的系统。服务系统的输入是顾客的需求，顾客的需求受到其个人偏好、价值观、行为特点的综合影响，因此服务企业难以对顾客需求做出准确的预测；服务过程中还会受到当时的服务场景、服务员工、顾客及其他顾客等多方面因素的影响，输出结果的评价更多取决于顾客消费前的预期及消费过程的感知以及顾客价值观、偏好等多方面综合判断的结果。服务流程产品的无形性及影响因素的多样化和复杂化，使得对服务流程的控制难度加大。

## 二、服务流程设计

服务流程管理是任何一个服务企业必定会涉及的一个重要问题。服务流程不仅关系到服务企业的日常服务运转、人员安排、设施布置、时间要求等具体环节，而且还关系到对整个企业的运作成本、工作效率、服务形象、顾客认同等方面的影响。因此，一个流畅、有效、标准和弹性的服务流程对服务企业来说影响意义巨大，对服务流程的管理是服务企业管理领域中极其重要的方面。

服务流程管理的核心是服务流程设计。服务流程设计是一项富有创造性和科学性的工作，目的就是为服务企业提供一种为市场接受，能充分利用企业资源，发挥企业活力，独具竞争优势，符合科学和人性的服务系统。服务流程设计涉及很多方面，包括网点定位、设施设计和布局、服务人员工作内容、质量监督保证体系、顾客参与点和参与程度、服务生产控制等。服务流程的设计并非一成不变，服务系统运转同时也伴随着设计的修改。

服务流程设计始于从服务企业战略目标的高度分析服务系统的结构性方案。这一过程是要从整体的角度为流程设计进行定位。一般而言，为服务流程设计定位可以从多样性程度、服务作用对象和顾客参与程度几个方向来探讨，从而制定适合本企业的服务流程。

## （一）类别与性质

从多样化程度来看，服务系统可定性为标准化服务（多样化程度低）和个性化服务（多样化程度高）；服务系统作用的客体一般认为包括实物、信息和人，因此服务作用对象可划分为实物处理、信息提供和顾客服务；而按照顾客参与程度，又可以分为无参与、间接参与和直接参与（直接参与又按与服务人员的接触性分为自助服务和交互服务）。

## （二）服务流程设计取向

标准化服务具有如下特点：在范围有限的服务项目中集中形成专业化大规模生产，从而获得成本和质量优势；对工作人员技能要求简单基本；服务重复性大，自动化程度高。用标准代替人员决策实现了服务质量的一致和稳定。服务流程设计中基于这种标准化思路的设计方法称为生产线法。

相对于标准化服务，个性化服务则要求更大的灵活性和判断力，强调服务供需双方的信息沟通，服务过程无固定模式，很难进行严格意义上的流程设计和管理。因此，需要高度专业化、具有高度分析能力并具有更大自主权的员工来弥补非程序化带来的决策困难。

针对不同的服务客体，流程设计有不同的原则可循。如服务作用对象是有形实物，则确定该实物的所有权关系至关重要；若服务客体是顾客，安全无损则是首要原则；若服务客体是企业提供的辅助物品，高效率、低损耗则更为重要，同时辅助物品的库存、质量和传递方面设计给予应有的重视；对于以提供信息和形象为中心的服务，当信息集成作为后台行为时，可形成标准化作业，随着信息形成面从后台移向前台，流程设计也越发复杂。

对于以顾客为服务对象的服务行业，服务过程涉及身体形态变化（如美容、理发）或空间位置变化（如公交、电梯）。流程设计中应该强调专业化技巧来实现，并通过沟通技巧让顾客了解这些变化为其带来的利益。当然，由于顾客对这类服务必须亲身经历，所以服务网点的选择、设施的布置都需要进行专门设计。

### 某餐厅服务人员服务流程

总体流程：站立迎宾→迎客带位→拉椅让座→接挂衣帽→征询茶水→斟倒茶水→增减餐位→确认菜单→征询酒水→撤杯花、筷套→递送毛巾→上凉菜→起热菜→斟倒酒水→上菜服务→分餐服务→超值服务→大盘折小盘→更换餐具（骨碟、烟缸）→更换毛巾→清理台面→上主食→上餐后果盘→打包→结账→送客→收台。

## 三、服务蓝图法

服务企业与顾客的接触其实就是点对点的接触，服务企业可以借助服务作业流程图即服务蓝图的方法来分析从后勤到直接面对顾客的各个环节，寻找与顾客接触的每个点。例如，航空服务的大致流程是顾客预订机票、购票、办理登机手续、安检、候机、登机、起飞、飞行、降落、提取行李、从机场离开。每个接触点都是顾客感受航空公司服务的机会，也是航空公司了解顾客需求、改善服务流程的契机，航空公司必须在这些接触点上为顾客提供优质的服务。为了使航空公司更好地了解服务过程的性质，有必要把这个过程的每个部分按步骤地画出流程图来，这就是服务蓝图。

服务蓝图是详细描画服务系统的图片或地图，服务过程中涉及的不同人员可以理解并客观使用它，而无论他的角色或个人观点如何。服务蓝图直观上同时从几方面展示服务：描绘服务实施的过程、接待顾客的地点、顾客及员工的角色以及服务中的可见要素。它提供了一种把服务合理分块的方法，再逐一描述过程的步骤或任务、执行任务的方法和顾客能够感受到的有形展示。

### 服务蓝图

20世纪80年代，美国学者G. Ly等人将工业设计、决策学、后勤学和计算机图形学等学科的有关技术应用到服务设计方面，为服务蓝图法的发展做出了开创性的贡献。制定蓝图在应用领域和技术上都有广泛的应用，包括后勤工业工程、决策理论和计算机系统分析等。

服务蓝图直观上同时从几方面展示服务：描绘服务实施的过程、接待顾客的地点、顾客雇员的角色以及服务中的可见要素。它提供了一种把服务合理分块的方法，再逐一描述过程的步骤或任务、执行任务的方法和顾客能够感受到的有形展示。

## （一）服务蓝图的主要构成

服务蓝图包括顾客行为、前台员工行为、后台员工行为和支持过程。绘制服务蓝图的常规并非一成不变，因此所有的特殊符号、蓝图中分界线的数量，以及蓝图中每一组成部分的名称都可以因其内容和复杂程度而有所不同。当你深刻理解蓝图的目的，并把它当成一个有用工具而不是什么设计服务的条条框框，所有问题就迎刃而解了。

顾客行为部分包括顾客在购买、消费和评价服务过程中的步骤、选择、行动和互动。这一部分紧紧围绕着顾客在采购、消费和评价服务过程中所采用的技术和评价标准展开。

与顾客行为平行的部分是服务人员行为。那些顾客能看到的服务人员表现出的行为和步骤是前台员工行为。这部分则紧围绕前台员工与顾客的相互关系展开。

那些发生在幕后，支持前台行为的雇员行为称作后台员工行为。它围绕支持前台员工的活动展开。

蓝图中的支持过程部分包括内部服务和支持服务人员履行的服务步骤和互动行为。这一部分覆盖了在传递服务过程中所发生的支持接触员工的各种内部服务、步骤和各种相互作用。

服务蓝图与其他流程图最为显著的区别是包括了顾客及其看待服务过程的观点。实际上，在设计有效的服务蓝图时，值得借鉴的一点是从顾客对服务过程的观点出发，逆向工作导入实施系统。每个行为部分中的方框图表示出相应水平上执行服务的人员执行或经历服务的步骤。四个主要的行为部分由三条分界线分开，如图8-1所示。

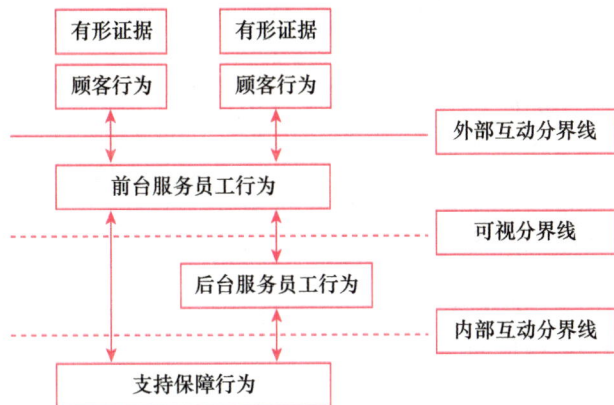

图 8-1　服务蓝图

第一条是外部互动分界线，表示顾客与组织间直接的互动。一旦有一条垂直线穿过互动分界线，即表明顾客与组织间直接发生接触或一个服务接触产生。

第二条分界线是极关键的可视分界线，这条线把顾客能看到的服务行为与看不到的分开。看服务蓝图时，从分析多少服务在可视线以上发生、多少在以下发生入手，可以很轻松地得出顾客是否被提供了很多可视服务。这条线还把服务人员在前台与后台所做的工作分开。比如，在医疗诊断时，医生既进行诊断和回答病人问题的可视或前台工作，也进行事先阅读病历、事后记录病情的不可视或后台工作。

第三条线是内部互动分界线，用以区分服务人员的工作和其他支持服务的工作和工作人员。垂直线穿过内部互动分界线代表发生内部服务接触。

蓝图的最上面是服务的有形展示。最典型的方法是在每一个接触点上方都列出服务的有形展示。

图8-2是以快餐店为例绘制的一张服务蓝图，该服务蓝图中的主要因素包括前台活动的有形展示、主要的顾客行为、外部互动分界线、前台员工行为、可视分界线、后台员工行为、内部互动分界线、其他员工的支持过程以及与信息技术相关的支持过程。

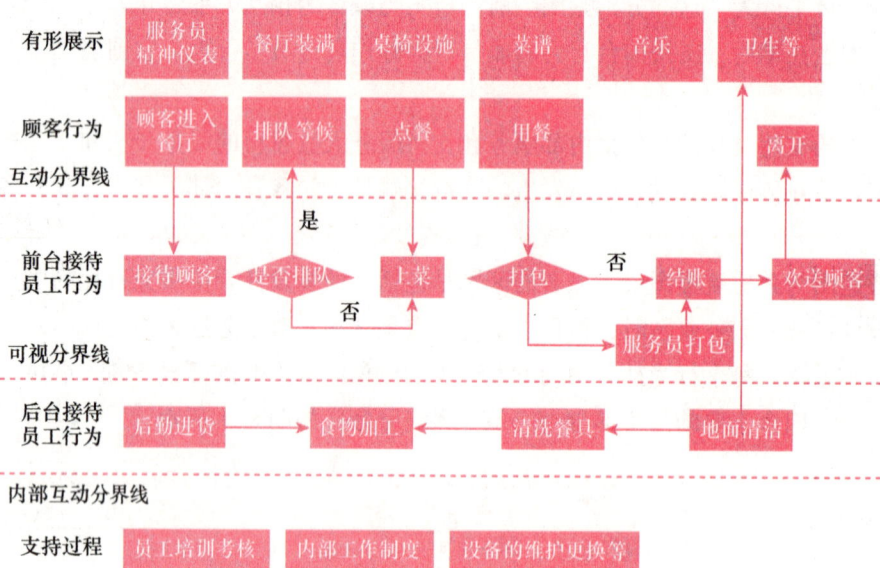

图8-2 快餐店服务蓝图

## （二）服务蓝图的基本步骤

对服务企业来说，绘制服务蓝图是一项系统工程，它的构建涉及服务企业的很多职能部门的代表和来自顾客的信息。因此，绘制服务蓝图需要服务企业内部相关部门或个人协同完成。一般来说，服务蓝图的建立分为六个基本步骤（见图8-3）。

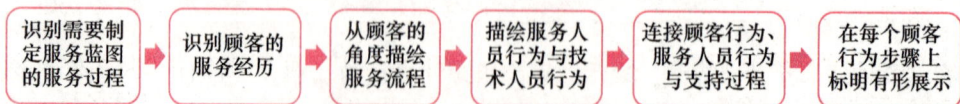

图8-3 设计服务蓝图的基本步骤

### 1. 识别需要制定蓝图的服务过程

蓝图可以在不同水平上进行开发，这需要在出发点上就达成共识。服务企业先要分析服务流程设计的意图，弄清所要绘制的蓝图究竟是什么样的服务流程。例如，对快递公司来说，开发整体的流程与只开发货物分拣这一子流程，服务蓝图的复杂程度是不同的。服务企业需要明确以下问题：服务企业和服务项目的目标是什么？绘制服务蓝图的目的是什么？服务企业是关注整个服务还是服务的某个组成部分？服务过程的起点、重要环节和重点分别在哪里？总之，识别需要绘制蓝图的过程，首先要对建立服务蓝图的意图做出分析。

### 2. 识别顾客（细分顾客）对服务的经历

不同的细分市场中的顾客对服务的需求不同，对服务过程的各个环节的感受或评价也存在着差异。因此，服务企业所设计的服务流程也应该考虑细分顾客群体的需求差异。从顾客导向或个性化服务观点看，假设服务过程因细分市场不同而变化，这时为某类细分顾客开发服务蓝图就非常具有针对性。在实际营销管理中可以为不同细分市场的顾客分别设计服务流程蓝图。

### 3. 从顾客角度描绘服务过程

这一步骤包括从顾客的角度来描绘顾客在购买、消费和评价服务过程中的选择和行为。从顾客的角度而非企业角度来识别服务过程，可以避免把注意力集中在对顾客没有影响的过程和步骤上。在这个步骤中，首先要明确顾客是谁；其次，要对顾客如何体验和感受服务的过程进行深入细致的调研。

### 4. 描绘服务人员行为与技术人员行为

服务企业应先确定互动分界线和可视分界线，再从顾客和服务人员的观点出发绘制服务过程。如果设计的是一种全新的服务流程，应该从绘制顾客期望的服务流程开始；如果是进行流程改造，可以向一线员工询问哪些行为能被顾客看到，哪些行为在后台发生，以及顾客对现有流程的抱怨情况。

如果采用技术传递服务或者是将技术与人力相结合传递服务，那么要把技术层面的行为绘制在可视分界线的上方。当完全采用技术传递服务时，这个部分要标明"前台技术活动"。当技术与员工结合提供服务时，则要分别标明"前台技术活动"和"前台员工接待活动"。

### 5. 连接顾客行为、服务人员行为与支持活动

在服务蓝图的下端画出内部互动分界线，随后就可以看出服务人员行为与支持部门的联系。在这一过程中，内部行为对顾客的直接或间接影响会显现出来，提示支持部门的内部服务在服务流程中的地位和作用。如果顾客的经历与支持部门缺乏关联，则该过程中某些环节就可以省去。因此，从内部服务过程与顾客的关联的角度出发，把顾客行为、服务人员行为与支持过程相连接就显得尤为重要，它直接关系到服务流程能否有效运转。

### 6. 在每个顾客行为步骤上标明有形展示

在服务蓝图上加上有形展示，包括顾客看到的东西以及顾客经历中每个步骤所得到的

有形物品。这些有形展示应该与服务企业的营销战略和服务定位相一致。

课堂讨论

尝试设计高校食堂餐饮服务的服务蓝图。

### （三）服务蓝图的作用

服务蓝图具有直观性强、易于沟通、易于理解的优点，对于企业开展服务营销活动具有重要意义，主要表现为以下几方面。

（1）建立服务蓝图的过程就是企业从顾客的角度重新认识所提供服务的过程。例如，企业可以思考：顾客是怎样产生对该服务的需要的想法的？在最终选择本公司的服务前，顾客做了哪些选择和比较？顾客是高度参与服务过程呢，还是几乎不参与？从顾客的角度来看，服务证据是什么？这些思考可以促进企业更好地满足顾客的需要，而不仅是提供服务。

（2）通过建立服务蓝图，研究恰好在可见性线上下两侧的那些前、后台接触员工行为，我们可以发现是谁何时、如何同顾客接触，接触的频次是多少，是只有一个员工向顾客负责，还是顾客依次接受不同的员工？这有助于增强员工的顾客意识和顾客导向，从而有助于提高服务质量。

（3）服务蓝图揭示了组成服务的各要素和提供服务的步骤，这有助于理解内部支持过程和非接触员工在服务提供过程中的角色和作用，从而激发他们为顾客提供高质量服务的积极性和主动性；也有助于明确各部门的职责和协调性，从而有效地克服了部门之间的藩篱和隔阂，避免部门主义。

（4）蓝图中的外部相互作用线指出了顾客的角色，以及在哪些地方顾客能感受到质量；而可见性线则促使公司谨慎确定哪些员工将和顾客相接触，是谁向顾客提供服务证据，哪些东西可以成为服务证据，从而促进合理的服务设计，明确质量控制活动的重点。

（5）服务蓝图有助于识别失败点和服务活动链的薄弱环节，从而为质量改进努力指明方向。

### （四）服务蓝图常见问题

#### 1. 绘制什么服务过程？

绘制什么过程依赖组织或团队的目标。如果目标未被准确定义，识别过程将非常艰难。需要提出的问题有为何要绘制服务蓝图？我们的目标是什么？服务过程的起点和终点在哪里？我们是关注整个服务、服务的某个组成部分还是服务的一段时间？

### 2. 能把多个细分市场绘制在一张蓝图上吗？

一般来说该问题的答案是"不"。设想各个细分市场具有不同的服务过程或服务特征，则两个不同细分市场的蓝图会大不一样。只有在一个非常高的水平上（有时称之为概念蓝图）才可能同时绘出不同细分市场的蓝图。

### 3. 谁来绘制蓝图？

蓝图是团队工作的结果，不能在开发阶段指定个人来做这一工作。所有有关的方面都要参与开发工作或者派出代表，包括组织内各职能部门的雇员（营销、运营、人力资源、设备设计部门），有时也有顾客。

### 4. 描绘现实的服务过程蓝图还是期望的服务过程蓝图？

如果正在设计一项新服务，显然从绘制期望的服务过程开始极为重要。但是在进行服务改进或服务再设计时，首先从绘制现实服务过程入手非常重要（至少在一个概念水平上绘制）。一旦小组了解到服务实际如何进行，修改和使用蓝图即可成为改变和改进服务的基础。

### 5. 蓝图应包括例外或补救过程吗？

如果例外事件不多，可以在蓝图上描绘比较简单、经常发生的例外补救过程。但是这样会使蓝图变得复杂、易于混淆或不易阅读。一个经常采用的、更好的战略是在蓝图上显示基本失误点，有必要时，为服务补救过程开发新的子蓝图。

### 6. 细节的水平应该如何？

该问题的答案也依赖最初开发蓝图的目的或意图。如果目的表达大于使用，那么概念蓝图不需要太多细节。如果蓝图要用于诊断和改进服务过程，那就要更加详细些。由于有些人比别人更加重视细节，该问题经常被提出，需要蓝图开发团队给予解决。

### 7. 应使用什么符号？

在这一点上，还没有公司通用或认可的蓝图符号词汇。最重要的是符号要有明确定义、使用简便。如果蓝图要在组织内部共同使用，这些符号更应是团队内和组织各部门间常用的才行。

### 8. 蓝图要包括时间和费用吗？

蓝图的用途很广泛。如果蓝图的使用目的是减少服务过程中不同的时间，时间就一定要被包括进来，对费用开销或其他与该目的有关的问题也一样。但是并不提倡把这些东西加入蓝图，除非它们是中心问题。

**【资料链接】8-3**

### 峰终定律

峰终定律是诺贝尔经济学奖得主丹尼尔·卡尼曼的理论，就是人们事后再对服务进行回忆和评价的时候，对人们印象最深的就是峰值和终值的感受。峰值就是服务过程中的最强体验，终值是服务过程最后的体验；好的开头不如好的结尾；过程中好与不好的其他体验对记忆几乎没有影响。

例如，一些儿科医院会在诊疗结束后送给小孩子礼物或者给其最爱吃的零食。这样，即便过程很痛苦，最后却有一个甜甜的结果。这个孩子对这一疾病的痛苦印象就不会那么深刻了。

星巴克的"峰"是友善的店员和咖啡的味道，"终"是店员的注视和微笑。尽管整个服务过程有排长队、价格贵、长时间等待制作、不易找到座位等很多差的体验，但是顾客下次还会再去。

宜家的购物路线，也是按照峰终定律设计的。虽然它有一些不好的体验，如"地形"复杂，哪怕只买一件家具也需要走完整个商场；如店员很少，找不到帮助；如要自己从货架上搬货物，要排长队结账。但是它的峰终体验是好的，它的"峰"就是过程中的小惊喜，如便宜又好用的挂钟、好看的羊毛毯以及著名的瑞典肉丸；它的"终"是什么呢？就是出口处1元钱的冰激凌！如果没有出口处1元钱的冰激凌，宜家的"终"体验可能会很差。所以，1元钱的冰激凌看似赔本，却为宜家带来了极佳的"终"体验，成为人们记住宜家的一个标记。当人们再回忆起宜家的购物之旅时，会觉得整体行程都非常棒。

设计服务蓝图核心就是让你在资源有限的情况下，配置你的资源，在关节点上安排角色，保证整体服务路径不崩溃，尽量不压到用户的忍耐底线。然后尽量集中资源，打造体验的峰值，最后再做一个体验终值的美好结尾。

# 第二节　服务流程改造

## 一、服务流程改造的概念

哈默与钱皮于1993年合著的《再造企业：企业改革宣言》中第一次明确地提出了企业业务流程再造（business process reengineering，BPR）的概念，其创新之处在于它是对前人关于流程管理思想、组织管理思想以及信息技术对组织的影响等理论和方法的一种集成，强调以业务流程为改造对象和中心，以关心客户需求和满意度为目标，利用先进的制造技术、信息技术及现代化的管理手段，最大限度地实现技术上的功能集成和管理上的职能集成，以打破传统的职能型组织结构，建立个新的过程型组织结构，从而实现企业经营在成本、质量、服务、速度和环境等方面的巨大改善，极大地提高企业的市场反应速度及市场适应能力。

流程改造管理是结合"业务流程再造"和业务流程改进（business process improvement，

BPI）管理学理论而提出的，它既可"改"，也可"造"。"改"则是继承 BPI 理论原理，主张在原有流程的基础上进一步改进，可以"小改"——针对某一局部流程进行优化，也可"大改"——对整个业务流程进行大幅度的变化和调整；而"造"，则是从头开始，重新审视企业现状，在一张白纸上重新设计流程，从根本上考虑产品或服务的提供方式。流程改造管理融合"BPR"和"BPI"管理思想，可改可造，甚至边改边造，在改进的过程中重组，在重组之路上继续改进。

服务流程改造，是指一种从根本上考虑和彻底地设计企业的服务流程，使其在成本、质量、服务和速度等关键指标上取得显著的提高的工作设计模式，其目标是提高顾客满意度。服务流程再造一般发生在现有流程无法满足客户需求，或者为了更好地提高客户体验的时候针对着客户需求专门设计工作流程。目标是为了设计出能够满足客户需要的流程。

## 二、服务流程改造的一般方法

服务流程改造的方法有两种：系统化改造法和重新设计法。系统化改造法在传统的服务行业运用较多，如餐饮与洗浴。这些行业相对比较成熟，市场环境较为稳定，企业在遇到顾客需求或者偏好变化时通常采用这一种改造方法。比较而言，重新设计法往往在新兴服务行业中应用较多，如网上订票、银行业务和信息查询，因为这些行业受到信息技术的巨大冲击，要彻底改变传统的服务流程，才能满足顾客的需求。

### （一）系统化改造法

系统化改造法是在现有流程的基础上，根据顾客的需求或者内部管理的需要对现有的流程局部进行调整和改善（包括流程的增减、流程的简化、流程顺序的调整等），改造后的流程更能适应顾客的需求或者流程效率更高。一般在顾客的需求、消费行为发生较小的变化，或者外部的经营环境出现不大的变动时，采取这种流程改造的方法就可以能满足顾客的需求和经营的需要。这种方法不涉及企业战略的重大调整，企业只是为了应付市场短期的变化而采取的一种服务流程改造的方法。但顾客的需求或者消费行为发生巨大的改变时，这种在原来流程基础上的调整与改善是不能满足顾客的需求的，也不能给企业带来很大的竞争优势，在这种情况下企业就要对服务流程进行重新设计。

### （二）重新设计法

服务流程的重新设计法是根据顾客的需求或经营的需要，撇开现有的服务流程，从想要达到的效果出发，完全重新设计服务流程。这种服务流程的设计一定要和企业的战略保持一致，设计好的流程将会是企业服务的基础。这种设计一般花费比较大，持续时间更长，需要公司高层权力支持。在大多数的情况下，大多数的企业都会采用第一种服务流程改造的方法。只有在企业面临巨大的变化时，如顾客的需求或偏好发生巨大改变，或者某项技术的出现对竞争环境产生很大的冲击，只有在这样的情景下企业才会考虑采用全新的服务流程设计法。

## 三、服务流程改造的基本原则

### （一）服务流程改造要以顾客需求为中心

企业的一切活动都应该以满足顾客需求为目标，当然服务流程的再造也不例外。任何技术或者产品导向的服务流程改造都是不可能获得成功的，只有真正从顾客需求出发的流程改造才可能获得成功。然而今天有很多公司进行服务流程改造的动机是出于内部管理的要求，流程改造的目的是加强内部的管理，而不是对顾客需求的满足。在这样的流程改造中，顾客的利益要服从企业的需要。企业忽视对顾客的真正关心，这样的服务流程是得不到顾客的支持的，得不到顾客支持的企业是不可能有什么发展的。

### （二）服务流程改造必须具有整体性

服务流程改造绝不仅是与服务流程直接接触的员工的事，它需要企业全体员工共同努力。在顾客对某个服务进行评价时，肯定不会只评价服务人员的服务，影响顾客满意的因素有很多，如在餐饮服务中，顾客与服务人员的接触评价固然很重要，但餐厅的环境、食物和饮料的质量等很多因素都会影响顾客对服务的评价。所以企业的员工必须知道服务流程改造是需要全体员工共同努力才能做好的，需要大家共同的支持。

### （三）设计与改造后的流程目标相一致的考评体系

虽然服务流程改造的目的是满足顾客的需求，为了让公司全体员工的行为都为共同目标而努力，就需要设计以顾客为导向的企业内部的管理体系、考评体系，以保证改造后的服务流程得以真正实施。有些企业的服务流程改造的流程中没有设计相应的考评体系，还是按原来的制度进行考评，结果好的改造方案最后没有得到真正的实施。所以企业内部的考评体系是保证企业员工的行为与改造目标相一致的重要手段。

### （四）服务流程改造应强调顾客的参与

服务流程改造的目的是满足顾客的需求，所以进行服务流程改造的前提就是要了解顾客的需求。现在的企业可以通过多种渠道和方式来了解顾客的需求，但由于各种调查方法本身的缺陷或者是条件所限，不能准确了解顾客的需求。因此他们在服务流程重组时邀请重要的顾客参加，耐心听取他们的意见和建议；在新的服务流程实施以后再次邀请部分顾客来体验改造后的效果，听听他们的体会，若有问题则进行进一步的调整，直到基本满意为止。顾客本身了解自己的需求，但不一定能说出来，只有在实际的服务中才能体会得到。

## 四、服务流程改造策略

服务流程改造管理是必然的，在企业内部展开企业流程改造管理的策略主要包括以下几方面。

### （一）流程改造管理"目标单位"的锁定

流程改造管理是一个大规模的工程，不可能瞬息之间在所有部门同时展开。

（1）流程改造管理本身就是为了效率提升、成本节约和系统优化，总会触及一些部门的利益，如果同时在各个部门推动，涉及的面太广，不利于接受。如果控制不好，就会衍生出更多的问题，削弱流程改造管理的影响力，严重时可能导致整个计划的"流产"。

（2）流程改造管理若选择现在运行良好、赢利较多的单位进行，单位本身需求不够强烈，主动性差。他们还没有意识到改革的迫切性，当从上到下没有改革意识和革新需求时，推动改革往往是被动的、带有强迫的，成效不大，有可能还会有抵触的情绪，给企业流程再造形成障碍，使得整个计划无法推行。

鉴于以上两种原因，流程改造管理之前，改造目标的选定尤为重要。选择那些单位展开呢？其一，单位业绩在全集团各个事业群、事业处中排名最差的，这样的单位很迫切地想改变，为生存而战，需求强烈。其二，选择组织臃肿、冗员充斥、直接间接比小、"派系林立"的单位进行。这些单位已经问题重重，迟早要解决，本身问题多多、浪费严重，革新成效在这样的单位中能很快体现（如果策略对路），有利于提高团队的流程改造管理激情，为在其他单位进行成果复制做好铺垫。其三，选择组织涣散、没有执行力、消极拖延的单位进行。这样的单位已经是企业的包袱，必须解决之，而流程改造管理中牵扯到"换将"和"换血"，在已经表现很差的单位推动，能尽快地结束一些不合格管理者和组织成员的岗位，为企业节省成本。同时，可以将流程改造管理风险降到最低的可控制范围——这样单位中不合格人员较多，可以有效避免或降低"误伤"。

以上重点讨论了企业流程改造管理中的"目标锁定"——改造单位选择问题，为革新流程做了准备和铺垫。

### （二）爆破和建立标杆

按照上述基准选择好企业流程改造管理的目标单位之后，就要进行"定点爆破"和"标杆建立"。"定点爆破"解决的是目标单位的当下问题，小系统的运作必须有一定的特殊性，同时投入足够的资源、重点解决。"标杆建立"是要确立最佳的组织模式和流程体系，将"目标单位"改造成效率最佳的"标杆单位"，以利于当下成果的推广和传承，及企业流程再造总体目标的实现。

### （三）模式复制、推广与固化

当在"目标单位"中实现了流程优化和系统化，就要将成果进行复制和延伸，改造企业其他单位组织的流程与系统。虽然相对于选定的"目标单位",其他单位问题没有严重到生存的危机,但如果没有在问题发生前就解决掉问题,企业将重蹈"目标单位"的覆辙,失去竞争力,而当问题发生后再去解决,消耗的资源和成本往往很大,而且会带来很深的负面影响,防患于未然比解决现有问题更加重要和迫切。

如果"目标单位"被"定点爆破"流程改造管理成功,就应该将成果在企业内推广,以避免产生同样的系统和流程问题,将成果进行复制、推广和固化,才是企业流程再造真正意义上的实现。

# 第三节　服务流程评价

建立一套完善的服务流程评价指标体系,对于提升服务企业的服务质量以及实施服务创新都具有十分重要的意义,研究服务流程的实施效果,找出流程中存在的不足。

## 一、基于顾客价值的服务流程评价指标的构建原则

构建一套静态和动态相结合的服务流程评价指标体系,从顾客价值识别、顾客价值传递、顾客价值创新三个维度,应遵循以下原则。

### (一)科学性原则

测评指标体系是理论与实际相结合的产物,对客观实际抽象描述越清楚、越简单,其科学性就越强,它必须是对客观实际的抽象描述。

### (二)可操作性原则

由于服务的无形性及服务流程执行过程的差异性,无法像有形产品的生产过程那样便于监测和控制,因此,建立的服务流程指标体系应该具有可操作性和可测量性。

### (三)全面性原则

由于顾客价值是一个较为抽象的概念,影响的因素较多,由于顾客价值是一个较为抽象的概念,影响的因素较多,所以在服务流程评价的指标选择上应该尽可能全面。

### (四)顾客导向原则

顾客是价值评判的主体,也是企业存在和发展的基础,由于服务流程是顾客价值生成、传递和实现的过程,所以顾客的需求应该是企业努力的方向。为使企业有存在的价值,拥有竞争力,企业必须为其提供的产品或服务得到顾客的信赖而努力。

## 二、基于顾客价值的服务流程评价指标体系构建

服务流程是顾客价值识别、传递、生成的过程，服务质量及顾客满意的实现则依赖企业服务流程能力。按照层次分析法的思想，将服务流程绩效评价的指标体系分为目标层、准则层和指标层三个层次。对服务流程的剖析和评价需要从以下三方面进行：识别顾客价值的能力指标；传递、生成顾客价值的指标；创新顾客价值的指标。基于此，服务企业的流程评价指标体系的目标层就是服务企业的流程改善，或者流程的效率得到提升，准则层可以分为学习能力、流程运营、价值创新三个，指标层就是对三个准则层进一步的细分或者对三个准则层的具体化。三个准则层中的学习能力反映了服务企业是否善于判断和识别顾客的关键需求，是识别顾客价值的关键要素；流程运营体现的是服务流程中满足顾客需求的效率、效果和柔性，体现了顾客价值传递和生成能力；顾客价值创新是对服务流程中的顾客价值要素进行改变、创造、组合，提供完全新型而优越的顾客价值的能力指标。

### （一）学习能力

学习能力反映服务企业在既往经验和活动的基础上开发或者发展相应能力和知识，并将这些能力和知识应用于服务流程活动的改善和优化，是判断和识别顾客价值的关键能力。辛库拉（Sinkula）、贝克（Baker）和诺德威尔（Noordewier）从市场信息的角度出发，提出从"学习承诺""共同愿景"和"开放的心智"三个层面来衡量组织学习观念。赫特（Hult）和费雷尔（Ferrell）从"团队导向""系统导向""学习导向""记忆导向"四个层面来衡量组织学习能力。已有评价指标从学习观念、团队文化、组织行为的角度来评价，忽视了现代信息技术对组织学习的促进作用。员工教育与培训、知识积累与转移、IT及信息技术、团队及组织文化，是学习能力指标的四方面内容。

#### 1. 员工教育与培训

良好的职业能力和素养，可以从新技术与知识培训、对员工个人学习的鼓励和支持、员工价值观培养等指标进行评价。可以提高服务人员对顾客价值主张的准确判断和及时反应。

#### 2. 知识积累与转移

该指标反映服务流程中成员之间知识的共享程度、对已有知识经验的储存传递、从外部吸收新知识提升流程质量的情况。

#### 3. IT 及信息技术

为顾客创造更多价值的重要工具，是提升服务流程效率，它被称为流程管理的"使能器"。评价内容包括远程通信、数据库、信息系统应用基础设施情况、流程中信息系统的参与和支持等方面。

### 4. 团队及组织文化

团队及组织文化是流程学习的催化剂，开放性、平等性、鼓励创新性和进取性是良好组织文化的特点，评价内容包括共享组织的愿景和信息、开放的交流和雇员参与决策。

## （二）流程运营

流程运营指标体现的是服务流程中满足顾客需求的效率、效果和柔性，体现了顾客价值传递和生成能力。达文波特（Davenport）从流程时间的减少、流程成本的降低、顾客满意度、良好的协调管理以及员工的知识和技能水平的提升等方面来评价流程绩效。迈克尔·哈默（Michael Hammer）和詹姆斯·钱皮（James Champy）从成本、质量、服务和速度这四个绩效测量指标评价流程运营绩效。雷·海恩斯（Ray M. Haynes）在《服务的生产率平衡》一文中使用效率和效益两个评价指标对服务流程进行了评价，认为服务提供商注重流程的效率而顾客更关心服务过程中获得的效益。

服务流程运营指标旨在反映服务流程中传递、生成顾客价值的效果和效率。

（1）服务流程成本。流程成本包括作业成本、资源成本，降低流程成本既可以提高服务企业的效益，也能够降低顾客购买成本从而提高顾客价值。

（2）服务流程的效率。包括服务活动的速度、顾客等待时间、价值增值活动的比率。

（3）服务流程的质量。可以从流程的可靠性、柔性、保证性方面进行评价。

（4）顾客满意。顾客在接受服务过程中所产生的满足状态，可以从顾客重复消费次数、投诉率等指标来评价，是一种心理状态，具有主观性。

## （三）价值创新

价值创新指标是对服务流程中的顾客价值要素进行改变、创造、组合，提供完全新型而优越的顾客价值的能力指标。库珀（Cooper）和克莱恩施密特（Kleinschmidt）通过要素分析，从财务绩效、机会窗口、市场影响三方面对企业的创新结果进行评价。沃斯（Voss）对服务过程创新绩效从竞争力、品质、有效性等方面进行衡量。科尔德罗（Cordero）从整体业务绩效、技术绩效和商业绩效三个角度评价服务创新绩效。已有指标主要从企业战略和市场竞争的角度进行评价，对内部运营中的价值创新行为关注较少。

借鉴已有学者的研究结果并结合服务流程特点，从以下四方面来评价。

（1）智能化设计及应用。评价指标包括服务预定系统、自助服务系统、智能评价系统等。智能化设计及应用是服务业价值创新的主要工具和途径。

（2）资源利用与整合。包括企业对潜在资源的挖掘和扩充能力，服务流程中企业现有资源的有效利用与整合。有效的资源利用可以提升顾客价值的同时降低流程的成本。

（3）内部组织管理。该指标评价服务流程中价值创新的管理支持系统，组织管理创新是顾客价值创新的一个源泉。

（4）流程变革与创新。该指标从服务流程中的活动可以体现出企业未来的战略设想，体现企业服务传递系统中顾客价值创新的方向和途径。

表8-1　基于顾客价值的服务流程评价指标体系

| 目标层 | 准则层 | 指标层 | 备注 |
|---|---|---|---|
| 服务效率提高 | 学习能力 | 员工教育与培训 | 为了提高评价的准确性与相对客观性，各个指标在实际应用过程中还可以进一步细分，把指标层甚至还可以运用类似的方法进行循环。 |
| | | 知识积累与转移 | |
| | | IT及信息技术 | |
| | | 团队及组织文化 | |
| | 流程运营 | 服务流程成本 | |
| | | 服务流程的质量 | |
| | | 顾客满意 | |
| | | 服务流程效率 | |
| | 价值创新 | 智能化设计及应用 | |
| | | 内部组织管理 | |
| | | 流程变革与创新 | |
| | | 资源利用与整合 | |

## 本 章 习 题

### 一、判断题

1. 服务蓝图中的外部互动分界线表示顾客与企业间直接的互动。　　（　　）

2. 建立服务蓝图的过程就是从企业的角度认识所提供服务的过程。　　（　　）

3. 服务蓝图的绘制工作由企业的营销部门来进行。　　（　　）

4. 在企业面临巨大的变化，如顾客的需求或偏好发生巨大改变时，企业可采用服务流程系统化改造法。　　（　　）

5. 服务流程改造应强调顾客的参与。　　（　　）

### 二、单选题

1. （　　）决定了服务流程相比制造流程更强调流程的柔性。

A. 服务流程中顾客与服务企业的互动性

B. 生产流程与消费流程的不可分离性

C. 服务流程设计及执行过程的差异性

D. 服务流程影响因素的多样性和复杂性

2. 服务蓝图中，区分前台活动区域和后台活动区域之间的分界线是（　　）。

    A. 互动分界线　　　　　　　　　B. 外部互动分界线

    C. 内部互动分界线　　　　　　　D. 可视分界线

3. 绘制服务蓝图的第一步是（　　）。

    A. 识别顾客对服务的经历　　　　B. 从顾客角度描绘服务过程

    C. 识别需要制定蓝图的服务过程　D. 描绘服务人员行为与技术人员行为

4. 服务流程再造的目标是（　　）

    A. 保持竞争优势　　　　　　　　B. 提高顾客满意度

    C. 提高管理水平　　　　　　　　D. 提高员工满意度

5. 下列哪一项不是构建服务流程评价指标体系的原则（　　）。

    A. 科学性　　　　　　　　　　　B. 可操作性

    C. 全面性　　　　　　　　　　　D. 员工导向性

## 三、问答题

1. 简述服务流程的概念和特点。

2. 什么是服务蓝图？服务蓝图有哪些部分组成？

3. 说明绘制服务蓝图的主要步骤。

4. 什么情况下需要对服务流程重新设计？

5. 简述服务流程改造的基本原则。

6. 简述服务流程改造的策略。

7. 服务流程评价指标体系的构建原则有哪些？

8. 对服务流程的剖析和评价可以从哪些方面进行？

## 四、分析案例

【案例一】

### 现代酒店管理创新系列谈之流程再造：酒店业全面提升服务效率的捷径

现代酒店之间的竞争在很大程度上可以归结于服务效率的竞争，尤其是在硬件配置高度同质化的情况下，更简洁的服务流程和更贴近顾客需求的产品设计往往能为酒店赢得空前的竞争优势。

多年来，凯悦饭店一直在会议客源市场上占据着令人艳羡的份额，独特的会务接待流程是其成功的关键。在几乎所有的凯悦成员饭店中，都设置有专门的"会议金钥匙"，为会议的主办者和参加者提供全程专项服务。与大多数酒店洽谈、接待与会务分开的会议接待流程不同的是，"会议金钥匙"们从接受顾客现场考察开始，一直到整个会议圆满结束，始终不离主办者左右，密切注视着会议进程，及时准备碰上处理各种意想不到的情形。饭店还授予了"会议金钥匙"们相应权限，以确保其在饭店范围内切实有效地调用各种资源，如人员、设备、车辆、花卉，各营业部门也被明确要求与"金钥匙"们紧密配合，对于其临时做出的各项指令及时会计实施，而无须额外的请示和协商……在"会议金钥匙"这种类似于"项目经理"的接待流程推出之后不久，顾客对于凯悦饭店会议服务的满意度急剧上升。

凯悦的成功，既源于对顾客消费心理细微之处的精确把握，也离不开"流程再造"技术的巧妙运用。所谓"流程再造"，就是跳出传统的思维定式，重新审视企业原有的操作及管理流程，并以顾客需求为导向对之进行彻底的、急剧的重塑，以达到服务和管理效率的飞跃。相比企业对传统管理模式的常规改进而言，流程再造的力度更大、层次更深，涉及企业的组织原则、战略系统和制度体系，是对企业原有流程的根本性反思和革命性创造，所创造出来的是前所未有的全新工作方式，其市场反响往往是戏剧性的。

在传统的思维定式下，管理者考虑问题的依据往往是"如何将手头的事情做得更快、更省、更好"，其着眼点是技术的改善、熟练程度的提高以及协调过程的制度化，比如在传统的客房服务模式中，管理者问题试图通过完善台班和卫生工的职责、培训员工的技能以及加强基层管理人员的督导效果来达到效率的优化和成本的改善，但为什么一定要设立台班、为什么存在台班和卫生工的分工等问题则很少有人去仔细推敲，甚至将其作为一种"天经地义"的行业惯例。

在引入"流程再造"思想以后，管理者的思维方式发生了根本性的转变，几乎所有的惯例都被重新审视，考虑问题的依据也变成了"我们为什么要做现在的事？为什么要这么来做？"，着眼点也转向了对于事物本来面目的反省和评估。客房服务中心模式对于传统台班模式的否定和取代就是"流程再造"的成功案例，通过对台班的工作职责、工作方式和工作强度的反复观察，管理者发现以楼层为基本单位的大量台班人员的存在实在是巨大的浪费，不合理的流程致使几乎所有的台班服务员工作负荷严重不足，而服务质量并未因高成本的"人盯人"流程有更多保障，所以以现代通信和监控技术为基础的"服务中心"模式一经诞生，便显示出了极大的优越性。

实施"流程再造"（BPR）工程一般要经历三个阶段。

首先是辨识、描述酒店现有流程体系，尤其是将管理和服务的核心流程明确清晰地表达出来。比如某四星级酒店，就曾对其各级经理之间的协调沟通流程进行辨识，最终发现其核心流程就是每周一次的总经理例会、各部门内部的每日一次的管理例会以及日常的管理报表呈报手续。

接着便是对现有流程进行评估和诊断，关键在于这样的程序对于最终满足顾客需求到底有多大价值，程序是否合理，是否有必要花费如此多的人力、财力、物力和时间，有没有更合理更经济的程序能取代它。上面那家四星级酒店，通过对各级管理人员发放不记名问卷的形式进行专题调查，结论令所有人都大吃一惊，绝大多数的管理人员都认为大部分会议的内容其实都可以通过公告或文件的形式传达而无须专人定时参加会议，反而在每周一次的总经理例会上由于部门众多、议题密集，很多问题又只能一笔带过，整体上来说，现行的沟通流程既耗费了大量时间，关键问题往往又不能得到完美解决。

在明确了原有流程的弊端之后，最后也是最关键的步骤就是对其进行大幅度的修改，以顾客需求为导向，并依托各种现代技术手段重新构建崭新的流程体系。一般来说，对原流程的变革主要发依据"ESIA"原则进行，即清除、简化、整合和自动化——将原程序中多余的非增值活动清除掉，将重复烦琐的环节进行合并，并对员工更大幅度地授权，使之可以凭借众多现代技术手段自动化地处理各种复杂局面。时下很多酒店大力提倡的"到我为止"的服务理念，就是"ESIA"原则的合理运用。那家四星级酒店后来进行的会议改革也是基于"ESIA"原则展开的，他们通过酒店内部的计算机局域网系统建立了一个内部"BBS电子会议系统"，不同级别的管理人员通过自己的密码进入会议系统后可以迅速查阅与自己相关的会议信息，发表自己的见解，收发各级部门的重要通知，并共同探讨一些关乎酒店发展状况的重大议题，而这一切都可以在酒店任何地方、任何时间进行。"电子会议系统"推出后，沟通效率提高了，会议用时减少了，各级管理者的联系反而加深了。

"流程再造"技术源起于制造业，后来逐渐被服务企业所效仿。重新审视并全面改造现行的流程体系，是酒店业从根本上提高服务效率的理想选择。

参考资料：http://www.canyin168.com/glyy/yg/ygpx/fwkf/200812/13759.html

**思考**：结合本章所学服务流程再造知识，谈谈酒店如何提升服务效率？

## 【案例二】

### MBL：再造保险申请流程

互惠人寿保险公司（MBL）是美国第18大人寿保险公司，它对自己的保险申请处理流程进行了再造。在此之前，MBL处理客户申请的方式和竞争对手的大同小异。这个漫长且复杂的流程包括信用调查、报价、评估、承保等。一份申请必须经过30个独立的步骤，跨越5个部门，涉及19名人员。在最佳情况下，MBL可以在24小时内处理一份申请，但更典型的申请周期是5~25天——大多数时间都用来在部门间传递信息。（另一家保险公司估计，对一份处理周期为22天的申请来说，它实际占用的工作时间只有17分钟。）这种僵化的顺序式流程带来了许多麻烦。例如，如果一位客户打算退掉现有保单，再买一份新的。老业务部首先必须委托财务部开一张以MBL为收款人的支票，然后，将该支票连同书面文件一起交到新业务部。

MBL总裁迫切希望改善客户服务，因此他要求停止这种做法，将生产率提高60%。显然，对现有流程的修修补补根本无法达到这个雄心勃勃的目标。公司下令采取强硬措施，而受命的管理小组希望技术能帮助他们实现这些措施。该小组意识到，共享数据库和计算机网络可以让一个人了解多种不同的信息，而专家系统可以帮助缺乏经验的人制定合理的决策。

基于这些认识，MBL 打破了现有的工作界定和部门界限，创立了一个名为"项目经理"的新职位。项目经理全权负责从收到申请到开具保单的整个过程。与办事员不同的是，项目经理的工作是完全自主的，无须在主管的注视下重复完成固定任务。因此，避免了文件和责任在不同的办事员之间频繁转手，对客户询问互相推诿的现象。

项目经理可以执行与保险申请有关的所有任务，因为他们有强大的基于计算机的工作站做后盾。该工作站拥有一个专家系统，同时还连着某个大型机上的一系列自动系统。尤其是处理棘手项目，项目经理可以请求某个资深代理人或医生协助，但这些专家只是项目经理的咨询师和顾问。

授权个人处理整个申请流程对公司经营产生了巨大影响。现在，MBL 最少只用 4 小时就可以完成一份申请，平均周期缩短到了 2~5 天。公司取消了 100 个一线办事处的职位，而且项目经理处理的新申请的数量是公司原先数量的 2 倍以上。

（摘编自《哈佛商业评论》）

**思考：** MBL 公司保险申请流程的关键问题是什么？如何解决的？

## 五、应用训练

选择你熟悉的一家服务企业，根据整个服务过程，设计出服务蓝图。

# 第九章　服务有形展示

　　了解服务有形展示的含义；理解有形展示对企业服务营销的作用；掌握有形展示的类型；掌握进行服务有形展示设计时的考虑因素；理解并掌握影响服务环境设计的主要因素；了解对有形展示进行管理的基本思路。

## 导入案例

　　美国首家引进生态保护理念的旅馆——谢拉顿饭店，在费城开门迎客。与其他旅店纷纷以豪华、便利吸引旅客相比，生态旅店的出现，无疑吹起了一股清新之风，受到众多旅客的青睐。谢拉顿饭店位于费城市内，由注重生态环境开发的巴里·戴姆逊（Barry Damson）与当时房地产商等耗资2 000万美元，对一幢已有80年历史的办公大楼进行改建而成。为体现生态旅店的特色，宽敞的中央大厅种植了一片郁郁葱葱的竹林，一进门就使人似乎回到了久别的乡村。饭店负责人说，竹子具有清洁空气的作用，其生长速度比树木快得多，并可产生比其他植物多35%的氧气，再与高精度空气过滤器配合使用，可使饭店始终保持沁人心脾的空气环境。在这家崇尚回归自然的旅店，98%的铺地材料是可再利用的玻璃和花岗岩。旅店椅子和台灯底座的材料，取之报废船只的地板，客房床上用品的生产原料即棉花，是用有机栽培法种植的，而且均未染色。客房内的竹制垃圾箱，可放置分类垃圾（塑料、易拉罐、纸张和瓶类）。"我们不能将一个遭受更多污染的地球留给下一代，制止资源浪费是我们责无旁贷的义务。"巴里·戴姆逊说。尽管与一般装修相比，谢拉顿的费用增加了10%，但由于可有效防止资源浪费，其长期收益将十分可观。一位来自宾夕法尼亚的旅客说："这里空气清新，使我得以美美地睡上一觉，真希望在其他地方也能住上这样的饭店。"美国观光协会的一项调查表明，尽管要多花费8%的费用，但85%的旅客愿意选择注重环境保护的旅店。

# 第一节　有形展示的内涵

## 一、服务有形展示的概述

服务有形展示的概念最早可以追溯到1973年，科特勒把"营销氛围"作为一种营销工具，建议"设计一种环境空间，以对顾客施加影响"。1977年，肖斯塔克引入"服务展示管理"这一术语。对服务营销人员来说，服务展示管理就是对服务有形物以及能传递有关服务的适当信号的线索进行管理。

所谓有形展示，是指在服务市场营销管理的范畴内，一切可以传达服务特色以及优点的有形组成部分。在产品营销中心，有形展示基本上就是产品本身。而在服务营销中，有形展示的范围就较广泛。事实上，服务营销学者不仅将环境视为支持及反映服务产品质量的有力实证，而且将有形展示的内容由环境扩展至包含所有用以帮助生产服务和包装服务的一切实体产品和设施。若善于管理和利用这些有形展示，则它们可能会给顾客传达错误的信息，影响顾客对产品的期望和对质量的判断，进而破坏服务产品及企业的形象。

事实上，服务营销学者不仅将环境视为支持及反映服务产品质量的有力实证，而且将有形展示的内容由环境扩展至包含所有用以帮助生产服务和包装服务的一切实体产品和设施。这些有形展示，若善于管理和利用，则可帮助顾客感觉服务产品的特点以及提高享用服务时所获得的利益，有助于建立服务产品和服务企业的形象，支持有关营销策略的推行；反之，若不善于管理和运用，则它们可能会传达错误的信息给顾客，影响顾客对产品的期望和判断，进而破坏服务产品及企业的形象。

根据环境心理学理论，顾客利用感官对有形物品的感知及由此产生的印象，将直接影响顾客对服务产品的质量和服务企业形象的认识和评价。服务者在购买和享用服务之前，会根据有形物品所提供的信息而对服务产品做出判断。比如，一位初次光顾某家餐馆的顾客，在走进餐馆之前，餐馆的外表、门口的招牌等已经使他对之有了一个初步的印象。如果印象尚好的话，他会径直走进去，而这时餐馆内部的装修、桌面的干净程度以及服务员的礼仪形象等将直接决定他是否会真的在此用餐。对服务企业来说，借助服务过程的各种有形要素必定有助于推销有形服务产品。因此，学者提出了"有形展示"策略帮助企业开展服务营销活动。

## 二、服务有形展示的构成要素

由于服务具有不可感知性，不能实现自我展示，也不能用一些抽象的概念来推广服务产品。因此，需要借助一系列有形证据才能向顾客传递相关信息，顾客据此对服务的效用和质量做出评价和判断。

一般来说，服务企业可以利用的有形展示可以分为三种：（1）周围环境要素。空气的质量、噪声、气氛、整洁度等都属于环境要素。这类要素的特点是通常不会立即引起顾客的注意，也不会使顾客感到格外感到兴奋和惊喜，但如果服务企业忽视这些因素，而使环境达不到顾客的期望和要求，则会引起顾客的失望，降低顾客对服务质量的感知和评价。（2）设计要素。这类要素是顾客最易察觉和刺激因素，包括美学因素和功能因素，如建筑物风格、色彩、陈设、舒适、标志，它们被用来改善服务产品的包装，使服务的功能和效用更加明显和突出，以建立有形的赏心悦目的服务产品形象。（3）社会要素。社会要素是指参与服务过程的所有人员，包括服务人员和顾客，他们的态度和行为都会影响顾客对服务质量的期望和评价。

服务企业通过环境、设计和社交三类有形展示的要素组合运用，将有助于实现其服务产品的有形化、具体化，从而帮助顾客感知服务产品的利益，增强顾客从服务中得到的满足感，所有这些要素在服务营销中，可能都需要根据目标顾客群体的特殊文化，如审美观、习俗、偏好的差异，做出适当的调整。

## 三、服务有形展示的意义和作用

做好有形展示管理工作，必须首先了解服务有形展示的意义和作用，如此才能发挥有形展示在服务营销策略中的作用。管理人员应该深入了解本企业该如何巧妙地利用各种有形展示，传达各种营销信息。

### （一）有形展示的意义

服务有形展示的重要意义是支持服务企业的市场营销战略。在建立市场营销战略时，应特别考虑对有形因素的操作，以及希望顾客和员工产生什么样的感觉，做出什么样的反映。有形展示作为服务企业实现其产品有形化、具体化的一种手段，在服务营销过程中占有重要地位。但是，有形展示能被升华为服务市场营销组合的要素之一，它的意义及其战略功能当然不局限评估品质，具体来说主要包括以下几方面。

#### 1. 通过感官刺激，有利于让顾客感受到服务给自己带来的利益

消费者购买行为理论强调，产品的外观是否能满足顾客的感官需要将直接影响到顾客是否真正采取行动购买该产品。同样，顾客在购买无形的服务时，也希望能从感官刺激中寻求到某种东西。服务展示的一个潜在作用是给市场营销策略带来乐趣优势。努力在顾客

的消费经历中注入新颖的，令人激动的，娱乐性的因素，从而改善顾客的厌倦情绪，例如，顾客期望五星级酒店的外形设计能独具特色，期望高格调的餐厅能真正提供祥和愉悦的气氛。因此，企业采用有形展示的实质是通过有形物体对顾客感官方面的刺激，让顾客感受到无形的服务所能给自己带来的利益，进而影响其对无形产品的需求。

对以感觉为基础的服务营销战略来说，建筑可以有力地支持它，这是一个值得挖掘的资源。但是，建筑物只是"包装"的最外一圈，是最初的线索。"内层包装"——环境，顾客系统，员工的代表和工作态度是首要的，它们要么与最初信息（即建筑物所传达的）相吻合，要么让人觉得最初的信息仅是假象。

### 2. 有利于引导顾客对服务产品产生合理的期望

顾客对服务是否满意，取决于服务产品所带来的利益是否符合顾客对之的期望。但是，服务的不可感知性使顾客在使用有关服务之前，很难对该服务做出正确的理解或描述，他们对该服务的功能及利益的期望也是很模糊的，甚至是过高的。不合乎实际的期望又往往使他们错误地评价服务，以及给出不利的评语，而运用有形展示则可让顾客在使用服务前能够具体地把握服务的特征和功能，较容易地对服务产品产生合理的期望，以避免因顾客期望过高而难以满足所造成的负面影响。

### 3. 有利于影响顾客对服务产品的第一印象

对新顾客而言，在购买和享用某项服务之前，他们往往会根据第一印象对服务产品做出判断。既然服务是抽象的、不可感知的，有形展示作为部分服务内涵的载体无疑是顾客获得第一印象的基础，有形展示的好坏直接影响到顾客对企业服务的第一印象。例如，参加被宣传为豪华旅行团出去旅游的旅客，当抵达他国时，若接旅客去酒店的专车竟是残年旧物，便马上产生"货不对路"的感觉，甚至有一种可能受骗、忐忑不安的感觉。反之，若接送的专车及导游的服务能让人喜出望外，则顾客会觉得在未来随团的日子里将过得舒适愉快，进而也增强了对旅游公司服务质量的信心。

例如有些房地产公司，把房地产交易和他们能向顾客展示的各种有形因素联系在一起，形成公司的"最佳销售者系统"资料提供给顾客，以便他们据此做出判断。这些资料包括内容如下：（1）最佳销售者展示指导法则——它回答了销售者选择房地产公司时，经常会提出的问题。（2）最佳销售者行动计划——针对特定物产制订的市场营销计划。（3）最佳营销服务保证——对已经做出的服务保证所许诺的行动方案。（4）最佳住宅增值指导——提供住宅增值的建议和方法。

选择性地利用这些材料有助于销售代理人培养顾客对公司的先入为主的第一印象，诸如能力、承诺及个人服务，通过有形因素强化语言承诺。

### 4. 有利于促使顾客对服务质量产生"优质"的感觉

服务质量的高低并非由单一因素所决定。根据对多重服务的研究，大部分顾客根据10种服务特质判断服务质量的高低，"可感知"是其中的一个重要特质，而有形展示则正是可感知的服务组成部分。与服务过程有关的每一个有形展示，如服务设施、服务设备、服务人员的仪态仪表，都会影响顾客感觉中的服务质量。有形展示及对有形因素的管理也会影响顾客对服务质量的感觉。优良的有形展示及管理就能使顾客对服务质量产生"优质"的感觉。因此，服务企业应强调使用适用于目标市场和整体营销策略的服务展示。通过有形因素提高质量意味着对微小的细节加以注意，可见性细节能向顾客传递公司的服务能力以及对顾客的关心。为顾客创造良好的环境，提高顾客感觉中的服务质量。

### 5. 有助于顾客识别和改变对服务企业及其产品的形象

有形展示是服务产品的组成部分，也是最能有形地、具体地传达企业形象的工具。企业形象或服务产品形象的优劣直接影响着消费者对服务产品及公司的选择，影响着企业的市场形象。形象的改变不仅是原来形象的基础上加入一些新东西，而要打破现有的观念，所以它具有挑战性。要让顾客识别和改变服务企业的市场形象，更须提供各种有形展示，使消费者相信本企业的各种变化。

### 6. 有助于培训服务员工

从内部营销的理论来分析，服务员工也是企业的顾客。由于服务产品是"无形无质"的，从而顾客难以了解服务产品的特征与优点，那么，服务员工作为企业的内部顾客也会遇到同样的难题。如果服务员工不能完全了解企业所提供的服务，企业的营销管理人员就不能保证他们所提供的服务符合企业所规定的标准。所以，营销管理人员利用有形展示突出服务产品的特征及优点时，也可利用相同的方法作为培训服务员工的手段，使员工掌握服务知识和技能，指导员工的服务行为，为顾客提供优质的服务。

## （二）有形展示的作用

做好有形展示管理工作，发挥有形展示在营销策略中的辅助作用，是服务企业管理人员的一项重要工作。管理人员应深入了解本企业应如何巧妙地利用各种有形展示，生动、形象地传送各种营销信息，使消费者和员工都能了解并接受。有形展示在服务营销中可发挥以下具体作用。

### 1. 使消费者形成初步印象

经验丰富的消费者受有形展示的影响较少，然而，缺乏经验的消费者或从未接受过本企业服务的消费者往往会根据各种有形展示，对本企业产生初步印象，并根据各种有形展示，判断本企业的服务质量。服务企业应充分利用各种有形展示，使消费者形成良好的初步印象。

### 2. 使消费者产生信任感

消费者很难在做出购买决策之前全面了解服务质量。要促使消费者购买，服务企业必须首先使消费者产生信任感。未消费者提供各种有形展示，使消费者更多了解本企业的服务情况，可增强消费者的信任感。不少服务企业将一部分后台操作工作改变为前台工作。例如，旅游宾馆的厨师经常在餐厅做烹饪表演，根据顾客的特殊要求，为顾客烹调食品。向消费者展示服务工作情况，提供服务工作的透明度，使无形的服务有形化，可提高消费者对本企业的信任感。

### 3. 提高消费者感觉中的服务质量

在服务过程中，顾客不仅会根据服务人员的行为，而且会根据各种有形展示评估服务质量。与服务过程有关的每一个有形展示，如服务设施、服务设备、服务人员的仪态仪表，都会影响顾客感觉中的服务质量。因此，服务企业应根据目标细分市场的需要和整体营销策略的安全，无微不至地做好每一项基本服务工作和有形展示管理工作，为消费者创造良好的消费环境，以便提高消费者感觉中的服务质量。

### 4. 塑造本企业的市场形象

服务企业必须向消费者提供看得见的有形展示，生动、具体地宣传自己的市场形象。单纯依靠文字宣传，是无法使消费者相信服务企业的市场形象的。在市场沟通活动中，巧妙地使用各种有形展示，可增强企业优质服务的市场形象。要改变服务企业的市场形象，更需要提供各种有形展示，使消费者相信本企业的各种变化。

### 5. 为消费者提供美的享受

服务也可通过有形展示，为消费者提供美的享受。现在，不少服务企业非常重视建筑物艺术风格和建筑物内部装饰布置，给予消费者某种特殊的美感，吸引消费者来本企业消费。但是，建筑物外表和内部装饰只能向消费者传递初步信息。服务企业更应重视服务环境、服务体系、员工的仪表和服务态度，才能使消费者享受优质服务。

采用这类营销策略的服务企业往往强调娱乐性服务，将服务场所作为舞台，将服务过程作为演出过程，给顾客一个新奇、欢乐、兴奋和有趣的服务经历。

### 6. 促使员工提供优质服务

做好有形展示管理工作，不仅可为顾客创造良好的消费环境，而且可为员工创造良好的工作环境。使员工感到管理人员关心他们的工作条件，进而鼓励他们为顾客提供优质服务。做好有形展示管理工作，可使消费者了解服务的现实情况，也可使员工了解应如何提供优质服务，满足消费者的需要和期望。这就要求管理人员通过教育和培训，使员工掌握服务知识和技能，指导员工的服务行为，关心员工的工作条件和生活。

【资料链接】9-1

#### 仙踪林在上海

提到"仙踪林"，熟悉的人马上就会联想到绿藤缠绕的秋千、可爱的小兔子标志，还有醇香的奶茶。来自中国台湾的上海仙踪林餐饮有限公司于 1996 年踏足上海，以"仙踪林"为品牌经营正宗台式泡沫红茶店。时至今日，"仙踪林"品牌的含义，已远不仅是好喝的泡沫红茶，而是一个集自然、休闲、专业和茶文化为一体的多元化人文空间。

"仙踪林"进入上海市场的第一个分店就选在复旦大学旁边的五角场。复旦大学有许多学生，他们在学校时其消费观念、消费习惯还正在培育期，而且很容易接受新鲜观念和文化，他们走向社会后对"仙踪林"自然而然就容易接受。之后，"仙踪林"又在上海最贵的黄金地段淮海路上设立分店，尽管 200 平方米店面的月租达到了 20 万人民币，但其营业额增长最快，为"仙踪林"树立了良好的品牌形象。接下来，"仙踪林"在上海的繁荣地段淮海中路、福州路、四川北路、西藏南路等地设立了多个分店。"仙踪林"在上海的店址主要集中在办公区和商业区。现在很多上海人把"仙踪林"当成生活的一部分，他们并不是特意来这里，而是抱着一种休闲心态，即便是谈事情也要在轻松氛围下进行，这正是"仙踪林"的追求目标。

随着上海国际化程度的加深，上海地区的人们也趋向于国际消费习惯。因此，"仙踪林"在环境设计上追求国际化潮流，在卖场线条、空间取向上更加简洁，在大厅里有大树、秋千、各种图形、雕塑，规划比较高档，充分体现潮流化和休闲化的特征。进入"仙踪林"，你马上会感觉到扑面而来的青春气息和浑然天成的绿树垂藤。置身其间，你会有点飘然成为绿林仙子的感觉。处处可见几人合抱的"参天大树"、原木桌椅、秋千式的吊椅，三五成群的年轻男女白领，在秋千上荡来荡去聊天品茶。而在门口的吧台前，调茶师正在把滚烫的红茶与冰块混合放在不锈钢的调酒器里，手法娴熟地摇晃着，一切显得那样轻松惬意。"仙踪林"经营的奶茶，不仅原料新鲜丰富，而且含有极高的营养价值，就连装奶茶的杯子也十分新奇。坐在绿树葱茏间，手握精致新奇的杯子，轻醇香可口的奶茶，倚窗而望马路上来去匆匆的人群，你会感觉仿佛来到了世外桃源。

# 第二节　有形展示的类型

关于有形展示的分类，可以从不同的角度进行划分。不同类型的有形展示对消费者的心理及其判断服务产品质量的过程，有不同程度的影响。下面列出几种常见的有形展示划分方法，不同的划分方法对不同企业及同一企业在不同的环境下运用有形展示有一定的积极作用。

## 一、根据能否被顾客拥有划分

根据有形展示能否被顾客拥有来划分，可以将由有形展示的类型分为边缘展示和核心展示两类。

## （一）边缘展示

边缘展示是指顾客在购买过程中能够实际拥有的展示。这类展示很少或者根本没有价值，如电影院的入场券，它只是一种使观众接受服务的凭证。这些代表服务的物的设计，都是以顾客心中的需要为出发点，它们无疑是企业核心服务强有力的补充。

## （二）核心展示

核心展示与边缘展示不同，在购买和享用服务的过程中不能为顾客所有。但是核心展示比边缘展示更为重要，因为在大多数情况下，只有这种核心展示符合顾客需求时，顾客才会做出购买决定。例如，宾馆的星级、旅行社的品牌，都是顾客在购买这些服务时首先要考虑的核心展示。因此，可以说，边缘展示与核心展示加上其他形成服务形象的要素，都会影响顾客对服务的看法和观点。

# 二、根据构成要素划分

按有形展示的构成要素进行划分，有形展示可以分为三种类型，即物质环境、信息沟通和价格。

## （一）物质环境

### 1. 周围环境

这类要素通常被顾客认为是构成服务产品内涵的必要组成部分，是指消费者可能不会立即意识到的环境因素，如气温、空气质量、湿度、气味和声音。它们的存在并不会使顾客感到格外的兴奋和惊喜，但是如果失去这些要素或者这些要素到不到顾客的期望，就会削弱顾客对服务的信心。如果服务环境中缺乏消费者需要的某种环境因素，或者某种背景因素使消费者觉得不舒服，如特别高或低的温度、难以忍受的噪声，他们就会意识到服务环境中的问题。因此，可以说，良好的背景环境并不能促使消费者购买；但是较差的背景环境会使消费者退却。

### 2. 设计因素

设计环境指刺激消费者视觉的环境因素。这类要素被用于改善服务产品的包装，以建立更好的产品形象。设计因素比周围因素更易引起顾客的注意。因此，设计因素有助于培养顾客的积极的感觉。设计因素又可以分为美学因素和功能因素。美学因素是指能够被顾客见到并据此评价环境艺术性的有形要素，如颜色、建筑、风格、材料、规模及装饰。功能因素则包括布局、标志或符号、舒适性等。

### 3. 社会因素

社会因素指服务环境中的顾客和服务人员。服务环境中的顾客和服务人员的人数、外表和行为都会影响消费者的购买决策。服务人员的外貌在服务展示管理中也很重要，因为顾客一般情况下并不对服务和服务提供者进行区分。产品的展示是至关重要的，服务产品展示与有形产品展示唯一的不同是，既然服务产品在很大程度上取决于人，人就必须被适当地包装。

## （二）信息沟通

信息沟通是另一种服务展示形式，这些来自公司本身以及其他引起注意的沟通信息通过多媒体传播、展示服务。从赞扬性的评论到广告，从顾客口头传播到公司标记，这些不同形式的信息沟通都传递着有关服务的线索，使服务和信息更具有形性（见图9-1）。

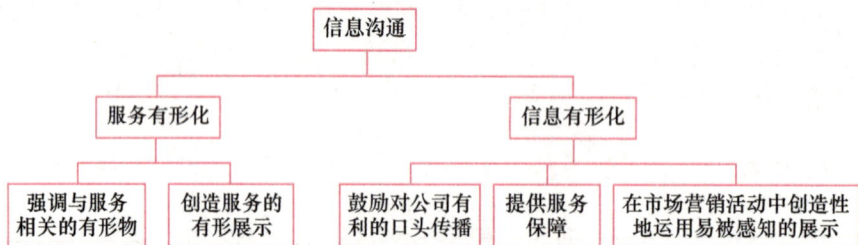

图 9-1　信息沟通与服务展示

### 1. 服务有形化

让服务更加实实在在而不那么抽象的办法之一就是在信息交流过程中强调与服务相联系的有形物，进而把与服务相联系的有形物推至信息沟通策略的前沿。麦当劳公司针对儿童的"快乐餐"计划的成功，正是运用了创造有形物这一技巧。麦当劳把汉堡包和法国炸制品放进一种被特别设计的盒子里，盒面有游戏、迷宫等图案，也有罗纳德·麦克唐纳德（Ronald McDonald）自己的画像。这样，麦当劳把目标顾客的娱乐和饮食联系起来，令这些目标顾客高兴。

### 2. 信息有形化

信息有形化的一种方法是鼓励对公司有利的口头传播。如果顾客经常选错服务提供者，那么他特别容易接受其他顾客提供的可靠的口头信息，并据此做出购买决定。因此，顾客在选择保健医生、律师、汽车机械师或者大学教授的选修课之前，总要先询问他人的看法。

## （三）价格

价格是市场营销组合中使企业获得营业收入的唯一因素，其他所有因素都会使企业产生费用。因此，企业管理人员都很重视定价策略。一方面价格也是对服务水平和质量的可见性展示。价格的另一个作用是为消费者提供产品质量和服务质量的信息，增强或降低消费者对产品和服务质量的信任感，提高或降低消费者对产品和服务质量的期望。

消费者会根据服务的价格判断服务档次和服务质量。因此，对服务企业来说，价格的合理尤为重要。价格过高，会使消费者怀疑服务质量。价格过低，会使消费者怀疑服务企业的专业知识和技能。制定合理的价格不仅能获得稳定的收益，而且也能传送适当的信息。

## 【资料链接】9-2

### 银行服务有形化手段

服务中无形的东西有形化是服务营销成功的关键。每个服务组织可以通过其选择的有形化的方式将自己与其他组织区别开来。无论采用什么方式，保证服务质量是非常重要的。一旦公司进行了有形化，这一形象必须能够得到持续的维护。我们来看看，一家银行能够通过什么手段有形化自己的服务。

环境：银行应该努力保证其内部摆设有利于快速有效地开展服务。内外部的界限清晰，桌椅的摆设及作业流程经过精心的设计。顾客等待的队伍不能太长，贷款处应提供足够的座椅给等待的顾客，背景音乐令人感觉工作有效。

服务人员：工作人员都在忙碌。着装恰当，不是穿着牛仔服或者其他可能引起顾客负面感觉的衣服。工作人员能够记住顾客的名字并且在交易中用名字称呼顾客。

设备：电脑、复印机、传真机甚至工作台这些银行设备看起来应该现代化。

宣传材料：银行的信笺抬头及其他宣传材料也要体现出高效。宣传册应条理清晰，照片经过精心选择，贷款建议书打印整洁。

商标：银行给服务项目选择有吸引力的名称和标志。

价格：各项服务的定价简洁明了。

服务：银行为老年人和大学生提供创新式服务包。

电子互动：银行为顾客提供 24 小时电话查询服务。顾客可以随时通过电话查询其账户收支与交易情况。

代理业务：银行提供一项新的投资服务，顾客能够轻松投资股票、债券及保险。有时还能获得价格折扣。

分支：银行在区域内尽可能多的设置 ATM 机，使顾客能够自助办理业务。

银行将其服务包装的具有吸引力以获取和挽留顾客。醒目的标志、友善的氛围、具有高超的沟通技巧的员工都能够使服务感觉更具体更形象。

资料来源：根据 Allan C. Reddy, Bruce D. Buskirk & Ajit Kaicker. Tangibilizing the Intangibles: Some Strategies for Services Marketing[J]. *Journal of Service Marketing*, 1993, 7 (3): 13-17 整理改编。

## 三、根据性质划分

按照有形展示的性质，可分把它划分为与服务工作有关的有形展示和与服务人员有关的有形展示。

## （一）与服务工作有关的有形展示

一些有形展示和服务过程有关，如交通运输服务需要车辆。在服务过程中使用服务工具和设备都会在一定程度上影响顾客感觉中的服务质量。另一些有形展示与服务结果有关，如某公司为产品做的广告，都能向客户表明服务企业的质量和专业技能。

## （二）与服务人员有关的有形展示

服务人员的服务态度、行为方式、为顾客提供的信息，都是影响服务质量的无形因素。但是与服务人员有关的各种有形展示也会直接影响顾客感觉中的服务质量。

### 【资料链接】9-3

#### 香港公立医院急诊室服务环境

过去很长一段时期，香港的医疗服务质量是由医生决定的，护士、医院的行政人员、病人以及病人的家属对此毫无发言权。尽管从专业角度考虑，香港的医疗服务水平被国际有关人士及香港社会大众评价很高，但病人及其家属仍经常投诉医疗服务态度及行为。20世纪80年代后期，香港政府成立香港医院管理局，统筹所有公立医院的活动，提出执行全面质量管理政策。了解医疗服务的核心部分是诊断及治疗，但其他的配套服务对病人的心态及康复过程也很重要，最后将影响病人及其家属对医疗服务质量的判断。因此，香港医管局首先以急诊室服务为试点，改善服务环境以提高服务质量。根据医管局的分析，超过90%的急诊室病人所患的病，都很可能除了诊断之外，需要及时打针、照X光、化验、药房取药等服务。在过去，医护及行政人员没有注意这点，经常出现病人及其家属向碰见的医生、护士及工作人员问路，寻找打针室、X光室等。给医生等服务员工在沉重的工作压力下，增加了工作负担，不能专注地提供服务。何况遇上工作繁重、情绪不好时，更容易因没有尽心地为病人及其家属提供有关信息，引起他们的不满，以致相互间发生误会，降低服务的质量。

因此，香港医管局1993年开始在公立医院急诊室的地板上，贴上不同颜色的细条子，每种颜色的条子为病人及其家属引往不同的服务场所。例如，黄色的条子引往打针室，红色的条子引往X光室，蓝色的条子引往药房，绿色的条子引往电梯。当病人被诊断完毕后，医生或护士可告诉病人沿黄色的条子走，往打针室打针，或蓝色的条子走往药房取药等。为病人接受医疗服务提供方便，又能引导病人及其家属如何参与服务的生产，减少各类服务员工因要为病人提供此等信息而浪费的宝贵服务时间，更避免双方因此等问题而产生的不必要的矛盾。结果，急诊室的服务环境做出这样的小改动，便立竿见影地提高了服

*务效率和服务质量。*

# 第三节　服务有形展示设计与管理

服务环境设计是有形展示策略实施中的重点，因为顾客在购买服务时最先感受的就是来自服务环境的影响。服务环境是指企业向顾客提供服务的场所，不仅包括影响服务过程的各种设施，还包括许多无形的要素。因此，凡是会影响服务表现水准和沟通的任何设施都包括在内。威克菲尔德（Wakefield）和布洛杰特（Blodgett）在实验后得出了结论："顾客感到服务环境是高质量的，就更对服务消费的经历满意，结果当然是乐于在今后再度购买这种服务。"

## 一、影响服务环境设计的主要因素

一般而言，影响服务企业形象的环境因素主要有实物属性与气氛。

### （一）实物属性

实物属性包括外部属性及内部属性。外部属性包括建筑造型、建筑门面、使用建筑材料、大门进口样式、载货车辆和停车站等。内部属性包括陈设布局、色彩调配、设施装备、货架、暖气和通风设置等。服务企业外部、内部的一切观瞻往往都能使顾客产生"联想"，能使服务企业彰显"个性"。服务企业建筑物的具体结构，包括其规模、造型、建筑使用的材料、其所在地点位置以及与邻近建筑物的比较，都是塑造顾客观感的因素。至于其他相关因素，诸如停车的便利性、橱窗门面、门窗设计、招牌标示和载货车辆也很重要。因为外在的观瞻往往能够树立牢靠、永固、保守、进步或其他各种印象。而服务企业内部的陈设布局、装饰、桌子、家具、装修、座椅、照明、色调配合、材料使用、空气调节、标记、视觉呈现（如图像和照片的像素）等，所有这一切合并在一起往往就会创造出印象或形象。从更精细的层面而言，内部属性还包括记事纸、文具、说明小册子、货架等项目。

### （二）气氛

服务设施的气氛会影响其形象，气氛原本就是一种借以影响顾客的有意的空间设计。气氛会影响员工对顾客的态度，影响顾客的感觉及心情好坏。许多服务企业都逐渐意识到气氛的重要性。如餐馆中的气氛和食物同样重要，银行、律师事务所和牙医诊所的等候区，往往由于气氛的缘故，而有"宾至如归"或"望而却步"的差别。影响气氛的因素包括视觉、听觉、嗅觉、触觉、味觉等。

#### 1. 视觉吸引

视觉向消费者表达的信息比其他任何感觉都多，所以在进行服务环境的设计时，要充分考虑各种视觉要素带给消费者及服务人员的感觉。零售商店使用"视觉商品化"(visual merchandising)一词来说明视觉因素会影响顾客对商店观感的重要性。视觉商品化关系到商店形象的建立以及商品的销售。大小、形状、色彩、灯光、陈设布局和采光,都是视觉吸引的一部分。此外,服务人员的外观和着装也是。总之,服务环境中一切顾客视觉可及的有形物均属于视觉吸引的范畴。

### 2. 听觉吸引

声音对营造气氛发挥着重要作用,对顾客在服务环境中的心理状态和行为发生影响。大型百货店、酒吧、咖啡厅、餐馆、时装店、美容院的背景音乐给顾客营造出全然不同的气氛。研究表明背景音乐至少通过两种途径影响销售:首先,背景音乐增强了顾客对商店气氛的感受,这又反过来影响顾客的情绪。其次,音乐经常影响顾客逗留在商店中的时间。舒缓的音乐人们停留的时间会增长;快节奏的音乐,加快人们的购买行为。

### 3. 嗅觉吸引

服务企业的环境氛围受到气味的强烈影响。花店的花香味、咖啡的香味、化妆品专柜的香水味、餐厅的食物香味都会增加顾客的购买欲望,从而诱导顾客的购买行为。一个环绕四周令人愉悦的气味弥漫在整个消费环境中,会有效缓解消费者的精神压力,并使消费者情不自禁地延长在服务场景中逗留的时间。例如,重烘焙极品咖啡豆是星巴克味道的来源,加上"四禁"政策——禁烟、禁止员工用香水、禁用化学香精的调味咖啡豆、禁售其他食品和羹汤,力保店内充满咖啡自然醇正的浓香。

### 4. 触觉吸引

当消费者触摸一个产品时,该产品销售的机会就会持续地增加。座位的厚实感、地毯的厚度、壁纸的质感、咖啡店桌子的木材感和大理石地板的冰凉感,都会给人带来不同的感觉,并营造出独特的气氛。因此,服务企业要充分利用某些材料的特点为消费者创造良好的感觉。服务设施、服务中出售的产品、服务中使用的辅料等,只要是顾客可能触碰到的有形物都是重要的触觉设计因素。

### 5. 味觉吸引

最后的感觉提示是味觉吸引,它相当于向顾客提供一些样品。在服务行业中开发服务氛围时,味觉吸引的运用取决于服务产品的自身特点。

【资料链接】9-4

**星巴克的音乐**

进入星巴克,你会觉得空中回旋的音乐在涤荡你的心魄。店内经常播放一些爵士乐、美国乡村音乐以及钢琴独奏等。这正好迎合了那些时尚、新潮、追求前卫的白领阶层,他们天天面临着强大的生存压力，十分需要精神安慰，这样的音乐正好起到了这种作用，确确实实让你在消费一种文化中，催醒内心某种也许已经消失的怀旧情感。

星巴克会尽量选一些舒缓、优美的轻柔音乐，使人们沉醉其间，增加消费，这一点和一些快餐店截然相反。那些快餐店的音乐一般都是快节奏的，以期在音乐的暗示下，顾客可以加快就餐速度。天津一位星巴克店长也直言不讳地说，星巴克期望你久坐在店中，然后用音乐来俘获你的心。不少人本来待不上一小时就走的，结果为美妙的音乐所诱，于是一下子待了两三个小时，咖啡也从一杯可能增加到三四杯。人流量不增，咖啡销量却有可能翻番。

资料来源：苏朝晖.服务营销与管理[M].北京：人民邮电出版社，2019.

## 二、服务环境设计

### （一）传播服务理念

服务环境的设计要能体现和传播服务理念，在激烈的服务市场竞争中，服务企业都越来越讲究服务理念，服务环境是传播服务理念的一种方式，而且是主要方式。服务理念传播的方式主要有标语、口号、广告、公司手册等，这些都属于服务环境的内容。抽象的服务理念通过服务环境可以得到具体的展现和传播，从而有利于顾客识别不同服务企业所提供的服务产品。因此，服务环境的设计首先要能体现和传播服务理念。例如，永和大王快餐店用店面环境的变化来展示其"不断学习，与时俱进"的服务理念。

### （二）展现服务特色

服务环境设计要展现服务特色，如专业特色、技巧特色、人员特色、顾客特色、时间特色、原产地特色。例如，有一些风景区周围的民居，尽管比较简陋、陈旧，但一般不能拆除，因为它们对向游客传达风景历史文化或地理文化信息起着重要作用。又如北京腾格里塔拉酒楼的环境设计，既体现顾客特色（蒙古族），又体现原产地特色（内蒙古）。腾格里塔拉酒楼的外观是蒙古包的造型，白色的墙体上雕刻着反映民族风情的黑青色壁画，前厅和楼梯拐角处的工艺品专柜展示着蒙古刀、小银碗、小马靴等极具蒙古族特色的艺术品，酒楼自建的蒙古族艺术团为顾客献歌献舞。这些环境和氛围体现了蒙古族餐饮文化的特色和以蒙古族顾客为主的特色。

### （三）推广服务创新

服务的无形性导致服务创新的推广比较困难，如果将服务环境的设计与服务创新结合起来，使环境设计支持服务创新，就可以利用服务环境的提示作用来帮助服务创新的推广。例如，相较于传统的柜台销售，零售业的超市是一种创新，而超市创新中很重要的是购物环境的创新。ATM 是银行的一项创新，而 ATM 本身就是银行服务环境（服务工具和设施）的创新。银行的其他服务创新，包括售货点支付、电子交易和咨询服务、电脑联网即通存通兑等，都伴随着服务环境（服务设施和工具）的创新或改变，如售货点支付机（POST）、电脑及网络等新的服务设施和工具。

### （四）烘托服务质量

由于服务的无形性，服务质量较难被顾客识别，而服务环境可以提示服务质量，增大其识别度。例如，高质量的餐饮设施和工具（如餐桌、餐椅、餐具、装修）可以向顾客提示高质量的服务。餐馆、饭店的人气环境（顾客环境）也可以起到烘托质量的作用。又如，很多服务商喜欢在城市繁华地段（如商业街、CBD）选址，因为这样的地段对服务水平能起到提示及支持的作用。再如，上海红子鸡美食总汇在门厅、走廊和楼梯的墙上展示国内外社会政要、名人光顾餐馆的照片，在厅堂的墙上展示社会政要、名人的题字或赠画，也是一种间接的人力展示方式。

### （五）配合网点建设

服务环境设计，要有利于服务网点的建设和拓展。服务网点的建设和拓展关键是环境的选择（选址）和设计。环境选择正确和设计得好，就有助于服务网点的成功和发展。例如，肯德基全球快餐网点的拓展，与它对快餐网点环境的精心设计关。所有网点的内外装修都按统一的图纸进行，无论开在哪里都有统一的装修形象；对分布在世界各地的快餐店员工都按统一的规范进行服务培训，以保证人员和环境的统一。环境设计的标准化，促进了肯德基网点的拓展。

### （六）开展服务沟通

服务环境设计，要考虑有利于与服务有关的市场沟通或促销活动。服务的无形性使得服务的媒体广告难以开展，因此，服务企业要善于利用服务环境来做广告促销。例如，建筑物设计得有特色，可以起到户外广告的作用。又如，在环境设计中增强内外装修和布局的文化气息，也能达到促销的目的。再如，西安秦都酒店在装修中，将体现乡村文化的土炕搬进 KTV 包房；广州惠如酒楼提供音乐烛光茶座。这些环境文化气息的增强，都提升了服务形象，突出服务的特点，最终达到促销效果。

### （七）发展顾客关系

服务环境的设计要有利于发展顾客关系，因为服务企业与顾客的关系尤其是互动关系都是在服务环境中发生的，环境对互动关系是有影响的。正如人的仪表和穿着打扮可以用以发展人与人之间的关系一样，服务环境作为服务包装，可以用以发展与顾客的交往关系和开展关系营销。要发展互动关系，可能就要改善服务环境的设计。如美国银行业在"友好服务阶段"拆除出纳窗口前的栏杆,这就是改善顾客关系的一种环境设计。美国银行业的建筑模式也发生了改变,从罗马式建筑改为快餐店式,目的是让顾客能方便地进入银行,减轻对银行权力的"恐惧"感,增进与顾客的关系。

## (八) 有效管理服务人员

服务环境设计,要有利于服务人员的有效管理。服务环境作为服务质量和特色的有形展示,不但能向顾客提示服务信息,从而有助于外部营销,也能不断地向员工提示服务理念、服务标准,从而有助于激励和约束内部员工的行为。因为一定的服务环境是与一定的服务理念和服务标准相联系的。一个好的工作环境,对服务人员可以起到一种激励作用。因此,服务环境的设计不但要着眼于顾客,也要着眼于员工,要同对员工的管理联系起来。

---

**【资料链接】9-5**

### 风波庄餐厅的环境设计

武侠是风波庄环境设计的创意主题。店面布局采用了类似武侠电视剧中"客栈"的布置,木桌竹凳、"金"盆洗手,墙上贴有同武侠小说有关联的对联或字画,包房则以武林各派别名字来命名,如少林派、华山派;服务员自称店小二,并以客官称呼消费者,谈吐和动作也都模仿了武侠小说和电视剧中的样子。菜式虽是普通菜式,然而菜名都以武侠名词来代替,如糯米丸子名为"大力丸",叫花鸡叫"凤舞九天"。不仅是菜名,一些用具在风波庄也都有它们的特殊称谓,如菜谱叫"武林秘籍"、牙签叫"暗器"。

资料来源:陈祝平,郭强,王文怡.服务营销管理[M].北京:电子工业出版社,2017.

---

## 三、服务环境设计的步骤

在设计服务环境时,服务企业需要调查服务环境,在此基础上设立服务环境设计的目标在服务蓝图中描绘出服务环境中的实物证据,通过组建跨职能小组更好地传递一致的信息。

### (一) 调查服务环境

调查服务环境可以了解顾客对不同类型环境的偏好和反应。任何服务营销决策都必须坚持顾客导向观点,只有建立在顾客感知基础上的环境设计才能达到预期的效果。

### (二) 确定设计目标

在设计服务环境之前,首先要明确服务环境的设计目标。服务环境的设计目标要根据企业的总体目标和营销目标来制定,设计者要知道各级目标分别是什么,还要明确基本的服务概念及目标市场,了解未来的构思。这是因为许多展示的决定与时间和费用有关,所以要专门计划和执行。

### （三）绘制服务蓝图

在明确设计目标后，可以采用服务蓝图描绘出服务环境中的实物证据。服务蓝图可以把人、过程和有形展示明显地表示出来，通过服务蓝图可以看出服务传递所涉及的行为、过程的复杂性、人员交互作用的点。这些点提供了展示的机会和每一步的表示方法。顾客在服务传递过程中的每一步都可以利用设计元素和有形的线索记录下来，照片或视频能让设计图更为生动逼真。

### （四）组建跨职能小组

服务环境具有整体性，因此，服务环境必须从整体的角度来设计，服务环境就需要由企业多个职能部门做出相应决策。例如，有关员工制服的决定是人力资源部门做出，服务场景设计的决定由设备管理部门做出，广告和定价决定由营销部门做出。在设计服务环境时，各职能部门之间的协调工作非常重要，否则会造成信息不一致，进而误导顾客形成不合理的期望和判断。为此，有必要组建一个关于服务环境设计的跨职能小组，尤其是在对服务环境做出决策的时候，以便各职能部门进行协调，通过各种形式的展示传递一致的信息，传播顾客所期望的企业形象。

## 四、服务有形展示的管理

一个成功市场营销活动的关键是管理与无形服务相关的有形因素，通过服务展示管理向顾客传送适当的线索，帮助顾客购买服务。顾客会在服务环境、信息沟通和价格寻找服务的代理展示物，根据有形线索推断服务的质量价值和特点，来指导其购买和选择。

有形展示在服务营销中具有重要地位，服务企业应善于利用组成服务的有形元素，突出服务的特色，使无形无质的服务变成相对的有形和具体化，让顾客在购买服务前，能有把握判断服务的特征及享受服务后所获得的利益。因此，加强对有形展示的管理，努力借助这些有形的元素来改善服务质量，树立独特的服务企业形象，无疑对服务企业开展市场营销活动具有重要意义。

服务企业之所以要采用有形展示策略是因为服务产品具有不可感知的特性，一是指服务产品不可触及，即看不见摸不着；二是指服务产品无法界定，难以从心理上进行把握。因此，服务企业想要克服营销方面的难题，采用有形展示策略，也就应以这两方面为出发点，一方面使服务有形化，另一方面使服务易于从心理上进行把握。

### （一）服务有形化

服务有形化就是使服务的内涵尽可能地附着在某些实物上。如信用卡本身没什么价值，但是它能代表着银行为顾客所提供的各种服务。或者说服务有形化是指服务性企业借助服务过程中的各种有形要素（包括实物、数字、文字、音像、实景、事实及其他可视方式），使无形服务及企业形象具体化和便于感知的一种方法。

### 1. 服务有形化的内容

（1）服务产品的有形化。即通过服务设施等硬件技术，如自动对讲、自动洗车、自动售货、自动取款技术来实现服务自动化和规范化，保证服务行业的前后一致和服务质量的始终如一；通过能显示服务的某种证据，如各种票券、牌卡代表着消费者可能得到的服务利益，区分服务质量，变无形服务为有形服务，增强消费者对服务的感知能力。

（2）服务环境的有形化。服务环境是企业提供服务和消费者享受服务的具体场所和气氛，它虽不构成服务产品的核心内容，但它能给企业带来"先入为主"的效应，是服务产品存在的不可缺少的条件。

如以零售服务的环境为例，繁华的路段说明商店的服务档次不会太低；整洁的环境说明认真、仔细和严谨的服务态度；新鲜的店堂空气、宜人的气温、柔和的灯光与音乐、醒目的指示牌和方便的电子查询显示屏提示优良的服务。通过设计和提供良好的服务环境，让顾客通过接触环境来识别和了解服务的理念、质量和水平等信息，从而促进服务的销售。

（3）服务提供者有形化。服务提供者是指直接与消费者接触的企业员工，其所具备的服务素质和性格、言行以及与消费者接触的方式、方法、态度等，会直接影响服务营销的实现，为了保证服务营销的有效性，企业应对员工进行服务标准化的培训，让他们了解企业所提供的服务内容和要求，掌握进行服务的必备技术和技巧，以保证他们所提供的服务与企业的服务目标相一致。

### 2. 服务有形化的策略

（1）服务内容呈现。即将服务内容具体地呈现出来，让消费者很容易知道购买该服务所能得到的利益。譬如，美国有名的旅游渡轮卡尼佛公司就常常在广告中展现顾客透过跳舞、餐宴或拜访奇特地点所带来的无比刺激与快乐。

（2）发挥联想效应。即让服务与有形的物体、人、或动物一起出现。当消费者看到时，就会联想到该服务的优点。譬如，人寿保险界的大树、大伞、巨大磐石，都使人联想到保险公司的可靠与保障。

（3）信息有形展示。即以实际的服装、物体、装潢、包装等来传递服务本身的品质。譬如，航空公司机上服务人员的制服传递着管理制度化的信息，同时也对乘客暗示"飞行安全"。麦当劳、肯德基等快餐业的服务人员也必须身着制服以传递其干净、值得信赖的信息。

（4）提供书面证据。即以实际的数字资料来证实公司服务内容的优越性与值得信赖。譬如，美国西北航空公司经常在广告中借由正确比较各航空公司的延误抵达时间，而凸显其因较少延误而为乘客节省的宝贵时间。

## （二）使服务在心理上较容易把握

服务企业应考虑如何使服务更容易地为顾客所把握。

### 1. 把服务同易于让顾客接受的有形物联系起来

运用此种方式时应注意以下两点。

（1）使用的有形物体必须是顾客认为很重要的，并且也是他们在此服务中所寻求的一部分。

（2）必须确保这些有形实物所暗示的承诺，在服务被使用的时候一定要兑现，也就是说各种产品的质量，必须与承诺中所载明的名实相符。

### 2. 把重点放在发展和维护企业同顾客的关系上

使用有形展示的最终目的是建立企业同顾客之间的长久关系。服务业的顾客通常都被鼓励去寻找和认同服务企业中的某一个人或某一群人，而不是认同服务本身。服务提供者的作用很重要，他们直接与顾客打交道，他们之间的关系将直接决定顾客同整个企业关系的融洽程度。

在贯彻上述这两个原则时，企业必须做到以下两点。

（1）必须确切了解目标顾客的需要，以及使用该方法想要获取的效果是什么。

（2）应确定独特的推销重点，并将此重点纳入为该服务产品的一部分，且能真正满足目标市场。

## 本章习题

### 一、判断题

1. 有形展示中周围环境要素是顾客最易察觉的因素。　　　　（　　　）

2. 有形展示可以引导顾客对服务产品产生合理的期望。　　　　（　　　）

3. 核心展示是指顾客在购买过程中能够实际拥有的展示。　　　（　　　）

4. 与服务人员有关的各种有形展示会直接影响顾客感觉中的服务质量。（　　　）

5. 服务环境的设计不但要着眼于顾客，也要着眼于员工。　　　（　　　）

### 二、单选题

1. 服务机构或网点的建筑物、周围环境、内部装修等属于（　　　）。

　　A. 服务过程　　　　　　　　　　B. 服务有形展示

　　C. 服务的分销渠道　　　　　　　D. 服务沟通

2. 服务中有效地使用有形展示能够有效促进（　　　）。

A. 消费者对服务价格的感知，增强服务企业的定价能力

B. 服务企业的服务水平，提高顾客满意程度

C. 服务企业与消费者的关系，提高其品牌美誉度

D. 消费者对于服务风险及不确定性的感知，帮助消费者形成预期

3. 服务有形展示不包括哪个类型？（ ）

    A. 信息沟通            B. 价格

    C. 物质环境            D. 服务态度

4. 服务环境中的顾客和服务人员属于（ ）。

    A. 周围环境            B. 设计因素

    C. 社会因素            D. 非物质环境因素

5. 影响服务企业形象的环境因素主要有（ ）。

    A. 实物属性和气氛        B. 服务员工和气氛

    C. 价格和气氛           D. 实物属性和服务员工

## 三、问答题

1. 什么是有形展示？

2. 简述有形展示的作用，并举例说明各种作用在实际情况中的运用。

3. 有形展示有哪些类型？其含义分别是什么？

4. 影响服务环境设计的因素有哪些？

5. 简述如何进行视觉吸引，并举例说明视觉吸引的重要性。

6. 服务业应该如何设计和创造理想的服务环境，以提高顾客对服务的满意度？

7. 简述服务环境设计的步骤。

8. 怎样进行有形展示的管理？

## 四、分析案例

【案例一】

### 星巴克咖啡的有形展示设计

在星巴克的美国总部，有一个专门的设计室，专门设计全世界所开出来的星巴克店铺。他们在设计每一个门铺的时候，都会依据当地商圈的特点，然后去思考如何将星巴克融入其中。因此，每一家星巴克在品牌统一的基础上又尽量发挥了个性特色。

星巴克的过人之处在于既创造了统一的外观，同时又加入变化，利用风格体现美感，创造了视觉冲击。与麦当劳等连锁店不同的是，星巴克结合不同地点使每家店都有自己与众不同的特色。但是丰富多彩的视觉享受、浓郁咖啡的味觉享受、美妙音乐的听觉享受是不变的经典。

星巴克室内桌椅摆放另类，表现令人舒适、有质感又有高品位的空间气氛。桌椅摆放

没有过于拥挤或者过于空旷。因为过于拥挤的空间会使人感到压抑，过于空旷的空间则会感受不到星巴克的温馨。而星巴克在户外拥有阳台和木质沙发，配合新一代的笔画和小型舞台的设计，展现与众不同的咖啡体验。

星巴克在墙上装饰一些照片和前卫壁画。照片的色彩主要是咖啡色，而壁画充斥着原木色和橙橘色等显眼的色彩，与照片甚至是整个咖啡馆形成鲜明对比。

星巴克的每一位咖啡师都是经过严格培训的，每一环节都要求做到精益求精。

星巴克中国推出的早餐系列，集法国、英国、意大利早餐文化的精髓，将传统与现代结合，创意与经典融汇，同时推荐最与之匹配的星巴克咖啡饮品，为顾客带来更进一步提升和丰富的星巴克体验。

试着从有形展示的设计方面相关知识分析星巴克的服务营销。

## 【案例二】

### 哈根达斯服务的有形展示

哈根达斯作为美国冰激凌品牌，1961年在美国纽约布朗克斯命名并上市。它亦成立了连锁雪糕专营店，在世界各国销售其品牌雪糕。哈根达斯生产的产品包括雪糕、雪糕条、雪葩及冰冻奶酪等。

哈根达斯的店面一般都不大，形象店一般都追求小巧、精致、雅观的设计，以暗红色为主，保留欧洲的设计风格，竭力地营造出一种轻松、舒适的具有浓厚小资情调的氛围，放着一些轻松的背景音乐。哈根达斯通过一些精致、典雅的休闲小店模式，成为顶级的冰激凌连锁店。

哈根达斯走高端路线，作为高品质的产品，其价格可以不成比例的提高。另一方面，定价高的产品又会使消费者感觉品质的提高。

哈根达斯的冰激凌产品通过设计成赏心悦目的形象来吸引年轻消费者的消费。

**思考：**

1. 运用有形展示的相关内容分析哈根达斯的店面设计。
2. 简述这种设计有什么作用。

## 五、应用训练

假如你是某家新开业的珠宝店的经理，试站在经营者和管理者的角度从有形展示方面出发，你将如何对这个珠宝店的内外布局进行规划？谈谈你的观点。

# 第十章　服务质量管理

**学习目标**

理解服务质量的内涵；掌握服务产品质量的评价方法；理解并熟练掌握服务质量管理的差距模型；掌握提高服务质量的方法；了解服务失误的类型；了解服务补救的重要性；掌握服务补救的实施。

**导入　案例**

## 加拿大丰业银行的服务补救

加拿大丰业银行根据服务补救数据库提供的信息了解最容易发生服务失误的环节，并根据顾客的信用记录在服务中采取不同的服务方式。公司要求一旦发生服务失误，前台员工要立即采取措施，并向顾客阐明解决问题需要经过的程序，让顾客及时了解问题解决的进度。在问题不能当场解决的情况下，告诉顾客银行将计划如何行动，表明银行正在采取修复性的措施。同时，要把问题解决的进度及时告诉顾客，以减轻顾客的心理成本。然后通过深入调查的形式了解补救的效果以及服务失误发生的原因，为改进工作提供依据。最后建立服务补救数据库，保证顾客信息和服务补救信息的不断更新，以帮助更好地预测潜在的服务失误。

在这一服务补救过程中，加拿大丰业银行对员工仪容仪表、服务用语、环境状况、设备设施都确定了统一的标准。公司重视对员工的培训，培训包括职前培训和入职后培训；赋予培训的内容分为服务培训和业务培训。公司在服务补救方面最突出的表现是积极鼓励顾客投诉，并帮助顾客开辟投诉渠道。银行在其分支机构中放置了小册子，说明投诉的一个步骤，顾客最初应向谁投诉，若不满意还可以向谁上诉，小册子中还有一位副总裁的电话号码。这些措施鼓励了不满意的顾客进行投诉，并且向员工传达了企业对服务补救的重视。这样便使服务补救的理念在企业中得到很好的传递，无形中促进了员工的组织学习。

资料来源：惠肯培训与咨询网，http：//www.keeprun.net/newsinfo/? id=18469

<h1 align="center">第一节　服务质量</h1>

服务质量是企业在激烈的市场竞争立足的根本，是维护顾客关系的根本保证，高质量的服务可以获得顾客高满意度与高忠诚度，而忠诚的顾客是企业最为宝贵的资源。因此，服务质量是迄今为止服务营销管理领域最重要的研究主题之一，也是提高服务企业核心竞争力的关键。本节首先对服务质量进行界定，然后介绍服务产品质量的特征，最后介绍了服务产品质量的评价方法。

## 一、服务质量的概念

对服务质量的开创性研究始于20世纪80年代初，由北欧学者开始，之后由美国市场营销协会资助了长达10年。在过去的几十年中，学者对服务质量及其相关问题进行了大量的研究，其中北欧著名的学者Gronroos（1982）根据认知心理学的基本理论，提出了"顾客感知的服务质量"（customer perceived service quality）概念，它明确了服务质量的构成要素。这个服务质量结构模型是旗帜性的研究成果，之后的关于质量模型的成果大多是它的演变形式，这也标志着服务管理和营销科学的真正诞生。

服务质量是产品生产的服务或服务业满足规定或潜在要求（或需要）的特征和特性的总和。特性是用以区分不同类别的产品或服务的概念，如旅游有陶冶人的性情给人愉悦的特性，旅馆有给人提供休息、睡觉的特性。特征则是用以区分同类服务中不同规格、档次、品位的概念。服务质量最表层的内涵应包括服务的安全性、适用性、有效性和经济性等一般要求。

服务质量是指服务活动的一组固定特性满足要求的程度，它既可以是满足消费者对自己所获得的满足感的评价，也可以是服务提供者对消费者所获得的满足感的评价。前者是从服务消费者的角度来看的服务质量，后者是从服务提供者的角度来看的服务质量。狭义的服务质量仅仅是指服务行业向消费者提供其产品的全过程（即服务完全等同于产品而非产品外延）中所体现出来的质量属性。广义的服务质量包括服务行业的无形产品和实体产品在内的服务活动所体现的质量属性。由此可见，不同学者站在不同角度，对服务质量的定义也不同。

### 质量与服务质量的定义

弄清楚质量与服务质量的含义，对分析服务质量特性具有重要的价值。现在有关质量与服务质量的定义已有较多的解释。

**质量**

美国著名质量管理学家朱兰认为："质量是由两项因素综合而成的：第一项因素是吸引顾客并满足其需要的特征；第二项因素是免于不良，从而避免顾客的不满。"

国际标准化组织（ISO）对质量的定义为："产品、体系或过程的一组固有特性满足顾客和其他相关方需求的能力。"

以上对质量的定义表明，无论是产品质量或是服务质量，他们都应满足顾客的需求，都应是一组特性的集合。

**服务质量**

帕拉苏拉曼（Parasuraman）认为，服务质量是指服务实际是否符合顾客的期望。

1982年克里斯廷·格罗鲁斯（Christian Gronroos）最早提出了顾客感知服务质量的概念，将感知服务质量定义为："顾客期望的服务质量与顾客实际接受的服务质量之间的差异。"他论证了服务质量从本质上讲是一种感知，是由顾客的服务期望与其接受的服务经历比较的结果。服务质量的高低取决于顾客的感知，其最终评价者是顾客而不是企业。

沃勒维·列迪宁（Volevi Lehtinen）认为服务质量包括有形质量、相互作用质量、总体质量三部分。有形质量是指服务过程中有形部分的质量，包括物质资料的质量和设备方面的质量。相互作用质量是指消费者与服务生产组织发生直接联系时经济行为的质量。总体质量是指消费者根据以往对某个服务生产组织的经验和印象，或者根据服务生产组织由于长期经营在大众消费者中所形成的影响，对这个服务生产组织质量的综合评价。

通过以往对服务质量的定义，可以看出，服务质量的评判具有很强的主观性和变动性，服务质量特性具有较强的非定量性和权重的权变性。

## 二、服务质量构成要素

为了进一步对顾客感知服务质量进行测量，格罗鲁斯于1984年界定了顾客感知服务质量的基本构成，认为顾客感知服务质量包括技术质量（technical quality）和功能质量（functional quality）。

### （一）技术质量

技术质量指服务过程的效果或最终产出，即消费者从服务过程中所得到的东西，它是服务结果质量。比如，宾馆为旅客提供房间和床位，饭店为顾客提供菜肴和饮料，学校为学生提供教室、教学设施及授课教师、航空公司为乘客提供的飞机、舱位。对于这一方面的服务质量，顾客容易感知，也便于评价。

### （二）功能质量

功能质量指服务提供过程中消费者所感受到的服务人员在履行职责时的服务行为、服务方式、服务态度、仪态仪表等给顾客带来的利益和感受，即消费者是如何取得服务的结果的，它是服务过程质量。对于功能质量的评价，主要取决于消费者的感受，而消费者的感受又是同其自身的经历、兴趣偏好、个性、知识水平等因素相联系的。所以，在大多数情况下，消费者对功能质量的评价是主观的，这也是服务质量比有形产品更难把握，更难以标准化的原因所在。

在格罗鲁斯之后的研究中，有学者认为，服务质量除了技术质量、功能质量之外，还应该包括环境质量，即消费者是在怎样的有形环境中接受服务的。还有的观点认为服务质量是由技术环境、功能质量、形象质量（包括企业整体形象和企业所在地形象）、真实瞬间（服务过程中顾客与企业进行服务接触的过程）构成的。

## 三、服务质量的特征

### （一）服务质量的主观性

有形产品质量的度量可以采用许多客观的标准，这些标准不会随生产者和消费者的变化而变化。如对一部汽车的安全标准、耗油量、排量和刹车性能的评价。而服务质量是一种主观质量，其影响因素比有形产品质量影响因素要复杂。这种主观性主要体现在以下三方面。

（1）服务质量是顾客感知服务质量，很少有客观的度量标准，顾客是服务质量最终的评判者。

（2）不同的顾客对同一服务提供者提供的相同水平服务的评价，会有所不同。例如，不同顾客对酒店的服务会有自己的主观判断标准。有的可能注重价格，有的注重整洁，有的可能看重服务提供者的态度，而有的倾向于在别具特色的酒店入住。

（3）同一顾客在不同的情境下也会对服务质量具有不同的认知。例如，对于银行里排号等待取钱或存款的顾客，时间因素是影响顾客对银行服务质量评价重要的决定要素；而对于购买保险和理财产品的顾客，服务质量的可靠性和移情性成为顾客评判服务质量的重要因素。

### （二）服务质量的互动性

服务具有生产与消费的同时性，服务质量也是在服务提供者与顾客互动的过程中形成的，如果没有顾客的参与和配合，或者顾客无法清晰表达服务要求，服务质量就会低下，服务过程也会失败。

### （三）服务质量的过程性

服务质量是一种互动质量，因此，服务过程在服务质量形成过程中起着非常重要的作用，过程质量是服务质量中极其重要的组成部分。当然，这并不意味着结果质量不重要，服务结果是顾客购买服务的根本目的。如果服务结果很差，达不到顾客的预期，再好的服务过程也无法弥补。同样，如果服务结果很好，但服务传递过程很糟，最后形成的顾客感知服务质量也可能是低下的。因此，顾客在对服务质量做出评价时，会从服务结果和服务过程两方面进行，两者相辅相成。

**【资料链接】10-2**

顾客乘坐飞机从上海到北京，到达北京后，顾客便得到了他想得到的服务结果。但是，顾客同样关注：飞机是否正点到达？餐饮供应情况如何？空乘人员对乘客的服务要求响应性如何？他们是积极主动，还是只有当顾客提出要求时，才为顾客提供服务？这些问题丝毫不亚于航空服务的服务结果，甚至比服务结果更重要，因为按照顾客的期望，飞机从上海飞往北京，飞行目的地错误，即服务结果出现错误的概率很小，顾客更关心的是他们的飞行过程是愉悦的，还是痛苦的。根据有关统计数据，民航业的服务质量投诉案件，几乎全部与服务过程，而不是与服务结果有关。其中，飞机晚点被列在所有问题的首位。

资料来源：[荷]汉斯·卡斯帕尔，[荷]皮艾特·V.赫尔希丁根，[澳]马克·加勃特著．服务营销与管理——基于战略的视角[M]．韦福祥，译．北京：人民邮电出版社，2008.

### （四）服务产品质量的整体性

服务过程的整体性是指顾客对总体服务质量的感知取决于不同服务活动、阶段和过程的积累。互动是服务过程构成的最小单位，不同的活动构成了一定的服务情节，而不同的服务情节组合在一起，则构成了服务的片段。每一个片段，都是一次完整的服务经历，不同的服务经历进一步决定了顾客与组织的关系长度及强度。某个片段总体服务质量的感知由各个情节感知质量决定，而各个情节的感知质量是由各项活动决定的，尽管它们所起的作用不同，但都会对整体服务质量产生影响。

**【资料链接】10-3**

华住酒店集团推出"华住酒店"的手机应用软件，使得自己品牌下的"汉庭""全季""海友"等连锁加盟酒店都可以通过这款应用软件进行酒店的预订和服务的点评，顾客可以针对客房环境、人员服务、硬件设施、餐饮质量几方面进行点评，管理人员可以通过横向比较各门店的评价内容对服务质量进行监控和整改。

如今通过互联网，越来越多的企业可以方便地设置调查页面并可随时随地调整调查的内容，顾客通过手机就可以方便地提交调查，这样企业就可以立刻获得关于服务质量的反馈，清楚地了解服务的哪个环节存在问题、哪些服务人员存在问题，便于及时纠正。

## 四、服务质量评价方法

服务质量是顾客感知服务质量，是一种主观质量，因此，制造业的传统质量度量方法在服务行业是难以应用的。美国学者帕拉苏拉曼（Parasuraman）、泽斯曼尔（Zeithaml）和贝瑞（Berry）（PZB 研究组合）经过多年研究，提出了服务质量度量的 SERVQUAL 模型，并在全世界范围内得到了广泛的应用。

### （一）服务质量维度

顾客对不同类型服务评价的标准可能会有所不同。例如，对于法律等咨询服务，顾客最关心的是咨询师的专业知识和技术能力，而且服务结果要比服务过程重要；而对到主体餐厅就餐的顾客来说，菜肴的味道、餐厅的装潢设计、服务人员的态度则更加重要。因此，对于不同类型的服务，顾客会从不同的维度来进行评价。但 PZB（美国学者帕拉苏曼、泽斯曼尔和白瑞）研究组合经过长期研究发现，对绝大多数行业来说，顾客对服务质量的评价（期望和感知）一般会从有形性、可靠性、保证性、响应性和移情性五方面来进行。

#### 1. 服务质量的有形性

服务质量的有形性是指纳入顾客评价范畴之中的诸多有形要素，包括服务人员的着装，服务场所的装饰、温度，设施的外观，甚至噪声等。无形的服务需要通过有形要素加以支持。在服务生产过程中，顾客要亲自参与服务的生产，因此，服务环境便成为顾客考量服务质量水平的一个重要因素。

服务质量有形性的概念由 PZB 等人在此前提出的另外一个概念"有形证据"演化而来，这两个词汇基本可以相互替代。但后来这一概念扩展为服务环境，其含义就发生了比较大的变化，即不仅包括服务的内部环境，也包括服务的外部环境。

#### 2. 服务质量的可靠性

服务质量的可靠性是指服务提供者按照约定，准确、及时、无误地提供服务。内容包括公司服务要及时、准确，保持好的记录，以及在指定的时间内完成服务。可靠性是顾客得以放心接受企业服务最重要的影响因素，顾客对企业服务可靠性的判断主要基于以下两个因素。

第一，承诺兑现情况。没有兑现的承诺，或者打了折扣的承诺，比没有承诺更为糟糕。因为承诺是导致顾客期望值生成最重要的因素之一，承诺越高，顾客对服务的期望值就越高，因此，履行承诺是顾客对企业服务最基本也是最重要的要求。

第二，有形要素。企业的服务环境要与提供的服务相匹配。例如，满地垃圾、满桌油污的饭店就会使顾客认为饭店根本无法提供卫生、安全和美味的餐饮服务，因为其服务环境与餐饮服务应具备的特性完全不符。

### 3. 服务质量的保证性

服务质量的保证性是指顾客期望或感知的，为顾客服务的员工具有的知识、礼节以及表达出自信与可信的能力，集中体现在员工的专业知识能力，特别是与顾客在沟通过程中所体现出来的专业能力和职业操守。一个想要购买 iPad 的顾客，在购买过程中会针对产品的功能、操作方法等与服务人员进行沟通，如果服务人员不了解产品的基本特性，其结果可想而知。

### 4. 服务质量的响应性

服务质量的响应性是指员工及时帮助顾客、为顾客提供服务的愿望。服务质量的响应性要求员工必须及时对顾客的服务要求做出"有效"响应，如果无法立即为顾客提供服务，也要使顾客进行有预期的等待，提高顾客感知的服务质量。服务质量响应性指标包括告知顾客准确的服务时间，不能因为繁忙而对顾客疏忽，时刻准备为顾客提供良好的服务。

员工在服务质量淡季的服务响应性会比较高，但在服务旺季，服务供给能力无法满足顾客的服务需求，服务响应性会下降。企业可以根据不同季节适度调整员工人数、设施数量和营业时间，提高服务质量的响应性。

### 5. 服务质量的移情性

服务的移情性是指在服务过程中给予顾客个性化的关怀。在服务设计和为顾客提供服务时，首先要考虑顾客的利益，以顾客为导向，而不是以管理流程为导向，要最大限度地考虑顾客需求，而不是管理的便利和成本的节约。服务移情性的提升主要靠服务人员树立顾客导向观念，同时也要靠良好的组织文化和顾客自身服务技能水平的提高。

美国服务管理学者 PZB 研究组合在《提供优质服务：平衡顾客感知与期望》一书中为四个行业的服务质量的五个维度进行打分，结果发现：在五个维度中，可靠性是最重要的（32%），其次为响应性（22%），再次为保证性（19%）和移情性，最后为有形性（11%）。

## （二）服务质量的评价及应用

### 1. SERVQUAL 评价方法

SERVQUAL 最早诞生于 1988 年，PZB 对这种方法进行了多次的修正。现在大多数学者所应用的主要是 1991 年经过修正的 SERVQUAL，简称"修正 SERVQUAL"，其所遵循的基本理论依据是差距理论（dis/confirmation theory），或称"确认｜不确认理论"：顾客感知服务质量＝顾客感知－顾客期望，如果结果大于或等于零，顾客感知服务质量是令顾客满意的，否则为顾客不满意的服务质量。SERVQUAL 量表也是由两张表构成：一张为期望表，一张为感知表。两张表的项目完全一样，都由 5 个维度、22 个问项组成，期望表反映的是顾客对某一类企业的总体性期望，而感知表反映的则是顾客对所要调查的企业的实际感受。具体维度与项目如表 10-1 所示。

**表 10-1　服务质量评价方法——修正的 SERVQUAL 量表**

| 服务质量维度 | 指标 |
| --- | --- |
| 有形性 | 1. 具有现代的服务设施<br>2. 服务设施具有吸引力<br>3. 员工有整洁的服装和外表<br>4. 公司的设施与其所提供的服务相匹配 |
| 可靠性 | 5. 公司对顾客所承诺的事情都能及时地完成<br>6. 顾客遇到困难时，能表现出关心并提供帮助<br>7. 公司能一次就把工作做好<br>8. 能准时地提供所承诺的服务<br>9. 正确地记录相关的服务 |
| 响应性 | 10. 告诉顾客准确的服务内容<br>11. 为顾客提供及时的服务<br>12. 员工乐意帮助顾客<br>13. 员工不会因为太忙而疏忽回应顾客 |
| 保证性 | 14. 员工的行为会建立顾客的信心<br>15. 顾客与公司打交道时有安全感<br>16. 员工保持对顾客有礼貌<br>17. 员工有足够的知识 |
| 移情性 | 18. 给予顾客特别的关怀<br>19. 为顾客提供个性化的服务<br>20. 了解顾客的现实需求<br>21. 优先考虑顾客的利益<br>22. 提供服务的时间要便利所有的顾客 |

资料来源：Parasuraman, A., Zeithaml, V., Berry, L. L, Refinement and Reassessment of the SERVQUAL Scale［J］. *Journal of Reatailing*, 1991, 67, 4（winter）, pp. 420-450.

顾客期望和感知的调查应当分别进行，在顾客接受服务之前先进行顾客期望的调查，服务过程结束后，再进行感知的调查。但是在很多情况下，我们无法在不同的时刻获取到同一顾客期望和感知两个数据，因为顾客是流动的，这会无限加大调查成本。因此，很多调查是对期望和感知两个数据在同一时刻先后进行采集，但所得到的数据存在期望和感知的相互映射、相互影响问题。量表一般采用 Likert 5 点或 7 点量表，将顾客对期望和感知的反应控制在一个区间内，而不是一个点上，以更好地反映顾客的心理变化。

在服务企业管理中，SERVQUAL 的应用包括以下几方面：①了解顾客的期望和质量感知过程，借以提高服务质量。在应用于不同行业时，服务质量的 5 个维度可能会发生变化，要根据行业的特性进行调整。②对同一行业中不同企业的服务水平进行比较分析。利用 SERVQUA 评价方法可以计算出本企业现在的服务水平与其他企业之间的质量差距，改进本企业的服务质量。③发现服务质量维度中营销较大的维度，从而使企业可以寻找到影响服务质量的关键问题，进而采取措施，对其加以提升。④以顾客的 SERVQUAL 评价分数为基础，对其进行分类，从而寻找企业的目标顾客。例如，SERVQUAL 评价分数高、接受服务次数多的顾客更可能成为企业的忠诚顾客。

### 2. SERVPERF 服务质量评价方法

克罗宁和泰勒（Cronin & Taylor，1992）推出了"绩效感知服务质量度量方法"，即 SERVPERF（service performance 的合成词）。SERVPERF 摒弃了 SERVQUAL 所采用的差异比较法，而只是利用一个变量，即服务绩效来度量顾客感知服务质量（performance-based measurement of service quality）。而且在度量的过程中，并不牵涉到加权问题，所以在应用上比 SERVQUAL 简单实用了许多。SERVPERF 的问卷设计与 SERVQUAL 并没有什么实质性的区别，采用的问项也基本相同，所以该评价方法的创新性并没有什么实质性的区别；采用的问项也基本相同，所以该评价方法的创新性并不是很高，尽管其简易性和实用性都高于 SERVQUAL。

### 3. "非差异"评价方法

布朗、丘吉尔和彼德（Brown，Churchill & Peter，1993）认为 SERVQUAL 这种度量方法会导致顾客将以前的服务经历影响带入期望中来，从而削弱差异比较法的说服力。他们认为最好的方法是直接度量消费者绩效感知和服务期望之间的差异，并将这种顾客感知服务质量评价方法称为"非差异"（non-difference）评价方法。

"非差异"评价方法与 SERVQUAL 和修正的 SERVQUAL 在操作上非常相似，同样是运用 SERVQUAL 量表中的 22 个问项。但是，SERVQUAL 需要对顾客期望、绩效感知和感知服务质量三方面进行度量，牵涉 66 组数据；而"非差异"评价方法则只对期望及绩效感知之间的差异进行度量，所运用的只有 22 个数据。从这个角度来说，"非差异"评价方法比 SERVQUAL 要简捷了许多。

在上述度量方法中，SERVQUAL 奠定了基本的理论和方法基础，是许多学者在度量顾客感知服务质量时的首选评价方法。SERVPERF 也以其简捷、方便和高信度而为众多学者所推崇，而"非差异"评价方法的影响则比 SERVQUAL 和 SERVPERF 要小得多。

# 第二节　服务质量差距管理

"差距分析模型"（gap analysis model）试图探讨服务质量问题产生的原因并帮助管理

者了解应当如何改进服务质量。

## 一、服务质量差距模型

20世纪80年代中期到90年代初，帕拉苏拉曼（Parasuraman）、泽丝曼尔（Zeithaml）和贝里（Berry）对服务感知质量进行了深入研究，提出了服务质量差距分析模型（SERVQUAL），如图10-1所示。

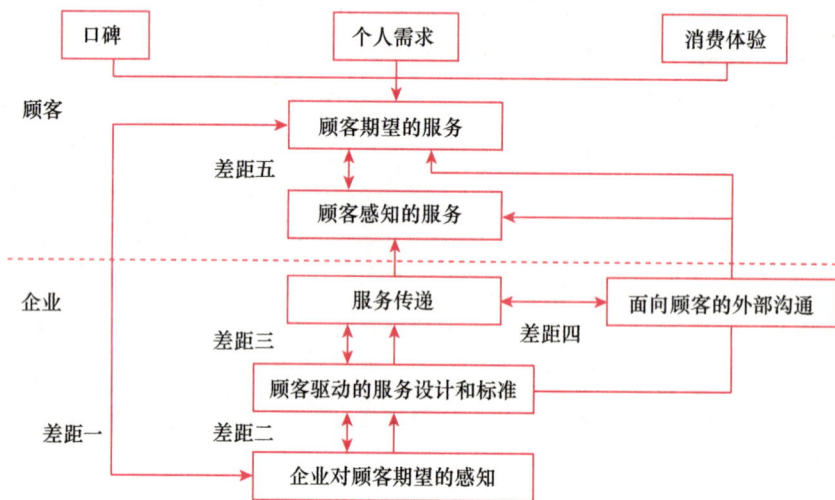

**图10-1　服务质量差距模型**

资料来源：Parasuraman, A., Leonard L Berry, Valarie A Zeithaml. Understanding Customer Expectation of Service[J]. *Management Review*, 1991, 32, (3)：41.

图10-1中，服务质量差距（差距五），表示顾客对服务的期望与顾客对服务的感知之间的差距；质量差距一，表示服务组织所了解的顾客期望与实际的顾客期望之间的差距；质量差距二，表示服务组织制定的服务标准与组织了解的顾客期望之间的差距；质量差距三，表示服务组织的服务执行与制定的服务标准之间的差距；质量差距四，表示服务组织对顾客的承诺与服务实际绩效之间的差距。

## 二、服务质量差距管理

根据服务质量差距模型，服务企业要使顾客满意，就要缩小服务质量差距，也就是要缩小质量差距一、质量差距二、质量差距三和质量差距四。

### （一）差距一（顾客感知差距）的管理

顾客感知差距是指管理者对顾客期望的理解存在偏差，也就是由于没有与顾客直接沟通，没有真正理解顾客期望。导致顾客感知差距产生最主要的原因是：市场调研和需求分析信息不准确；缺乏向上的沟通；没有能够留住顾客的策略；缺乏服务补救措施。

不全面的市场研究是造成差距一的一个重要原因。如果管理层或相关管理部门没有获得关于顾客期望的正确信息，那么差距就会加大。所以，企业必须通过市场研究来获取顾客期望信息，并利用顾客访谈、头脑风暴、调查投诉系统等大量调研工具来接近顾客。

另一个造成顾客感知差距的重要因素是缺少向上的沟通，即虽然一线人员了解顾客的期望，但是管理者与一线员工没有直接的接触，没能及时向员工了解顾客的信息，差距就会加大。所以，对企业而言，要消除感知差距，管理者必须深入基层，直接与一线员工或者顾客接触，从而掌握相关的信息，或者形成基层员工的定期汇报制度，让一线员工主动向上反映情况。

造成顾客感知差距的第三因素是企业没有能够留住顾客并强化与之关系的策略。企业过多地将精力放在吸引新顾客上，就会忽略老顾客不断变化的需求和期望，从而产生感知差距。如果与顾客的关系牢固，能及时地掌握顾客期望的各种信息，这个差距就会自然弥合。

造成顾客感知差距的最后一个原因是缺乏服务补救措施。即便最好的公司，也难免会出现失误。因此，服务补救对于服务组织至关重要，从补救中更加深入了解顾客的期望是一种减少感知差距的有效方法。这要求企业知道顾客投诉的原因、投诉时的期望、如何制订有效的补救计划等。

## （二）差距二（服务质量标准差距）的管理

质量标准差距是指服务提供者所制定的服务标准与管理层所认知的顾客期望不一致而出现的差距。该差距出现的原因可能是：计划失误或计划程序有误；计划管理水平低下；组织目标不明确；计划过程缺乏高层管理者的有力支持。

质量标准差距的大小取决于感知差距的大小。即使服务组织从市场中获取的信息是精确的，第二个差距仍有可能出现。问题的症结在于管理者有时认为顾客期望是不合理的，或者服务自身所具有的可变性会使标准变得毫无意义。因此，设置标准不会达到理想的目标。但设置服务标准并反映顾客期望，就会提高顾客感知的服务质量；相反，如果没有服务标准或者所制定的标准不能反映顾客期望，顾客感知的服务质量就会进一步恶化。

此外，服务质量标准差距也有可能产生于计划工作本身。服务提供者应当参与标准的制定，不能将一线员工从计划制订流程中剔除出去。最理想的是计划制订者、管理者和一线员工相互协调，共同制定有关的服务标准。质量标准要具有一定的弹性，这样雇员在执行标准时才会具有灵活性。

总之，员工与管理层的协调工作是缩减差距二最有效的方法，它比那些僵硬的目标设置和计划程序要有效得多。

## （三）差距三（服务传递差距）的管理

这个差距是指服务生产与传递过程没有按照企业所设定的标准来进行。其产生的原因包括服务质量标准过于复杂和僵化，在现有条件下难以实现；一线员工不赞成这些标准，所以拒不执行这些标准；服务质量标准与企业文化不相容；服务运营管理水平低下；缺乏有效的内部市场营销；服务技术和系统无法满足标准的要求。可以将导致差距三的原因分为三类，即管理和监督不力，员工对顾客需要或期望感知有误，缺乏技术、运营方面的支持。

有多种与管理和监督相关的问题，例如，监督者并不支持鼓励改进质量的行为，或者监督系统与服务标准格格不入。监督和奖励系统的建立与质量计划和服务标准并不相符，这也是差距三产生的内部因素。这种不协调现象极其危险的，如果不重要的活动控制得井井有条，甚至还会得到奖励，雇员就会处于一种异常尴尬的局面。控制与奖励系统从一定程度上决定了企业的文化，那些与这些文化不相适应的目标和标准难以得到实行。消除这种现象的方法是改变管理者和监督者对待雇用的方式，改变相应的计划和奖励机制。还应当对影响公司文化和内部营销的许多大的问题加以关注。

从上面的分析我们可以看出，当员工无法正确地理解服务标准或者是员工不愿意执行这些标准时，员工职责会变得模糊。服务绩效的提高必须依赖科学的服务质量标准，但现行的控制和奖励系统与这些标准相互冲突，当雇员试图为顾客提供顾客期望的服务质量时，却发现这样做与企业所设定的标准相互矛盾。知道顾客需要什么，但无法为他们提供相应的服务，员工的服务热情就会被逐渐扼杀掉。

管理者需要对现有的监控系统进行改革，以使它们与服务质量标准相匹配；同时，也应当对员工进行有效的培训，使员工认识到服务绩效必须与企业长远的战略或营利目标相适应。

员工的态度和服务技巧也有可能造成差距三的产生。这可能由于招募的员工不合格，也许是把员工放到了不合适的位置上，使他们难以按照这些标准提供服务。上述问题的解决方法是提高招聘工作的质量，避免错误决策。

最后，技术或运营系统，包括决策和其他管理系统，与员工之间的相互适应性不好，也会加大差距三。问题的症结可能在员工，但也有可能是运营、技术或管理系统的问题导致了上述问题。也许企业的技术或管理系统对质量改进行为的支撑力度不够，也许这些系统难以达到员工的期望。在这种情况下，要么改变这些系统以使其能够对质量改进系统起到更强有力的支撑作用，要么从另外一个角度入手，提高内部营销和员工培训的水平，使其能适应技术或管理系统的特性。

### （四）差距四（市场沟通差距）的管理

市场沟通差距意味着市场宣传中所做出的承诺与企业实际提供的服务不一致。该差距产生的原因包括市场沟通计划与服务运营缺乏一致性；传统的外部市场沟通与运营之间缺乏协调；组织没有执行市场沟通中大力宣传的服务质量标准和规范；过度承诺。我们可以将上述原因分为两类，即一类是市场沟通的计划与执行不力所致，另一类是企业过度夸大承诺所致。

　　上述问题的解决途径是建立服务运营、传递和外部市场相互沟通的协调机制。例如，每一次市场推广活动的推出必须与服务生产和传递部门及人员相互协商、相互配合，利用科学的计划手段改善市场沟通的质量，管理监督系统的合理运用对此也会有所帮助。

### （五）差距五（感知服务质量差距）的管理

　　感知服务质量差距说明顾客感知或实际经历的服务质量与其所期望的不一致。这种情况出现的原因是：顾客实际接受的服务质量低于其期望的服务质量或出现服务质量失误；负面的口碑；公司或组织形象低下；服务失败。第五个差距也可能是负值，它意味着顾客实际接受的服务质量大于他所期望的服务质量。如果存在差距五，原因可能是上面所说的某一个，或者是几个原因同时出现。

　　服务质量差距模型能够引导管理者发现服务问题出现的位置，产生问题的原因，解决这些问题的方法。服务质量差距模型是寻找顾客服务质量感知和服务提供者绩效之间不协调现象的一种非常直观而有效的工具。管理者可以通过对差距模型的运用，逐步缩小顾客期望与实际服务感知之间的差距，从而提高顾客感知的服务质量。

# 第三节　服务补救

## 一、服务失误

### （一）服务失误的定义

　　美国哈佛大学教授哈特在《哈佛商业评论》中发表的文章中说："即使是最出色的服务机构也不能避免偶然的失误。"服务失误是指企业所提供的服务表现未能达到顾客对服务的评价标准，不能满足顾客的要求和期待而导致顾客产生不满意情绪的结果。从这一定义中我们可以看出，服务失误取决于两方面：一是顾客对服务的评价标准，即顾客的服务预期所得；二是服务表现，即顾客对服务真实经历的感受，也就是顾客对服务过程中的实际所得。

　　只要顾客认为其需求未被满足，或是企业的服务低于其预期水平，就预示着企业有可能发生服务失误。服务失误的大小可以表述为由于服务失误而给顾客带来的损失的大小程度。服务失误的严重程度的大小会对顾客满意度产生影响。

　　失误的严重程度越大，顾客的满意度越低。所以企业在服务补救过程中对不同程度的服务失误给予不同的对待。

### （二）服务失误的类型

**1. 按服务发展阶段分类**

（1）结果失误，是指企业没有能够满足顾客的基本需求，或者说没有完成核心服务。例如，由于某种原因，顾客向某家酒店预约房间失败。

（2）过程失误，是指在履行核心服务的过程中出现了瑕疵，或提供方式出现某种程度的损失。例如，顾客在酒店前台登记入住时遭遇工作人员的粗鲁对待。

**2. 按服务失误能否控制分类**

（1）可控制的失误，如服务人员个人的原因导致服务顾客时状态欠佳，服务技巧欠娴熟等属于可以控制的失误。

（2）不可控制的失误，如服务企业系统出现故障、天气恶劣等不可抗拒的随机因素的影响等不可控制的失误。

**3. 按服务接触的程度分类**

（1）结果性失误，是指那些没有能够完成顾客预期的基本服务内容而造成的失误情形，这类失误是与服务提供者的明确承诺紧密相关的，这一般也是与服务的核心结果有关，这类失误比较常见。例如，饭店不能为顾客提供预点的菜肴，旅馆不能兑现旅客预订的房间。

（2）程序性失误，是指那些关于服务传递的规章、政策、方法等制度或习惯所造成的服务失误，如服务延迟、顾客等待。

（3）互动性失误，是指由那些直接人际互动过程所造成的服务失误，如一线员工与顾客的人际交流失败、员工的服务态度和礼仪不当。

### （三）服务失误的原因

对服务企业来说，服务失误是不可避免的，造成服务失误的原因多种多样。

**1. 服务提供系统失误**

在服务过程中，企业的服务体系不够完善，设计不够科学，服务架构不完备，服务要求不到位，缺乏有效的服务监管体系或没有完备的服务保障措施来满足顾客的要求。比如，服务人员有时要借助一些工具、设备等服务系统，这些有形产品无法保证每时每刻都处于良好状态，总有出现故障的时候，从而导致服务失败的出现。

**2. 员工的错误或失误**

由于大多数服务需要服务员工与顾客在互动过程中才能实现，服务员工由于其情绪的波动、服务技能的熟练程度、沟通能力的高低等因素，总会不可避免地犯些错误，从而导致服务失败。

**3. 顾客自身原因**

顾客作为服务活动的参与者，不可避免地会对最终服务质量带来影响。在互动过程中，顾客可能不知道如何参与到服务活动中来或在服务活动中进行了"误操作"等都会导致服务失败的出现。比如，顾客无法正确地表述自己的服务期望，可能会带来服务失误。

#### 4. 顾客与服务企业沟通存在差异

由于企业在设计服务产品时，考虑的是产品的"通用性"，或者企业在设计服务产品时，未对顾客做充分的调查，或者是顾客文化背景的差异等因素，造成顾客与企业对该产品的理解不一致，从而导致服务失败的出现。

#### 5. 随机因素

在有些情况下，随机因素也会造成服务失误。比如，飞机由于天气恶劣而无法准时起飞，或者电脑病毒突然发作，引发超市收银系统发生故障，导致顾客长时间排除等候而引发不满等，对于由此造成的服务失误，企业补救的重点应是如何及时准确地将服务失误的原因等信息传递给顾客，与顾客进行沟通，以期得到顾客的理解。

**【资料链接】10-4**

### 抱怨者的类型

根据顾客对服务失误做出的反应，可以将抱怨者分成四种类型：发言者、发怒者、积极分子和消极者。发言者乐于向服务人员抱怨，并因为对抱怨的结果持积极预期从而不会向其他人或组织表达不满。这类顾客是企业最好的朋友。发怒者在强烈的情绪冲动下可能会极力向朋友、亲戚传播负面口碑，并且他们比较偏向于向供应商抱怨，而不太可能向第三方抱怨。他们一般不会给供应商第二次改正的机会。他们对于企业一般都是不可挽回的顾客，却又给企业造成负面的口碑。

积极分子的抱怨倾向更强烈，特别是与其他类型的抱怨者相比，更可能向第三方抱怨。好的服务补救对这类顾客也能起到很好的挽回作用。

消极者不太可能对服务提供者表达自己的不满，也不太可能向其他人抱怨。他们一般是在不满的情绪下默默地选择保留或转换供应商。对企业而言，这类消极的顾客没有补救的余地，但损失面不会扩大。

## 二、服务补救

为避免服务失误给服务机构带来的负面影响，尤其是为避免顾客的流失，服务机构应当重视服务补救，承担服务失误的责任，并采取措施纠正错误，亡羊补牢，力争挽回不利的局面。可以说，实施有效的服务补救是确保服务质量的最后一道防线。

### （一）服务补救的含义

服务补救（service recovery）概念最早由哈特（Hart）等人于 1990 年提出。此后不同的学者对服务补救的概念有不同的表述。塔克斯和布朗（Tax & Brown）将服务补救定义为：服务补救是一种管理过程，它首先要发现服务失误，分析失误原因，然后在定量分析的基础上，对服务失误进行评估并采取恰当的管理措施予以解决。格罗鲁斯（Gronroos）认为服务补救是指当服务失误发生后，服务提供者针对顾客的抱怨行为所采取的反应和行动，亦可称之为对顾客抱怨的处理。约翰斯顿和哈瓦（Johnston & Hewa）认为服务补救是服务提供者为缓解和修复服务提供者在服务提供过程中对顾客所造成伤害而采取的行动。

从上述定义表述中可以看出，理论界大多数学者认为，服务补救的起点是服务失误，是针对服务失误而采取的措施。这些表述容易使人们产生误解，即认为服务补救的实施与作用范围仅限于服务失误发生之后。事实上，服务补救绝不是一种仅作用于服务失误发生之后的"救火式"反应行为。要保证服务补救的整体效果与效率，就必须在服务失误发生之前建立服务失误的预警机制，最大限度地减少服务失误的发生。

因此我们认为，服务补救的定义可从狭义和广义的角度来理解。

狭义的服务补救是指服务提供者在发生服务失误后所做出的一种即时和主动性反应，主要强调及时性和主动性这两个特点。

广义的服务补救是指针对服务系统中可能导致失误或已发生失误的任一环节所采取的一种特殊措施，它不仅包括失误的实时弥补，也涵盖了对服务补救需求的事前预测与控制，以及对顾客抱怨和投诉的处理。

## （二）服务补救的重要性

服务补救是服务提供者提高顾客感知服务质量的第二次机会。虽然服务上的失误不可避免，但企业在出现问题后处理投诉和解决问题的能力如何，会在很大程度上影响到企业对投诉顾客的保留或丧失。

有些服务失误是在提供服务过程中发生的，管理者和员工都能察觉到这样的失误。但有些失误是在服务完成以后，即顾客事后产生抱怨并向管理者反映，这种失误有时会被管理者和员工忽视。无论失误发生在哪个阶段，企业都必须尽早行动，尽量使顾客满意。如果不这么去做，就意味着发生第二次失误，很可能造成顾客的流失。

服务企业应该把顾客的抱怨看成是赢得顾客忠诚的"机会"。有研究资料显示，对投诉解决结果表示完全满意的投诉者有再次购买同种商品意愿的比例为69%～80%，而认为不满意的投诉者对再次购买同种商品感兴趣的比例只有17%～32%。因此，解决投诉问题的结果是否令顾客满意是服务补救的关键。

## （三）服务补救的实施

### 1. 充分了解顾客期望

只有充分了解顾客对服务补救的期望，才能更有针对性地制定服务补救策略。了解顾客的期望可以通过顾客自发的抱怨或者由企业进行市场调查。顾客的抱怨信息往往包含着重要信息，有助于服务人员了解自己的服务哪些方面存在缺陷，同时顾客的抱怨也包含着对补救的期望。另外企业也可以组织或委托第三方进行市场调研，研究顾客对产品或服务的期望，以及对服务补救的期望。企业通过上述工作，可以积累经验，准确把握服务失误后顾客的心理特征，减少服务补救失败的可能性。

### 2. 制定服务标准和服务补救标准

由于服务具有无形性，有时顾客并不清楚自己希望获得何种水平的服务或不能准确地描述自己的期望。如果企业制定明确的服务标准，就可以消除顾客的"模糊预期"，提高顾客参与的有效性，并使服务具有可衡量性。

同时，企业还要制定服务补救的标准，一方面可以为补救提供客观依据和尺度，使顾客对服务补救的分配公平性形成积极的评价；另一方面可以给顾客"按章办事"和"一贯性"的感觉，有利于顾客对过程公平性形成积极的评价。

### 3. 加强员工培训

企业对员工的培训相当重要，因为服务具有生产和消费同时性的特点，一线员工的服务态度、业务能力、人际技巧、处理突发事件的能力等在很大程度上决定了顾客对服务质量的感知和满意度以及服务补救的效果。因此，企业有必要对一线员工进行培训，切实提高他们的素质和服务能力，通过培训使他们了解顾客期望的解决办法，具备处理顾客投诉的能力和做好服务补救工作、提高顾客满意度的技巧。比如，学会倾听顾客的抱怨、关心服务失误对顾客精神上造成的伤害，真诚地向顾客道歉、勇于承认错误、平息顾客愤怒、分析顾客问题、阐明解决问题的步骤。同时，还要开展专门性的服务补救培训，提高他们对补救重要性的认识以及预测、预防和纠正服务失误的能力。

### 4. 赋予一线员工现场解决问题的能力

在对员工进行针对性训练后，应该对一线员工授权，使员工具有解决问题的能力，增强员工的责任感，提高其工作的主动性、积极性和创造性。在服务失误发生的现场采取补救措施，在力所能及的范围内迅速解决顾客的问题，而不是等专门的人员来处理顾客的投诉。以前的服务营销和管理学著作中讲述的全部是所谓"授权"的概念。但事实上，根据克瑞斯·阿吉里斯（Chis Argyris）的调查，在过去的30多年中，虽然管理者们都喊着授权，但真正向下属授权的实属凤毛麟角。针对这种情况，格罗鲁斯（Gronroos）在2000年出版的《服务营销与管理》一书中，提出了所谓"使员工具有解决问题能力"的概念，将其视为授权取得成功的先决条件。授权给一线员工使他们有一定程度的自主解决顾客问题的权限。授权可以增加员工的责任感提高其工作的主动性、积极性和创造性，迅速、及时地解决顾客问题。

### 5. 开辟投诉渠道，积极鼓励顾客投诉

好的投诉渠道对于企业开展服务补救行动有很多帮助，企业应开辟各种便于顾客投诉

的渠道，鼓励和引导不满的顾客向企业投诉。顾客投诉是服务失误的信息源和服务改进的动力源。调查表明，绝大部分不满意的顾客不去投诉的原因是因为不知道怎样投诉和向谁投诉。因此，服务提供者要设计方便顾客投诉的程序，并进行广泛的宣传以鼓励和引导顾客投诉。通过鼓励不满意的顾客中"沉默的大多数"说出他们的不满，企业可以从处理顾客投诉中获得宝贵的信息，并利用这些信息发现潜伏的危机和问题的根源，及时改进、完善企业的工作，从而提高顾客的满意度和忠诚度。

### 6. 建立服务补救数据库

对每一次服务补救的过程和结果都要做详细的记录，进行归类、整理和分析并建立相应的服务补救数据库。通过数据库反映的信息，改进内部工作程序并预测下一服务阶段可能出现的服务失误。有效的服务补救策略需要企业不仅能通过客户的抱怨和投诉来确定企业服务失误的原因，还能查找那些服务失误的"高发地带"，预测补救需求和采取措施加以预防。例如，有时一个服务失误会引发一系列反应（如航班的误点），对这一类问题必须高度重视，做好预防工作。

### 7. 促进组织学习

在企业整个服务补救过程中，组织学习是极其重要的，企业应该通过组织学习在服务方式、内容、范围等各方面全面地、不断地进行创新。企业应将服务补救与组织学习结合起来，向全体员工灌输"从服务补救中学习"的观念，把这种观念融入企业文化中去。

在服务补救实践中，很多企业的员工总是从心理上讨厌前来投诉的顾客，他们总是认为这些顾客是存心来投诉的，因此，他们觉得处理顾客投诉是一件烦人的事。因为抱有这种想法，他们在处理顾客投诉时，往往敷衍了事，把顾客打发走了就万事大吉，不能使顾客真正满意，达不到服务补救的目的。所以想要真正把服务补救工作做好，关键在于改变企业员工的观念，应该让他们认识到顾客投诉对企业来说是一种重要的市场信息，因为它暴露了企业的弱点。通过对顾客投诉进行全面调查和分析，企业可以及时发现经营过程潜伏的问题，提高管理水平，这样可以从失误中获得学习的良机，真正把服务补救工作做好，真正提高顾客的满意度。

## 本章习题

### 一、判断题

1. 相较于技术质量，顾客更容易感知和更易于评价功能质量。　　　　（　　）
2. 服务质量是一种主观质量，其影响因素比有形产品质量影响因素要复杂。（　　）
3. 服务质量的保证性是指服务提供者按照约定，准确、及时、无误地提供服务。

　　　　　　　　　　　　　　　　　　　　　　　　　　　　　　（　　）

4. 在服务设计和为顾客提供服务时，首先要考虑管理的便利和成本的节约，以管理流程为导向。　　　　　　　　　　　　　　　　　　　　　　（　　）

5. 顾客作为服务活动的参与者，可能会带来服务失误。　　　　（　　）

## 二、单选题

1. 下列不属于技术质量的是（　　　）。

A. 宾馆为旅客休息提供的房间和床位

B. 饭店为顾客提供的菜肴和饮料

C. 学校为学生提供教室、教学设施

D. 服务人员的仪态仪表

2. 如果服务人员由于工作繁忙而对顾客疏忽，会降低服务质量维度中的（　　　）。

A. 可靠性　　　　　　　　　　　B. 保证性

C. 响应性　　　　　　　　　　　D. 移情性

3. 在服务质量五个维度中，（　　　）是最重要的。

A. 可靠性　　　　　　　　　　　B. 保证性

C. 响应性　　　　　　　　　　　D. 移情性

4. 在服务质量差距模型中，服务质量差距指的是（　　　）。

A. 服务组织所了解的顾客期望与实际的顾客期望之间的差距

B. 顾客对服务的期望与顾客对服务的感知之间的差距

C. 服务组织制定的服务标准与组织了解的顾客期望之间的差距

D. 服务组织对顾客的承诺与服务实际绩效之间的差距

5. 在服务质量差距模型中，（　　　）是产生顾客感知差距的原因。

A. 服务组织目标不明确

B. 市场沟通计划与服务运营缺乏一致性

C. 市场调研和需求分析信息不准确

D. 缺乏有效的内部市场营销

## 三、问答题

1. 简述服务质量的特征。

2. 什么是服务质量差距模型？

3. 产生服务传递差距的原因有哪些？

4. 如何利用服务质量差距模型提高服务质量？

5. 评价服务质量的五个维度是什么？

6. 服务失误的类型有哪些？

7. 造成服务失误的原因有哪些？

8. 你认为服务补救重要吗？为什么？

9. 如何实施服务质量的补救？

## 四、分析案例

当顾客第一次访问亚马逊网站时，亚马逊理解顾客期望的战略就开始了。当顾客初次做出购买决策时，企业计算机系统就进行了记录，并基于先前购物者数据库提供同类书籍或音乐。开始时有些提供物或许不甚妥当，但是随着顾客在亚马逊网站购物的时间越长久，企业识别顾客偏好就越精确，提供的建议也越适宜。如同图书管理员一样，网站开始及时为你送去电子邮件通知你新书的到来。亚马逊的一大特色就是"你自己的网站"，主页历史账单记录着过去购买的东西，顾客对此很感兴趣。

顾客自定义的标准在亚马逊随处可见，从送货到沟通再到服务补救。当你在亚马逊购买产品时，你可以选择送货方式，网站将会告诉你大概的收货日期。标准海运为三至五日，也有可能一两天。网站会标明缺货通知（实时）、已售完数目、续货日期（三周）、可以退货的期限（30天），以及是否由你来支付运费（如果是亚马逊的原因免付）。

服务绩效是亚马逊卓越之所在。正是由于丰富的海运经验，订单一般都会在承诺的时间之前准确无误地到达。企业的专利"一键式订购"（one-click ordering）使得特殊顾客能够即时购买而不用打开购物车。顾客可以随时查询订单并浏览之前的订单。亚马逊同时要求它的合作者，即那些直接向顾客出售二手书或新书的人也执行亚马逊的标准。通过询问顾客使用商品的感受，亚马逊核实每次购买的绩效，然后在显眼处对此产品进行打分。

网站通过清晰、细心的沟通来保证管理承诺的兑现。事实上每一个页面都可十分方便地阅读和浏览。例如，为消除顾客在退货方面的误解，页面清楚地标明了哪些物品可以退货（基本上都可以）、哪些不可以（充气物品、易燃液体、大屏幕电视、包装已打开的CD等），详细介绍了如何将物品寄回以及什么时候将会收到退款。页面会在顾客的购物流程中标示出以前的货物清单以及每一份订单中物品的确切位置。亚马逊的战略已经被顾客欣然接受。美国顾客满意指数（American customer satisfaction index）显示，亚马逊网站的顾客满意度比美国其他任意一家电子零售商都要高。

资料来源：[美]瓦拉瑞尔·A. 泽斯曼尔、玛丽·乔·比特纳、德韦恩·D. 格兰姆勒. 服务营销（原书第4版）[M]. 北京：机械工业出版社，2008.

**思考题：**

请用服务质量差距模型分析亚马逊的服务质量改进策略。

## 五、应用训练

1. 以某酒店为例说明如何测定服务质量。

2. 讲述你近几天经历过的服务失误，讨论引起这些失误的原因，提出相应的服务补救策略。

# 第十一章 服务营销的绩效

### 学习目标

了解服务绩效的概念；理解服务营销绩效的内涵；了解服务营销绩效的影响因素；了解服务组织绩效评估方法；了解服务营销人员绩效的评估方法。

## 导入 案例

六西格玛方法最初是由摩托罗拉（Motorola）公司的工程师们在 20 世纪 80 年代中期发展起来的，以解决场内销售力量对保证申明日益增加的抱怨这一问题，该模型很快被其他的制造公司采用以减少在多种不同领域的缺陷。

结果服务公司也采取了各种各样六西格玛战略来减少存在的问题，缩短解决问题的时间，提高服务绩效。早在 1990 年通用资本就采用了六西格玛方法来减少出售顾客借款、信用卡保险以及支付保护的幕后成本。该公司的总裁兼首席运营官丹尼斯·内登（Denis Nayden）说："尽管六西格玛最初是为制造业设计的，但是该模式可以应用于交易服务。最明显的例子就是，必须确定通用资本发送给顾客的数百万张信用卡及其他账单准确无误，这促进我们减少调整成本。在金融业务中，最大的成本之一就是赢得顾客。如果我们为他们提供优质的服务，他们就会与我们在一起，从而减少开发顾客源的成本。"统计数据表明，六西格玛意味着要达到这样的服务水平，即每百万计的概率中只有 3.4 个缺陷。为了理解这一目标有多么严苛，我们可以想一想快递产业中的投递服务，如果要求是准确率是 99%，那么在 300 000 次投递中就有 3 000 份遗失或出现问题。如果达到了六西格玛服务水平，同样的总数中只有一份会出现问题！

服务营销绩效的内涵是什么，可以从哪几个角度来衡量它？

# 第一节　服务营销绩效的内涵

## 一、服务营销绩效

### （一）绩效的概念、特点与分类

#### 1. 绩效的概念

"绩效"一词源于英文的"performance"。除了"绩效"之外，中译文还包括"效绩""业绩""表现""作为"等。人们对绩效的含义认识大致可以分为两大类：一类是从工作结果的角度进行定义，认为绩效是指工作主体在一定时间与条件下完成某一任务所取得的业绩、成效、效果、效率和效益；另一类则从行为角度来定义，如认为绩效是人们所做的同组织目标相关的、可观测的事情；或是具有可评价要素的行为。事实上，这两类定义方法都有合理之处，行为与行为的结果是一个事物的两方面，两者是不可分割的，行为是产生绩效的直接原因，而行为主体的成绩优劣，则要通过其工作的结果来评价。因而可以说，绩效的基本含义是"特定行为主体的工作和活动所取得的成就或产生的客观效果"。在一个组织内，绩效可以表现为不同的层次，不同的工作主体，其绩效的含义是不一样的，如一个生产或运作过程、一个职能部门、一个工作团队层次，都有各自的绩效；而人力资源所关注的则是绩效评估。

#### 2. 绩效的特点

一般而言，个人层面的绩效应当具有三效性，即效果性、效率性和效益性。效果性是指被评估者完成工作任务之后，取得了多少成果，取得了多好的成果，也就是绩效的外观形式；效率性是指在被评估者完成工作任务之后，成本和效益的对比情况；效益性是指被评估者的工作成果给自己、他人、集体和社会带来的利益。"三效"性是绩效的基本特点，缺一不可。

#### 3. 绩效的分类

绩效从不同的角度有着不同的分类。

（1）从绩效评估对象（涉及的人员）的多少来分可以分为整体绩效和个体绩效。整体绩效是包括被评估者在内的一个团队的整体工作成果，个人绩效是被评估者个人的岗位工作成果。两者不能简单地叠加。

（2）根据绩效呈现的方式来分，可以分为显绩效和潜绩效。显绩效是那些看得见、摸得着的工作绩效，可以用数据说话、可以用成果说话的绩效。潜绩效是那些一时还不能表现出来，需要假以时日，但已经存在或已经部分存在的工作绩效。

（3）按绩效评价的导向来分，可以分为结果绩效和过程绩效。结果绩效是指被评估者的工作结果，即国外所谓的"任务绩效"（task performance）。它是被评估者完成工作的结果或履行职务的结果，是被评估者对组织的贡献，或对组织所具有的价值，通常可以用质量、数量、时效、成本、他人的反应等因素来进行评估；过程绩效是指被评估者在工作过程中所表现出来的行为，即国外所谓的"周边绩效"，或者"关系绩效"。

## （二）服务营销的绩效

### 1. 服务营销绩效的内涵

服务营销的绩效指服务企业或服务企业内部的服务人员通过一定时期内营销努力，而为公司客户服务所取得的成绩与效果。服务营销绩效往往与服务绩效相混用，在一定语境下，两者通用。服务营销绩效既可能表现为公司利润的提升，也可能带来顾客产生的愉悦，还可能是服务企业员工所获得的成就感。服务营销绩效离不开服务企业所服务的对象，所以服务绩效的全面考察应该是基于这三个层面进行的。然而由于顾客自身评价的动力、持续性、可追溯性差等原因，我们在谈服务营销绩效，或者进行服务营销绩效评估时更多的是站在服务企业或者服务企业员工的角度来进行评价。概念理解要从三方面来理解，是谁的绩效，由谁来评价，评价的标准是什么。从两个维度来看，一是企业绩效维度，二是员工维度。企业维度由企业内部管理部门，如财务部门或销售部门来评价，根据公司的成本、收益和利润的因素，定量地进行评价。也可以借用有形产品营销评价中常用的财务评价因素来进行评价，如用流动比率、速动比率、负债比率、营利比率、库存周转比率、固定资产周转率等因素进行评价。还可以用经营审计、标杆控制、平衡积分卡控制等方法进行评价与控制。考虑服务营销中人是主要因素，也可由人力资源部来评价，评价标准依据服务质量标准，并结合企业目标如果评价服务企业的绩效；员工维度，由人力资源部评价，评价标准是员工行为和员工目标任务完成的程度。这里需要注意的是，不管是企业维度的服务绩效还是员工维度的服务绩效，都要结合顾客的感受，也就是要考虑服务业的特殊性，顾客经常是参与服务过程的。

### 2. 服务营销绩效的评价过程

服务营销绩效的评价主要表现为对服务质量和效果的情况进行收集、分析、评价和反馈的过程。服务绩效评估的目的在于分析服务工作的效果，总结经验教训，发挥员工潜力，促使顾客服务计划的实施，确保服务目标的实现。服务营销绩效评价是一个目标设定、记录、评估的过程。首先，由最高管理层拟定企业的服务营销目标，而且企业服务营销目标要体现企业整体目标。其次，由各个部门制定可促进整体营销目标的具体措施，最好明确每项措施的考核标准，标准确定后，将对实际绩效与标准之间的关系采取一定措施，促使服务绩效与既定标准和目标相一致。确保每件事有人做，有人督促。最后，根据公司评估周期，收集各部门日常记录的资料，考核作为绩效评估的明确标准。绩效评估的过程必须包括制定目标或标准、检查记录、考核评价等关键环节。进行绩效评价工作，最重要的是要制定评价标准。一般来说，评价标准包括数量标准和质量标准两方面。制定评估标准的主要目的是为了使员工明确：应该做什么？做到何种程度？因此，所定标准要合理、明确和具体。

## 【资料链接】11-1

一般来讲，编制绩效评估因素可采用 SMART 的原则进行设定，S 代表具体的（specific），指绩效考核要切中特定的因素；M 代表可度量的（measurable），指绩效因素要尽可能进行量化统计和分析；A 代表可实现（attainable）；R 代表现实性的（realisitic），指绩效因素是实在、可衡量和观察的；T 代表时限（time-bound），是指完成绩效因素有特定的时限。建立客户为中心的服务营销绩效管理服务营销绩效管理的出发点是确保服务营销取得预期的结果，以客户为中心的指导思想下，衡量服务营销绩效成果的关键指标均体现为与客户相关的指标。

### 3. 服务营销绩效评价的目的

服务营销绩效是服务企业及服务人员完成工作的效率和效能。有效地进行绩效评价，可以充分了解服务人员的工作贡献或不足，检查服务目标的实现程度，为管理决策提供依据。一般来说，绩效考核的目的主要表现在以下几方面。

（1）服务营销绩效评价是检查和改进服务人员工作状况的有效手段。服务企业通过对每个工作岗位上的员工的工作绩效进行定期的评价，可以检查出企业员工的工作状况，发现存在的问题，确定培训目标和计划，明确高效的工作标准，以作为营销改进决策的主要依据。

（2）服务营销绩效评价有助于对员工的信息反馈。服务营销绩效评价的最积极目的，应该是使员工了解绩效目标与公司期望之间的关系。管理者将评价结果反馈给员工，可以使员工了解公司的目标；可以帮助员工认识自己的潜力，从而努力改善工作；可以使员工认识努力与奖酬之间的关系，激励员工工作效率的提高。

（3）服务绩效营销考核对公司政策与计划的拟定、修正具有指导意义。服务绩效考核是服务企业营销管理的主要工作之一，通过服务绩效的考核，能够使营销管理者明确服务营销工作的状况，从而为调整服务营销策略提供充分的实践依据。

（4）服务营销绩效评估是更好地服务顾客的举措。服务营销评估中涉及服务企业客户的满意度、企业员工服务顾客的频率、顾客的意见或建议等因素，通过这些可以方便服务企业改进服务，更好地服务顾客。

## 二、基于服务质量导向的服务营销绩效观

负责任的服务企业总是提供高质量的服务，追求短期利益的短视企业肯定是不长久的。20世纪70年代古典管理理论中的科学管理理论占主导，80~90年代质量提高成为优先考虑的目标。21世纪，把两者结合为顾客创造更好的服务流程和效果，为顾客或公司客户创造更高的价值成为服务业的不二选择。服务营销的绩效与服务质量紧密相关，服务质量是衡量服务营销绩效的重要维度，在某种程度上两者是同义语。那么服务质量是什么，怎么对它进行衡量与评价呢？

为了能够处理服务绩效、确认引起服务质量不足的原因，设计与实施纠正措施等问题，公司员工需要对服务质量有共同的理解。人们根据不同的语境对"质量"有不同的理解。戴维·加文（David Garvin）区分了5种不同的质量观。不同质量观有利于帮助我们解释有时候服务企业不同职能部门经理之间产生分歧的原因。

质量的先验观和与生俱来的优秀是同义词：始终如一的标准和高成就的标志。该观点通常被应用于表演和视觉艺术，其论点是人们只能从通过反复接触获得的经验中学会认识质量。然而，从实际的角度来看，当管理者或顾客对质量有所体验时才能认识它，这样的建议不是很有用。

基于产品的观点认为质量是精确的、可测量的参数。它认为，质量方面的不同反映出产品所具有的要素或特征不同的重要性。因为该观点完全客观，所以未能解释每个客户（甚至整个细分市场）不同的品位、需求和偏好。

基于用户的观点以"质量自在人心"这一前提条件为出发点。这些定义将质量等同于最高的满意度。这一主观的、以需求为导向的观点认为，不同的客户有不同的需要和要求。

基于制造的观点是以供给为基础的，主要与工程和制造业有关（在服务业，我们认为质量是以服务操作为驱动力的）。该观点关注符合内部发展的规格，通常由提高生产率和降低成本的目标所驱动。

基于价值的定义从价值和价格的角度定义质量。基于业绩（或一致性）和价格之间的平衡，质量可以被定义为"买得起的优秀"。

## 三、绩效评估面临的挑战与问题

绩效评估是组织管理中的难点，是目前服务营销绩效管理与服务营销员工绩效评估中的一个世界性难题。因此，我们在管理实践难免会遇到各种问题。在这一节，我们将加以具体分析。

### （一）绩效评估活动所面临的挑战

绩效评估已被公认为是管理中最为重要的基础环节，特别是个人维度的绩效。尽管在现实中，一个工作人员的行为受到各种来源（大多数是来源于相同地位的人和同事的）的反馈信息的影响，但绩效评估仍然是鼓励员工不断修正自身行为、朝着组织既定目标努力的重要机制，也是组织发现人才、使用人才、开发人力资源的基本依据。很难想象，一个组织没有了类似绩效评估的员工工作情况反馈机制，人们的行为会是怎样，是否会发生大的扭曲。经过多年的发展，绩效评估在管理中的地位逐渐上升，在美国，1997 年只有89％的组织实行过绩效评估，而 2008 年这一数字上升到了 94％。

但是，在现实中，绩效评估并没有实现过人们对它的预期期望。事实上，它经常遭到各方面的批评，管理人员认为它复杂麻烦，容易得罪人，因而常常放宽标准谋求皆大欢喜的结果；而员工则经常控告评估结果过于主观，缺乏公正。这些显然是绩效评估活动在现实中所必须面对的挑战。

除此之外，近年来组织发展以及管理方法的最新发展趋势，对传统的绩效评估形成了更大的挑战，这些趋势表现为以下几方面。

（1）为适应瞬息万变的组织内外部环境，员工的工作性质也在不断地进行调整，而工作性质的变化意味着组织和工作人员的相互承诺减少了。因此，通过绩效评估而进行的反馈以及薪酬的调整影响工作人员的可能性也降低了。

（2）为节约开支并且适应不断变化的组织目标，组织倾向于雇用大量的兼职或临时人员，这使得绩效评估对雇主而言变得不那么重要了。

（3）无论是在私人组织还是在公共部门，合同外包等策略已成为其降低人工和管理成本的重要手段。实行某一生产环节或服务的合同外包，只要按照合同严格监控承包商的行为及产品或服务质量即可，省去了管理具体的生产和服务流程的麻烦，这显然削弱了对个人绩效考核的需求。

（4）为克服传统官僚制的等级森严、步履迟缓的弊端，现代组织更加趋向于结构的扁平化，这对于管理者对下属的传统的绩效方法提出了挑战。

（5）由于结构的扁平化，管理的幅度加大，使得每位管理者负责监控范围增大，这显然阻碍了管理者对下属工作情况的有效和及时观察。

（6）团队化是现代组织发展的又一个重要趋势。而团队化的运作方式，使得传统的以个人职位为核心的绩效评估变得不合时宜，新的趋势要求以个体职位为核心的单一评估必须向工作团队为对象的多重评估转变。这一点与传统管理者所强调的控制观念是相悖的，而且在方法上也更加难以实施。

（7）在西方，随着集体谈判制度及弱势群体保护制度的确立，使得组织奖励和惩罚措施受到相当多的局限，特别是在公共部门尤为明显。这使得绩效评估在将薪酬或惩罚行为同绩效联系一起时变得无效。

## （二）目前我国绩效评估出现的问题

### 1. 理论上的困惑

（1）个体评估与团队评估的问题。个体评估有利于明确员工个人的工作绩效，为组织的奖惩等管理决策提供依据，而且能够防止滥竽充数，但也容易组织内部形成一种个人英雄主义的文化氛围，破坏组织的团结协作精神，甚至会出现互相拆台的恶性竞争，不利于组织整体发展；团队评估有助于培养组织内部同舟共济、共同奋斗的组织精神，却又可能造成"大锅饭"的不良局面，干多干少一个样，抑制工作人员的积极性，滋长工作人员的惰性，形成 1+1<2 的结果，同样也不利于组织的发展。"鱼与熊掌不可兼得"，如何"舍"就理所当然地成为绩效评估工作中的一大困惑。

（2）评估因素定性与定量的问题。定性评价的绩效评估因素具有操作方法简便、可行性等优势，但主观性较强，容易走上形式化的歧途，而且由于人们对文字的理解各有差异，其说明力、公正性颇受质疑。定量评估因素具有客观性和公正性等特征，但操作执行困难，很难大范围推广。而且工作绩效的很多方面也难以实现定量评估，如客户满意度、服务质量。定量评估因素的应用性限制和定性评估因素的准确性限制，使得评估因素的选择成为绩效评估工作的又一困惑。

（3）评估系统的统一与分散问题。对任何一个组织而言，在组织内部建立统一的绩效评估系统，为同层次的工作人员提供一致的竞争基础，能够保证评估系统的公平性，有利于提高组织的凝聚力。然而组织内部各不同部门的工作性质、工作特点的差异极大，建立统一的绩效评估系统很难符合各部门的实际情况。而为不同部门设立各异的评估标准，又有可能造成组织内部矛盾。如何在统一与分散之间取得平衡，形成了绩效评估的又一困惑。

（4）评估实施的强制执行与自主选择的问题。绩效评估面对的是组织全体工作人员，评估过程的实施需要得到工作人员自身的配合。由于工作人员个体偏好、文化背景等方面的差异，即使对统一规定的评估标准，不同的工作人员也会产生不一样的看法。强制工作人员使用统一规定的评估标准，可以保证同一层次工作人员绩效之间的可比性；提供多个被选方案，让员工自主选择合适自身特点的评估系统，则有助于激发员工全方位的才能，然而容易破坏员工绩效之间的可比性，形成不公正的组织氛围。目前大部分组织采取强制执行的方式实施绩效评估，但是随着高新方法的发展，组织越来越重视工作人员才能的全面发展，自主选择为工作人员个性才能提供的全面施展的舞台，必将越来越受到组织的关注。孰优孰劣，成为绩效评估工作中的另一大困惑。

### 2. 实践中的误区

（1）评估目标确立的单一化。目前大多数组织绩效评估还停留在事后评估的阶段，即当工作人员完成工作以后，再来就工作人员的工作业绩进行评价和衡量，并根据评估结果给予物质或精神的奖励或惩罚。还没有上升到全面绩效管理的层次，评估的效果也就相对有限。

（2）评估贯彻力度的微弱化。由于绩效评估是等工作人员完成以后再来进行评价，无法从根本上及时发现工作人员绩效的差距，并根据其差距提供有针对性的绩效辅导和绩效改进计划，导致工作人员对评估的认同程度很低，绩效评估的贯彻力度相当弱。因为这种评估不能让工作人员看到其对自身素质或能力发展所能提供的帮助，自然就失去了实施的群众基础。

（3）关键业绩因素的空泛化。很多组织提取关键业绩因素过于空泛化，只是根据现成的因素库或模板生搬硬套，而没有根据组织的战略规划、业务流程、行业特性、发展阶段、组织特性、工作人员特性等进行深入的分析，导致进行评估的业绩因素具有普遍性，却不具有合适组织特性的针对性。由此必然导致评估结果的失真，并且很难获得工作人员的认同。

（4）评估工具的随意化。评估工具有多种选择，必须根据组织特性、职位特性等进行合理的衡量和选择，不同的职位或不同的工作要求都必须选择不同的评估工具。很多组织还不善于根据职位的变化而采取不同的评估方法，由此导致评估结果的不准确性或不合理性。

（5）评估理念更新的盲目化。很多组织热衷于追捧国际最新的管理理念和方法，而不考虑该理论和方法对组织的适用性。比如360度评估，要求组织对客户资源控制力度高，能及时采集客户的信息。如果做不到这一点，采用客户评价的360度评估就只能流于形式，强制推行也只能是浪费时间、金钱和精力，得不偿失。平衡计分卡也存在同样的毛病。

（6）评估切入角度的片面性。很多组织推行绩效评估时，只关注单个员工的业绩评价，而忽视了对团队的评估。这种片面性可能会引发员工为了追求个人业绩而不惜牺牲同事利益的"独狼意识"；它还容易产生"木桶效应"，由于不关注团队绩效，团队成员中容易产生一个"短木板"，从而降低整个团队"业绩桶"的承重能力或使用寿命。因此，科学的绩效评估体系，应该同时兼顾组织、团队、个人三个层面的评估，并通过一定的方式来准确衡量一个人的价值和业绩。

（7）评估结果应用的局限性。很多组织的绩效评估结果应用性很差，有的组织评估结果与其他体系毫无关联，使评估流于形式，仅仅成为书面化的"走过场"；有的组织则矫枉过正，将评估结果滥加应用，使工作人员对评估心存恐惧，不利于组织业绩的整体提高。

（8）评估体系建设的孤立性。很多组织片面强调绩效评估的重要性，却忽视了与之相关联的其他体系，如职位分析、职位评价、素质测评。一个科学、合理的绩效评估体系，应该建立在完整的人力资源管理平台之上。

（9）评估主体表现的错误性。评估者在对工作人员的绩效进行评估时，会不自觉地出现各种心理上和行为上的错误举动，如因光环效应，评估者会把被评估者的某一特点无限放大，进而一叶障目，得出错误结论；或者事先对被评估者的人格类型进行了分类（如一位敬畏者、一个偷懒的家伙），在进行绩效评估中，就会"戴着墨镜看人"；或是犯近因性错误，对最近发生的事情和行为记忆犹新，而对远期行为逐渐淡忘，使得评估结果更多地受近期表现的影响。

此外，在实际的绩效评估过程中，按比例分配名额，轮流坐庄，老好人现象也十分严重，极大地削弱了绩效评估本身的效用。

只有深入分析绩效评估在理论上的困惑和实践中的误区，并找到有效对策，才能够更好地面对绩效评估在现实中的挑战，充分发挥出绩效评估体系在整个组织制度体系中的价值和作用。

# 第二节　企业维度的绩效评估方法

服务营销的绩效也可以最终体现为服务企业或服务营销部门的绩效，可以运用组织绩效评估方法来进行评估。组织绩效评估方法大致可以分为两类：一类是 20 世纪 90 年代以前的组织绩效评估方法，主要侧重于对经济因素的分析，可以称之为传统的组织绩效评估方法；另一类是出现在 20 世纪 90 年代以后，注重经济因素和非经济因素的有机结合，注重对组织环境、创新、知本等因素的分析，可以称之为现代组织绩效评估方法。

【资料链接】11-1

随着买方市场的形成，服务业面临越来越严峻的挑战，从绩效管理的视角看当今客户管理面临着这样的挑战：服务营销绩效管理的出发点是确保服务营销取得预期的结果，因此，在以客户为中心的指导思想下，衡量服务营销绩效成果的关键指标均体现为与客户相关的指标。

## 一、传统的组织绩效评估方法

传统组织绩效评估与管理方法，主要包括功效系数评估法、雷达图评估法、沃尔评估法、坐标图评估法、经济报表结构因素评估法等。

### （一）功效系数评估法

所谓功效系数分析方法，是指根据多目标规划管理，把组织所要考核的各项因素按照多档次标准，通过功效函数转化为可以度量的评价分数，据以对被评价对象进行总体评价分析的一种方法。功效系数分析方法从经济效益状况、资产营运状况、偿债能力状况、发展能力状况四方面（共 20 项因素）对组织绩效进行分析评价，分析因素如表 11-1 所示。

表 11-1　功效系数评估法的因素

| 分析因素 | | 基本因素 | | 修正因素 | |
|---|---|---|---|---|---|
| 分析内容 | 权数 100 | 因素 | 权数 100 | 因素 | 权数 100 |
| 经济效益状况 | 38 | 净资产收益率<br>总资产报酬率 | 25<br>13 | 资本保值增值率<br>主营业务利润率<br>盈余现金保障倍数<br>成本费用利润率 | 12<br>8<br>8<br>10 |
| 资产营运状况 | 18 | 总资产周转率<br>流动资产周转率 | 9<br>9 | 存货周转率<br>应收账款周转率<br>不良资产比率 | 5<br>5<br>8 |
| 偿债能力状况 | 20 | 资产负债率<br>已获利息倍数 | 12<br>8 | 现金流动负债比率<br>速动比率 | 10<br>10 |
| 发展能力状况 | 24 | 销售（营业）增长率<br>资本累计率 | 12<br>12 | 三年资本平均增长率<br>三年销售平均增长率<br>方法投入率 | 8<br>8<br>8 |

## （二）雷达图评估法

雷达图（Radar Chart），又可称为戴布拉图、蜘蛛网图（spider chart），是财务分析报表的一种。即将一个公司的各项财务分析所得的数字或比率，就其比较重要的项目集中划在一个圆形的固表上，来表现一个公司各项财务比率的情况，使用者能一目了然地了解公司各项财务因素的变动情形及其好坏趋向。雷达图分析方法亦称综合经济比率分析方法，按这种方法所绘制的经济比率综合图类似雷达，故此得名。绘制雷达图的前提是经济比率的分类，通常将经济比率分为收益性比率、安全性比率、流动性比率、生产性比率、成长性比率等五类。雷达图可以用 EXCEL 先制作表格，然后再进行绘制。

按照雷达图方法绘制出的雷达图是三个同心圆，最小圆代表最低水平，或者同行业水平的 1/2；中间圆同行业平均水平，又称作标准线；最大圆代表同行业先进水平，或者同行业水平的 1.5 倍。从圆心开始，以放射线的形式分别标出各大类的经济比率。评价时通常用目测判断的方法。如果组织的经济比率值接近或处于最小圆之内，说明该比率水平极差，须警惕；如果比率值接近标准线，说明该因素与同行业平均水平相当；如果比率值处在最大圆内，说明该因素水平较高，是较为理想的状态。

利用雷达图评价方法判断和评价组织绩效状况时，将组织各实际比率值所处点连接起来，形成一个多边形。如果该多边形皆处于大圆之内，表明组织的经济状况较为理想，超过同行业平均水平；如果该多边形皆处于中圆之内，表明经济状况欠佳，应当努力予以改善，以接近或者超过平均水平；如果该多边形完全处在小圆之内，表明该组织已濒临倒闭，经济状况极度恶化。

运用雷达图分析方法进行综合分析，可以将组织状况划分为稳定理想型、保守型、成长型、特殊型、积极扩大型、消极安全型、活动型、均衡缩小型等八种类型。

## （三）沃尔评估法

亚历山大·沃尔（Alexander Woll）在 20 世纪初出版的《信用晴雨表研究》和《财务报表比率分析》中提出了信用能力指数的概念，他选择了七个财务比率即流动比率、产权比率、固定资产比率、存货周转率、应收账款周转率、固定资产周转率和自有资金周转率，分别给定各因素的比重，然后确定标准比率（以行业平均数为基础），将实际比率与标准比率相比，得出相对比率，将此相对比率与各因素比重相乘，得出总评分。沃尔比重评分法有两个缺陷：一是选择这七个比率及给定的比重缺乏说服力；二是如果某一个因素严重异常时，会对总评分产生不合逻辑的重大影响。沃尔评分方法的因素内容与一个计算实例见表 11-2。

表 11-2 沃尔评估法

| 经济比率 | 比重 1（%） | 标准比率 2 | 实际比率 3 | 相对比率 4 = 3÷2 | 评分 5 = 1×4 |
|---|---|---|---|---|---|
| 流动比率 | 25 | 2.0 | 2.33 | 1.17 | 29.25 |
| 净资产/负债 | 25 | 1.5 | 0.88 | 0.59 | 14.75 |
| 资产/固定资产 | 15 | 2.5 | 3.33 | 1.33 | 19.95 |
| 销售成本/存货 | 10 | 8 | 12 | 1.50 | 15.00 |
| 销售额/应收账款 | 10 | 6 | 10 | 1.67 | 16.70 |
| 销售额/固定资产 | 10 | 4 | 2.66 | 0.67 | 6.70 |
| 销售额/净资产 | 5 | 3 | 1.63 | 0.54 | 2.70 |
| 合计 | 100 | | | | 105.05 |

## （四）经济报表结构因素评估法

经济报表结构因素分析方法是指直接利用经济报表的数据进行分析或者将这些数据进行简单的加减计算后得到一些绝对因素，再对这些因素进行评价。这种方法的优点是简单易行，可以帮助经营管理者在较短的时间内发现组织经济绩效情况，但这种方法的准确性不高，组织在使用的同时应该辅助以其他方法。具体而言，这种方法包括以下两方面。

### 1. 分析资产负债表

根据资产负债表中资产与权益组成结构的不同，企业的资产负债表一般可以分为三种类型，具体如下表 11-3 所示。在表 11-3 中，A 型结构代表正常经营组织的资产负债表；B 型结构组织的资产负债表反映组织已面临风险时的经济状况，这时组织的流动资产刚好可以用来偿还流动负债，组织已经出现了亏损，并且有可能已经在侵蚀资本金，发展前景不容乐观；C 型结构的组织的流动资产已经不足以偿还流动负债，而且亏损额加大，已经把资本金全部侵蚀掉，并有可能吃掉一部分资产，这种情况下组织面临的风险已经大大加剧，已到了破产境地。

表 11-3　资产负债表结构类型

| A 型结构 | | B 型结构 | | C 型结构 | |
|---|---|---|---|---|---|
| 流动资产 | 流动负债 | 流动资产 | 流动负债 | 流动资产 | 流动负债 |
| | 长期负债 | | 长期负债 | | |
| 固定资产 | 股本 | 固定资产 | 股本 | 固定资产 | 长期负债 |
| | 留存收益 | | 留存收益 | | 股本权益（负数） |

### 2. 分析损益表

在该方法下，组织收益可划分为三个不同的层次：

$$经营收益=经营收入-（经营成本+经营费用）$$

其中：经营费用=管理费用+营业费用+销售税金及附加

$$经常收益=经营收益-经济费用$$

$$期间受益=经常收益-营业外收支净额$$

根据这三个层次收益状况不同，组织的经营状况可分为六种类型，具体如表 11-4 所示。

表 11-4　损益表类型

| 损益表类型 | A 型 | B 型 | C 型 | D 型 | E 型 | F 型 |
|---|---|---|---|---|---|---|
| 经营收益 | + | + | + | + | − | − |
| 经常收益 | + | + | − | − | − | − |
| 当期受益 | + | − | + | − | + | − |
| 说明 | 正常 | 视亏损而定 | 风险较大 | | 接近破产 | |

在上表中，A 型损益表表示组织目前处于正常经营状态，三个层次的收益均为正。B 型损益表表示组织的持续经营造成巨大的影响；反之则表明组织目前正面临比较大的风险。C 型和 D 型损益表的组织虽然其经营收益为正，但经常收益已经出现亏损，这说明组织举债规模过大，利息负担过重。此种情况，组织若不及时采取对策，则必将会陷入被动的境地，即出现 E 型或 F 型损益表，此时组织的经营收益就开始亏损，经常收益和当期收益的亏损额不断扩大，组织别推到了破产的边缘。组织在运用经济报表的绝对因素进行绩效评价分析时，应将资产负债表与损益表结合起来，这样有利于经营管理者全面了解组织的经营状况，但该种分析方法对风险的描述不够具体和深入。

## 二、现代的组织绩效评估方法

现代组织绩效评估方法，主要包括 KPI 因素评估法、组织气氛评估法、平衡积分卡与标杆管理评估法等。

### （一）关键绩效因素（KPI）评估法

关键绩效因素（Key Performance Indicator，KPI）法是通过工作绩效特征的分析，提炼出最能代表组织绩效的若干关键因素体系，并以此为基础进行绩效考核的模式。KPI 因素必须是衡量组织战略实施效果的关键因素，其目的是建立一种机制，将组织战略转化为组织的内部过程和活动，以不断增强组织的核心竞争力和持续地取得高效益。

关键绩效因素是通过对组织内部流程的输入端、输出端的关键参数进行设置、取样、计算、分析，衡量组织流程绩效的一种目标式量化评估因素，是把组织的战略目标分解为可操作的工作目标的工具，是 KPI 绩效评估的基础。通过 KPI 因素的提炼可以明确部门的主要责任，并以此为基础，建立明确的切实可行的 KPI 考核评估体系。

KPI 根据其特点可以分为四种类型：数字型 KPI、时限型 KPI、项目型 KPI、混合型 KPI。通常数字型和时限型的 KPI 不进一步分解，项目型和混合型的 KPI 能进一步分解，直至所有的 KPI 都分解成为数字型或者时限型的 KPI。

建立 KPI 因素的要点在于流程性、计划性和系统性。要明确组织的战略目标，并可以利用头脑风暴法和鱼骨分析法找出组织的业务重点，也就是组织价值评估的重点。然后，再用头脑风暴法找出这些业务领域的关键业绩因素（KPI），即组织级 KPI。

各部门的主管需要依据组织级 KPI 建立部门级 KPI，并对相应部门的 KPI 进行分解，确定相关的要素目标，分析绩效驱动因素（方法、组织、人），确定实现目标的工作流程，分解出各部门的 KPI，以便评定因素体系。

KPI 因素体系确立之后，还需要设定评价标准。一般来说，不同的 KPI 其评价标准是不一样的，目前比较通用的是采用四维度评价方法，这四维度是时间、数量、质量、成本。通常对 KPI 进行评价时，并不是四个维度都需要的，可以根据 KPI 的性质选取其中一个或者多个评价维度进行评价。下表 11-5 是某公司供应链管理部 KPI 承诺书，从 KPI 因素以及关键措施、团队合作等三方面进行了承诺。

表 11-5　组织 KPI 承诺书

结果目标承诺：

| KPI 因素 | 权重 | KPI 分数 | 与当期持平 | 达标 | 挑战 |
| --- | --- | --- | --- | --- | --- |
| | | | 80 分 | 100 分 | 120 分 |
| 合同及时发货率（%） | 30% | 目标值 | 80 | 84 | 88 |
| 生产存货周转率（次/年） | 20% | 目标值 | 3.5 | 3.8 | 3.9 |

续表

| 结果目标承诺： | | | | | |
|---|---|---|---|---|---|
| 万元发货费用（元） | 20% | 目标值 | 510 | 450 | 390 |
| 客户合同投诉率（%） | 10% | 目标值 | 0.93 | 0.89 | 0.84 |
| 人均发货额（万元/人·年） | 10% | 目标值 | 655 | 882 | 970 |
| 客户满意度（%） | 10% | 目标值 | 78.29 | 79 | 79.3 |

团队合作：（包括但不限于）
跨部门项目人员到位率：≥98%
关键员工离职率：≥5%
组织气氛指数：≥70%

关键措施：为保障以上 KPI 的达成，2002 年供应链管理部工作策略与重点承诺如下：

电子行业的竞争日益激烈，快速满足市场需求，保证及时供货是供应链的责任。特别是在客户需求不确定性增大和订货周期越来越短的情况下，提升供应链的快速响应能力和柔性的整体运作效率已成为公司在市场取得成功的有力武器。在 2002 年，供应链要以客户需求为目标，建立起柔性的供应链组织，应对市场变化，满足市场需求；另一方面，2002 年大量的流程和 IT 系统要切入实际运作环节中，需要开展大量的管理变革工作，保证变革的顺利实施。这两方面交织在一起对我们的工作有很大的挑战，我们要实现业务变革和保证正常业务运作均衡，我们要坚决推行变革，但又不能简单化，要结合公司的经营策略和管理要点，实事求是地认真推行，并在推行中解决问题，保证业务目标的实现。在保障市场要求的前提下，合理地降低供应链动作成本是一项日常工作。通过推行变革成果，实施管理改进，简化流程，提高人均效益。具体策略及措施：

1. 加强变革管理，逐步推进业务与组织优化和岗位角色调整。

2. 以客户需求为目标，从组织、人员、产能、物料等方面，不断提高供应链的柔性，提升快速响应能力，不断适应市场的变化，满足市场要货的要求。

3. 进一步提高采购综合竞争优势，保证供应链连续性和降低采购成本；加强采购业务规范运作和透明化，积极推动跨部门合作。

4. 逐步建立完善的基础数据支撑体系，通过翔实、及时的数据支持业务决策，实现精细化管理。

5. 加强严格管理和组织气氛建设，激活团队活力，提高组织绩效和人均效益。

6. 严格执行安全管理规定的各项规范，提高员工的安全意识，对安全问题实行闭环管理，持续坚持安全管理工作"三不放过原则"，确保安全措施的落实，预防安全隐患。

## （二）组织气氛评估法

组织气氛是指在特定环境下工作的感觉，是"工作场所的氛围"；它是一个复杂的综合体，包括影响个人和群体行为模式的规范、价值观、期望、政策、流程等；简言之，就是人们工作时的感觉。

虽然组织气氛不是组织绩效的直接内容，但它是组织绩效的心理考核尺度，是对组织绩效的检验。世界各国的管理实践均表明组织气氛对组织绩效有着重要影响，关系到组织发展的动力源泉和持续发展。组织气氛的作用有时在短期内似乎看不出什么，但在关键时候或者以长远眼光来看对组织起着举足轻重的作用。组织气氛分析的内容如图 11-1 所示。

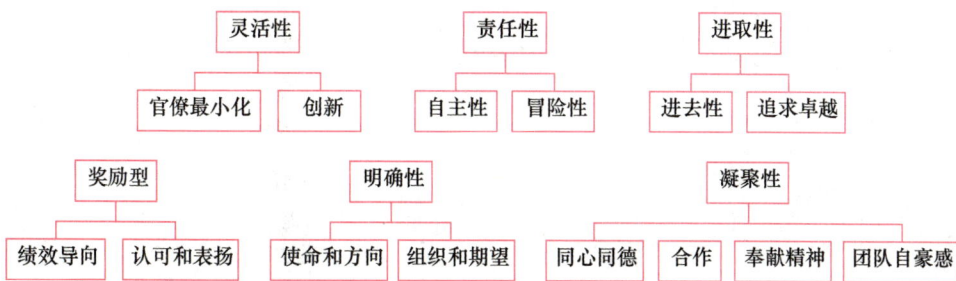

图 11-1　组织气氛基本维度和子维度

计算显著性差异个数以及低纬度个数。显著性差异，是指某维度的理想值和现实值相差 20％以上，已经对员工激励产生了不可忽视的负面影响。低纬度，是指某维度的现实值低于 60％，即组织满足员工需求的能力如此之低，即使尚未产生显著性差异也已处在危险的边缘。

【资料链接】11-3

鱼骨图是由日本管理大师石川馨所发明出来的，故又名石川图。鱼骨图是一种发现问题 "根本原因" 的方法，它也可以称之为 "Ishikawa" 或者 "因果图"。其特点是简洁实用，深入直观。它看上去有些像鱼骨，问题或缺陷（即后果）标在 "鱼头" 外。在鱼骨上长出鱼刺，上面按出现机会多寡列出产生生产问题的可能原因，有助于说明各个原因之间如何相互影响。

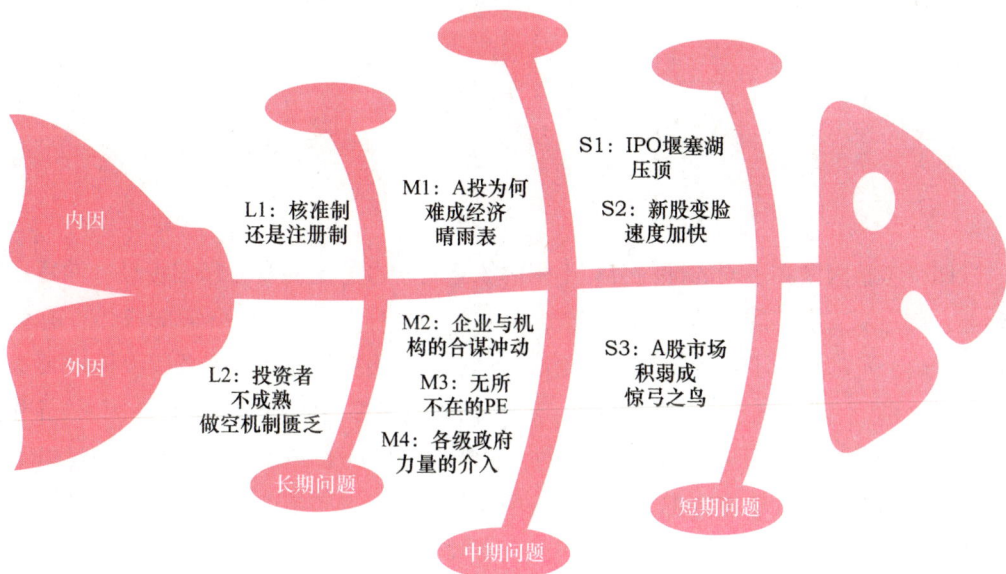

图 11-2　鱼骨图示例

　　问题的特性总是受到一些因素的影响，我们通过头脑风暴法找出这些因素，并将它们与特性值一起，按相互关联性整理而成的层次分明、条理清楚，并标出重要因素的图形就叫特性要因图、特性原因图。因其形状如鱼骨，所以又叫鱼骨图（以下称鱼骨图），它是一种透过现象看本质的分析方法。同时，鱼骨图也用在生产中，用来形象地表示生产车间的流程。在鱼骨上长出鱼刺，上面按出现机会多寡列出产生生产问题的可能原因。

　　请思考鱼刺图是不是也可以用来进行服务营销绩效评估，如是，请结合一个服务企业分析。

### （三）平衡积分卡评估法

　　平衡积分卡（balanced score card，BSC）的核心思想是通过经济（financial）、客户（customer）、内部业务流程（internal business progress）、学习与成长（learning and growth）四个因素之间相互驱动的因果关心来展示组织的战略轨迹，实现绩效评估—绩效改进—战略实施—战略修正的目标。平衡积分卡中的每一项因素都是一系列因果关系中的一环，通过它们把相关的组织目标同战略联系在一起；而"驱动关系"一方面是指 BSC 的各方面因素必须代表业绩结果与业绩驱动因素双重含义，另一方面 BSC 本身必须是包含业绩结果与业绩驱动因素双重因素的绩效考核系统。图 11-3 列出了 BSC 的四个主要因素。

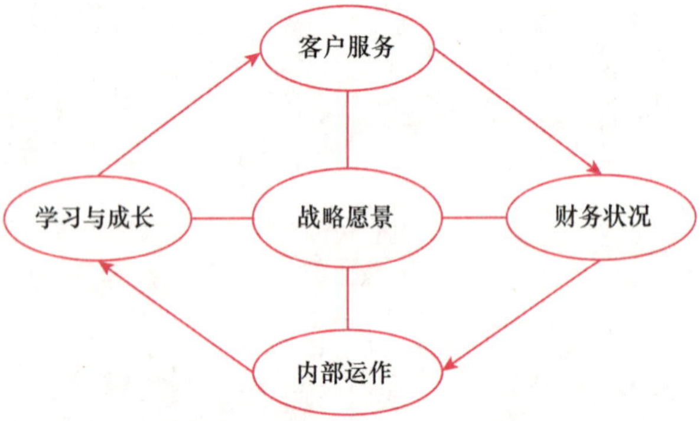

**图 11-3　BSC 的四个主要因素**

　　这四个考核因素在不同的部门会有不同的侧重，所占的比例需要仔细衡量。然后在此基础上，制定双方同意的"可测量度的效应因素（MPI）"和每项要素的权重。有效的 MPI 要明确、可度量，不要含糊不清。比如，针对客户服务的考核，不要仅仅说"要提高客户服务水平"，而应该制定具体的标准，如客户满意度提高的百分点等具体因素。同时，依据"期望理论"，目标还必须是可达成的，目标有一定的合理的挑战，并且通过努力可以达成，否则就会使被考核者丧失斗志。最后，及时地设定实施的时间表也是保证目标完成的重要方法，以便管理者随时跟进。当然，有效的 MPI 必须是双方同意的结果。BSC 带动了高层和中层主管参与，而这批管理者对公司的愿景、战略和主要表现因素拥有最全面的认识。BSC 将员工绩效管理和公司的战略管理挂钩，通过持续对话，增加主管和员工之间的沟通，使其明白公司的战略和双方的期望；准确衡量员工绩效，识别表现好的员工，使之获得更好的奖赏和更佳的晋升机会。下表 11-6 是某公司根据 BSC 建立的绩效因素分析模型，该模型中经济绩效因素的比重为 33%（包含三个维度），客户绩效因素的比重为 29%（包含二个维度），内部运作绩效因素的比重为 25%（包含四个维度），学习和成长绩效因素的比重为 13%（包含二个维度）。

**表 11-6　某组织 BSC 绩效评估因素一览表**

| 绩效因素 | 因素内容 | 权重 | 说明 |
|---|---|---|---|
| 经济绩效因素（33%） | 1. 营业额达到 22 亿元，国际国内市场各 50%<br>2. 毛利率达到 12.5%<br>3. 新的辅助产业投资回报率大于 5.5% | 15%<br>8%<br>10% | 1. 按旺淡季分为四个季度因素<br>2. 每个季度因素不变<br>3. 每个季度因素不变 |
| 客户绩效因素（29%） | 1. 大客户满意度大于 80 分（两次测评）<br>2. 客户投诉率及抱怨率低于 2%，重大投诉为零 | 15%<br>14% | 1. 每次分数用于两个季度<br>2. 每个季度因素不变 |
| 内部改善绩效（25%） | 1. 员工满意度大于 85 分<br>2. 部门满意度大于 80 分<br>3. 员工流动率低于 10%，人力流动率低于 5%<br>4. 生产力水平达到 30 Hre/Kps | 5%<br>5%<br>5%<br>10% | 1. 每次分数用于两个季度<br>2. 每次分数用于两个季度<br>3. 每个季度因素不变<br>4. 四个季度各 25%递增达成 |
| 员工学习与成长绩效（13%） | 1. 员工素质测评达到中/优良<br>2. 员工内/外受训时间不低于 20 小时/30 小时 | 8%<br>5% | 1. 每次分数用于两个季度<br>2. 四个季度各 25%递增达成 |

## （四）标杆管理评估法

基于标杆管理的绩效评估法是组织奖自身的关键业绩行为与最强的竞争组织或那些在行业中领先的、最有名望的组织的关键行为作为基准进行考核与比较，分析这些基准组织的绩效形成的原因，并在此基础上确定组织可持续发展的关键业绩标准和绩效改进的最优策略。

### 1. 标杆管理的步骤

（1）计划：

确定对哪个流程进行标杆管理；

确定用于做比较的组织；

决定收集资料的方法并收集资料。

（2）分析：

确定自己目前的做法与最好的做法之间的绩效差异；

拟定未来的绩效水准。

（3）整合：

就标杆分析过程中的发现进行交流并获得认同；

确立部门目标。

（4）行动：

制订行动计划；

实施明确的行动并监测进展情况。

（5）完成：

处于领先地位；

全面整合各种活动；

重新调校标杆。

### 2. 标杆管理的类型

（1）内部标杆管理。以组织内部最优为基准的标杆，它是最简单且易操作的标杆管理方式之一。辨识内部绩效标杆的标准，即确定内部标杆管理的主要目标，可以做到组织内部信息共享。辨识组织内部最佳职能或流程及其实践，然后推广到组织的其他部门，不失为组织绩效提高最便捷的方法之一。除非用作外部标杆管理的基准，单独执行内部标杆管理的组织往往持有内向视野，容易产生封闭思维。因此，在实践中内部标杆管理应该与外部标杆管理结合起来使用。

（2）竞争标杆管理。以竞争对象为基准的标杆管理。竞争标杆管理的木圕是与之相同市场的组织在产品、服务和工作流程等方面的绩效与实践进行比较，直接面对竞争者。这类标杆管理的实施较困难，原因在于除了公共领域的信息容易接近外，其他关于竞争组织的信息不易获得。

（3）职能标杆管理。以行业领先者或某些组织的优秀职能操作作为基准进行的标杆管理。这类标杆管理的合作常常能相互分享一些方法和市场信息，标杆的基准是外部组织（但非竞争者）及其职能或业务实践。由于没有直接的竞争者，因此合作者往往较愿意提供和分享方法与市场信息。

（4）流程标杆管理。以最佳工作流程为基准的标杆管理。标杆管理是类似的工作流程，而不是某项业务与操作职能或实践。这类标杆管理可以跨不同类组织进行，一般要求组织对整个工作流程和操作有很详细的了解。

# 第三节　服务营销人员绩效评估方法

上一节我们介绍了组织或企业维度的服务营销绩效评估方法，在这一节，我们主要介绍与分析服务营销人员个人绩效评估的程序、因素设计和方法。

## 一、绩效评估的程序

服务人员绩效评估的程序一般分为"横向程序"与"纵向程序"两种，具体内容包括：

### 1. 横向程序

横向程序是指按绩效评估工作的先后顺序所实现的步骤。

（1）确定绩效评估目的与目标。

（2）确定绩效评估实施机构及职责。

（3）确定绩效评估标准体系。

（4）选定评估、反馈与辅导的时机或时间。

（5）实施绩效评估，即对工作绩效进行考察、测定和记录。

（6）绩效评估结果的分析、评定与原因诊断。与既定的标准对照进行分析与评判，从而获得正确的绩效评估结论与成因。

（7）结果反馈与辅导。绩效评估的结论通常应通知被评估者，使其了解组织对自己工作的看法与评价，从而发扬优点，克服缺点。但另一方面，还须针对绩效评估结果分析中发现的问题，指导改进方法与措施。

### 2. 纵向程序

纵向程序，指绩效评估实施的具体程序。

（1）直接上级评估。授权直接上级评估者评估。直接上级对下属情况熟悉，而且具有一定的职权，能够利用奖惩手段来使用评估结果，使得这类评估颇具权威。但这类评估在公正性上不太可靠，因为频繁的日常直接接触，很易使主管掺入个人感情色彩。为解决这一问题，可以采用同一组同类部门的主管共同评估彼此下级的办法，只有大家都同意的判断才作为评估结论，这在一定程度上避免了不公正。

（2）同级同事评估。同级同事对被评估的职务最熟悉、最内行，对被评估者的情况往往也很了解，但同事之间必须关系融洽，相互信任，团结一致；相互间有一定的交往与协作，而不是各自为战的独立作业。这种办法多用于专业性组织，如大学、医院、科研单位，组织中专业性很强的部门也可使用；也可以用于那些很难由其他类别评估的职务，如中层干部。

（3）被评估者本人评估。也就是自我评估。这可使被评估者本人得以陈述对自身绩效的看法，而他们也的确是最了解自己所作所为的人。自我评估能让被评估者感动满意，不满抵制少，且能有利于工作的改进。不过自我评估时，本人对评估维度及其权重的理解可能与上级、其他人不一致。

（4）直属下级评估。这一方法的使用很有争议。这是因为下级担心在评估中提出上级的缺点，会被上级主管记恨而报复，所以往往过高评价，说好不说坏；下级还倾向于仅从主管上级是否照顾自己个人利益去判断其好坏，对坚持原则，严格要求而维护组织利益的上级评价不良。对上级来说，这种评估也存在不良影响，如常常顾虑下级评估会削弱自己的威信与奖惩权，而且知道自己的评估要由下级来做，便可能在管理实践中缩手缩脚，尽量少得罪下级，使管理工作受损。

（5）外界专家或顾问评估。专家和顾问有评估方面的专门方法与经验，理论修养也深；而且他们与组织中的人与事无个人利害关系，容易做到客观公正；此外，还可以省去评估者自己本须花费的评估时间，免去不少人际矛盾。但这种方法成本较高，有些专家对被评估专业可能不太内行。

（6）顾客评估。由被评估者工作服务对象进行评估，这种方法具有一定的客观性，且与工作绩效的相关度较高。

## 二、绩效评估因素体系的设计

绩效评估因素是指绩效评估内容与标准相结合的具体表现形式或者操作化形式。一般来说，完整的因素结构包括评估要素、评估对象、评估主体、评估方法与评估结果联为一体，同时也成为整个绩效评估工作指向的中心。建立绩效评估因素体系需要完成两项基础性的工作，即评估因素设计和评估因素量化。绩效评估因素设计的关键在于评估标志语评估标度的设计。评估因素设计的方法包括要素拟定、标志选择和标度划分三个环节（参见图11-4）。

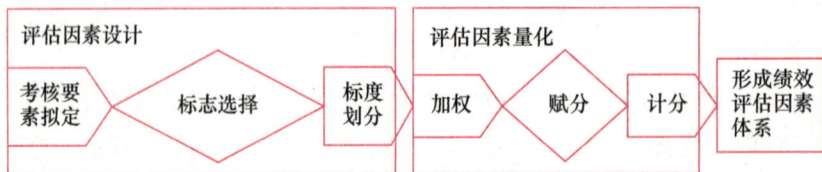

图11-4　绩效因素体系设计图

## 三、绩效评估的方法

绩效评估的方法是绩效评估的核心内容所在。任何一种评估方法都具有其优点和缺点。美国著名的人力资源专家韦恩·卡肖（Wayne Cascio）指出："多少年来，有些人事管理专家一直在煞费苦心地寻找一种'完美无缺'的绩效评估方法，似乎这样的方法是万能药，它能医治好组织的绩效系统所患的种种顽疾。不幸的是这样的方法并不存在。……总而言之，工作绩效评估过程是一个同时包含有人和数据资料在内的对话过程。在这个过程既涉及方法问题，又牵连着人的问题。"可见，任何一种绩效评估都不是十全十美的，加上评估过程中出现的各种主客观方面的问题，这种不完美程度就会更高。

### （一）绩效评估方法的基本类型及特点

绩效评估方法可以从不同的角度加以分类。从时间上来看，可分日常评估、半年评估、年终评估、届中评估、届期评估等。从绩效评估的主体来看，绩效评估的方法可以分为上级评估、同级评估、下级评估、群众评估和360度评估。从绩效评估的客观性上来看，主要是两大类：客观绩效评估法与主观绩效评估法。

客观绩效评估法主要是对客观的、定量的因素进行评估，如领导负责的经济因素、职工出勤率，注重的是工作成果，而不考虑被评估者的工作行为；注重短期效果，牺牲长期因素。但是只注重成果有时也会有失公允。因为影响工作绩效的因素很多，其中被评估者自身不可控的环境性因素占据很大比重，如宏观经济形势对组织个人工作绩效就有着相当大的影响，而客观评估法不能关照到这些深层次的问题，使其可信度大打折扣。而且，从事复杂脑力劳动的职位，其绩效很难有效量化为直接可测因素。因而常作为主观评估法的一个补充。

主观绩效评估法主要是由评估者依据一定的标准或设计好的标准维度对被评估者进行主观评价。评价的内容包括个人品质、工作行为和工作成果等于工作绩效有关的方方面面。这类评估须凭评估者的主观判断，易受心理偏差的左右，但可通过精心设计的程序，从不同角度仔细测评被评估者创造所必需的各种重要工作行为，使可能出现的偏差尽可能地减少。此方法比较现实可行，可适用于管理与专业职位的评估。主观评估法又可进一步分为下列两类。

### 1. 相对评估法

这是较传统的评估法，是使被评估者与别人相对照而评出顺序或等级的办法，所以又可统称为比较法。

### 2. 绝对评估法

这类方法不做人际比较，而是单独地直接根据被评估职工的行为及表现来进行评定。这类评估法在实践中使用得最为普遍，并开发演变出多种不同的形式。

而从绩效评估方法设计的基础和步骤的差异，又可以把绩效评估的方法分为三类：品质基础型、行为基础型和结果基础型。

（1）品质基础型。这种评估比较细致些，通常要做维度分解，从各个不同维度分别进行评价。它主要是衡量被评估者拥有某些性质（如创造性、自主性和领导能力）的程度，而这些品质通常被认为对完成岗位工作时非常重要的，行为特征法由于其容易接受得到广泛的使用。但如果没有在工作分析的基础上做详细设计，行为特征法会产生很大的偏见和主观性。行为特征法包括图示评估法、多重标准尺度法、强迫选择法和书面等。

（2）行为基础型。这种评估更加细微，不但多维，而且每个维度都设计了一个标准的尺度以供定量行的测定，根据一种工作范围和尺度来对行为进行描述，通过描述，评估者可以比较容易地评判被评估者在工作范围内的成绩。行为法包括关键事件行为核对表固定行为等级法和行为观察等级法等。为提高信度，可将一定行为的，这可以提高评估的操作性。这种类型的评估较适合与绩效难于量以脑力劳动为主的管理干部和工程技术等专业工作者的考绩。

（3）结果基础型。这种方法是根据被评估者的工作结果而不是特征或行为表现来衡量其绩效的，着眼于"干出了什么"而不是"干什么"，它虽然也是多维度分解，但评估的重点在产生和贡献，而不在行为与活动。这种方法可以避免主观判断，能够减少产生偏差的可能性；而且结果法促使被评估者对其结果负责，因而使被评估者在选择完成任务的方法上较为谨慎。最常见的结果评估法是目标管理中的评估方法。但这种评估只注重结果，不问手段，具有短期性、表面性等特点。一线职工，尤其是从事具体生产操作的体力劳动者，多用此类评估方法。

表 11-7 是上述三种方法的优点和缺点的比较。

表 11-7　不同绩效评估方法优缺点比较一览表

| 方法 | 优点 | 缺点 |
|---|---|---|
| 品质型 | 1. 费用不高<br>2. 使用有意义的衡量标准<br>3. 使用方便 | 1. 很有可能产生等级错误<br>2. 不适合被评估者咨询<br>3. 不适合报酬分配<br>4. 不适合提升决策 |
| 行为型 | 1. 使用特定的而工作标准<br>2. 易被被评估者和上级所接收<br>3. 适合于提供反馈<br>4. 对报酬和提升决策较公平 | 1. 费时<br>2. 成本较大<br>3. 有可能产生等级错误 |
| 结果型 | 1. 很少有主观偏见<br>2. 易被被评估者和上级多接收<br>3. 将工作和组织工作相连<br>4. 鼓励共同制定目标<br>5. 适合于报酬和提升决策 | 1. 费时<br>2. 可能鼓励短期行为<br>3. 可能使用被污染的标准<br>4. 可能使用有缺陷的标准 |

资料来源：亚瑟·W. 小舍曼、乔治·W. 勃兰德、斯科特·A. 斯耐尔，张文贤，译. 人力资源管理[M]. 大连：东北财经大学出版社，2000 年

## （二）常用的绩效评估工具与方法

### 1. 强迫选择量表

强迫选择量表（forced-choice scales，FCS）以多项选择问题的形式给出与工作绩效相关的个性特征或行为，要求选择出最能反映或是做不能反映被评估者的为选项。评估者不知道什么样的选项能得高分。换句话说，评估者并不知道各选项的分值。因此，在评估过程中，客观性得到保证而主观性受到控制。

### 2. 混合型标准量表

与强迫选择量表相似，混合型标准量表（mixed standard scales，MSS）不让评估者知道所评估的标准是什么，评估者只需要根据行为因素评价被评估者的表现，是优于（+）、

等于（＝）还是差与（－）行为因素描述的内容。这种量表的主要目的是减少诸如晕轮误差和过宽/过严误差。

### 3. 自我鉴定法

自我鉴定法，也常称为"述职报告"。这可使被评估者有机会陈述自己对工作绩效的看法，而他们也的确是最了解自己所作所为的人。自我评估能使被评估者受到重视，满意度增强，减少对评估活动的抵制，从而利于工作的改进。但是在自评时，各人对评估的内容、评估标准的理解可能与上级不一致，这主要缘于归因时的偏差和过高或过低的自我评价。在实际应用中，应该将自我评估的内容进一步扩展到请被评估者对其工作环境（人、事、政策等）进行评价并使自我评估的内容标准化、程序化。

### 4. 关键事件法

关键事件法一般是由被评估者的直接领导制作一本"考绩日记"或"绩效记录"。对每一个有关被评估者的关键事件进行记载。所记载的事件既可能是好事，也可能是坏事；所记载的必须是较突出的、与工作绩效直接相关的事件，而不是一般的、琐碎的、生活细节方面的事；所记载的应是具体的事件与行为，不是对某种品质的评判。事实上，如果所选择的事件并非是具有代表性的绩效，那么这种方法也无法做到公正与真实。

### 5. 行为尺度评定量表

行为尺度评定量表（behaviorally anchored rating，BRAS）即锚定等级评分法，其实质是把关键事件法（critical incident method）和量表分析方法（graphic rating scale）结合起来，将关于特别优异或特别劣等的绩效的叙述加以等级定量化，从而使绩效考核更公正，评价效果更好。史密斯和肯德尔（Smith & Kendall，1963）发现大多数评估误差并不能归咎于评估者的故意歪曲，而是在于评估者之间缺乏一个统一的程度差异。因此，行为尺度评定量表可解释为给评估者直接提供了具体行为等级与考核标准的量表。行为尺度评定量表最突出的特点是每个尺度或示例都向评估者直接说明了什么样的表现是优秀、什么样的表现是令人满意、什么样的表现不合格，从而为评估提供了客观依据。

### 6. 行为观察量表

行为观察量表（behavioral observatioon scale，BOS）是将行为加总的评估量表，评估者只要把那些表示被评估者具体行为发生频率的数字简单相加就可以了。行为观察量表将注意力从行为期望中转移出来，但上级和被评估者在评估之前，必须清楚地知道被评估者在工作中应该做些什么，以及上级应该观察什么。通过具体的评估活动还能起到辅导、指导和开发被评估者的作用。

### 7. 目标管理评估法

目标管理的实质就是上级对被评估者完成预期目标（工作绩效）的情况进行考核。它既是一种有效的评估方式，也是一种有效管理的手段，因为上级与被评估者都清楚自己的目标和组织的总目标，有助于上级将每个人的具体活动统一到组织目标上来。

### 8. 全方位的绩效评估法

全方位的绩效评估法又俗称 360 度评估，就是向所有了解被评估者工作的有关人员，例如，上级、同事、下级乃至其他部门的工作人员，征求意见或让他们直接量化打分，然后综合评定被评估者绩效的一种方法。该评估制度由于评估主体的多元化有效避免了上级主管单方评估的主观片面性，提高了评估信度与效度，并增加了工作人员的参与意识与评估透明度。但数据收集和处理成本较高，操作难度较大，且易引起不同评估主体结果的冲突，甚至因操作不当引发彼此的钩心斗角或阿谀奉承，使评估结果失真，评估流于形式。

此外还有印象评估法、相对比较评估法、因素分解综合评估法、常模参照评估法、校标参照评估法等，这里不再一一介绍。

## 本 章 习 题

### 一、判断题

1. 按绩效评价的导向来分，可以分为显绩效和潜绩效。　　　　　　　　（　　）

2. 服务营销绩效既可能表现为公司利润的提升，也可能带来顾客产生的愉悦，还可能是服务企业员工所获得的成就感。　　　　　　　　　　　　　　　　（　　）

3. 组织结构的扁平化使得管理幅度加大，这有助于管理者对下属工作情况的有效和及时观察。　　　　　　　　　　　　　　　　　　　　　　　　　　　（　　）

4. 关键业绩因素应当根据行业特性和组织特性等进行深入的分析。　　（　　）

5. 自我鉴定法的内容不包括被评估者对其工作环境的评价。　　　　　（　　）

### 二、单选题

1. 个人层面的绩效特点不包括（　　）。

    A. 效益性　　　　　　　　　　　　B. 效率性

    C. 效果性　　　　　　　　　　　　D. 效能性

2. 以下属于企业维度绩效评估方法的是（　　）。

    A. KPI 评估法　　　　　　　　　　B. FCS 评估法

    C. MSS 评估法　　　　　　　　　　D. BOS 评估法

3. 以下属于品质型绩效评估方法优点的是（　　）。

    A. 费用不高　　　　　　　　　　　B. 适合报酬分配

    C. 适合提升决策　　　　　　　　　D. 适合被评估者咨询

4. 应用标杆管理评估法时，不属于标杆管理类型的是（　　）。

    A. 内部标杆管理　　　　　　　　　B. 流程标杆管理

  C. 客户标杆管理　　　　　　　　D. 竞争标杆管理

5. 以下属于现代的组织绩效评估方法的是（　　　）。

  A. 雷达图评估法　　　　　　　　B. 关键绩效因素评估法

  C. 沃尔评估法　　　　　　　　　D. 经济报表结构因素评估法

## 三、问答题

1. 简述服务营销绩效的内涵。

2. 为什么要进行服务营销绩效考核？

3. 服务营销绩效评估活动所面临的挑战有哪些？

4. 基于服务质量来考察服务营销绩效正确吗？

5. 你认为服务营销绩效可以从哪些角度来考察？

6. 现代的组织绩效评估方法有哪些？

7. 服务营销绩效如果从服务人员的角度来衡量，可以采用哪些指标？

8. 服务营销绩效如果从顾客的角度来衡量，应该考虑哪些因素？

## 四、分析案例

  汉普顿退休服务公司是一家坐落在俄亥俄州的退休管理和咨询公司，该公司把360度绩效评估推向了极端。公司的40多名员工对公司的每一位员工都要进行评价，包括他们自己，看看是否符合10条绩效标准的要求。

  1988年，来自各层次的员工组成了一个小组，开发了10条绩效标准，他们考察了下列因素：把组织利益放在个人之上；尊重和体谅他人；勇于对错误承担责任；是否表现出"如果我开始创业，我愿意雇用这个人到我的公司工作"等。公司创始人和总裁沃尔特·拜廷格（Walter Battinger）说："这些问题反映了公司全体员工希望公司是什么样的。"

  为了保密，所有的评价都用标准的表格形式在计算机中进行，员工把自己的评价意见复制到一张软盘上，交给一个员工小组来处理。然后给每位员工和每位管理者准备一份评价报告，包括公司总裁。这份报告包括公司总体对个人的评价等级，也包括根据评价者级别进行的分类统计等级。这样每位员工都可以知道管理者如何评价自己，同伴如何评价自己。从这些评价得出的数字等级，用来决定管理人员和员工年终加薪和分红的比例。

  这个全面的评价系统看起来很有效。员工对自己得到具体的绩效反馈赞不绝口。正如一位副总裁所说："当40个人告诉你一件事时，这件事就有它的作用了。"这个方案对降低公司员工的流动率也功不可没，该公司的流动率远低于同行业的平均水平。

  问题：结合案例分析该公司的员工绩效分析给我们的启示。

## 五、应用训练

  为售楼部销售人员设计一份绩效考核方案。

# 第十二章　数字经济时代的服务创新

学习目标

了解服务创新的重要性；理解服务创新的类型、作用；掌握数字技术在服务创新中的应用。

导入　案例

在"2019 地球发现者大会"上，马蜂窝旅游网发布了以"攻略+"服务生态为核心的 2020 年全新旅游营销战略。

马蜂窝旅游网联合创始人、CEO 陈罡指出，移动互联网发展至今，"新体验经济"时代已到来。以"服务"为核心的体验经济 1.0，全面转向以"交互"为核心的体验经济 2.0。而面对由此产生的新一代旅游玩乐消费，各行各业均应从中攫取新的营销机会。

"今天，消费者的体验链条被大大延长了，从拿起手机那一刻起，人们已经进入商家创造的体验链条中。全新的交互为人们营造出新的体验，也为商品本身赋予新的内涵和价值。"陈罡表示，在线上线下的多场景交互中，平台构建着人与人、人与生活、人与世界的连接，并在此过程中释放巨大的营销潜能。

基于这样的市场趋势，马蜂窝发布了 2020 年"攻略+"营销战略，提出将立足内容优势，围绕"攻略即服务"的核心理念，深耕兴趣社区与圈层玩法，扩展营销半径与营销场景，构建"种拔一体"决策闭环，打造覆盖内容营销、IP 营销与数字营销的全景营销图谱。

"在马蜂窝看来，攻略不仅是一种文体，内容、POI、大数据为用户提供的服务，皆为攻略的服务。"马蜂窝旅游网高级副总裁于卓表示，"攻略建立起用户与旅行之间的桥梁，也是品牌与用户连接的抓手，依托攻略构建与产品、数据、创意、IP相结合的营销服务体系，将是2020年的战略重点。"

会上，马蜂窝还针对旅游目的地、邮轮、航司、酒店、景区、餐饮、汽车等不同行业，分别提出了五大细分商业场景解决方案，并将围绕春节、十一等旅游节点大事件，与合作伙伴共同打造爆款IP营销。

对于内容营销策略，马蜂窝旅游网副总裁周默表示，马蜂窝作为旅行玩乐平台，本质上实现的是"会玩的人"与"好玩的事"之间的连接，兼具工具、媒体与社区属性。

"马蜂窝不仅用真实、高效、有用的信息完成决策需求的满足，更用有趣、新奇、动人的内容完成发现需求的满足。"周默表示，马蜂窝基于不同场景、不同圈层打造的内容生态，将实现用户从"找内容"到"逛内容"的行为路径转变，并借助大数据完成从"人找内容"到"内容找人"的升级。

另据了解，此次大会上马蜂窝还启动了"地球发现计划"营销IP，"地球发现者联盟"与"地球发现频道"也将于近期陆续上线。该计划将联动马蜂窝平台旅游达人，前往世界各地挖掘新奇旅游体验，生产优质旅行内容，并为用户、达人与行业合作人们营造多维立体的交互体验场景。

资料来源：马蜂窝发布2020年旅游营销新战略，布局"攻略+". https://www.pinchain.com/article/209240

**课堂讨论**

了解服务创新的重要性，说说大数据技术能给马蜂窝带来哪些方面的变化。

# 第一节 服务创新概述

服务业越来越成为各国经济增长和国民福利提升的重要驱动。随着服务经济的兴起，服务的范畴也跨越原有的局限，在更多行业范畴中发挥重要的角色。服务创新作为服务企业发展的根本形式，在国内外得到了众多学者的关注，其研究也经历了从制造业语境到服务业语境的转变。这里根据国外已有研究成果，对服务创新的概念、制造业语境中的服务创新研究、服务语境中的服务创新研究做了综述。综述的研究范围涵盖营销、运营、战略等范畴。

## 一、服务创新的定义

谈及产品创新，研究者较容易在概念上达成共识。因为产品的生命周期具有明显的区隔和规律。即使不同种类的产品之间，产品生命周期的环节划分也是相似的，因而大多数产品之间具有相似的创新过程和驱动来源。但服务由于其诸多特殊性和自生的特异性，学界难以用一个具体的概念群或框架穷尽地一次性描述所有发生服务创新的情形。学者们根据各自研究的切入点，从不同的角度为"服务创新"下给出了不同的定义。

盖迪（Gadrey）（1995）认为服务创新发生在服务产品、组合创新、对现有服务内容的修正以及现有服务流程和组织的创新。加洛伊和温斯坦（Gallouj & Weistein）（1997）认为服务创新可以体现为服务产出的特征变化、服务提供者的能力改变、服务提供商技术进步以及顾客能力的提升。西里利和埃万杰利斯塔（Sirilli & Evangelista）（1998）认为服务创新只体现为服务产品和流程的革新。邓哈托（Den Hertog, 2000）的研究对服务创新定义的贡献较大，他首次提出了服务概念的创新、顾客界面创新以及服务传递过程的创新。回应前人研究，他也重申了组织革新和技术辅助手段革新的重要性。桑多（Sundo）（2003）在提出服务产品创新、流程创新以及组织创新之外，还强调了市场革新的重要性。

德雷耶尔（Drejer）（2004）和多尔夫斯玛（Dolfsma）（2004）两位学者的研究为服务创新的定义增加了创见性的内涵：外部关系创新、专业领域创新以及特别创新（ad hoc）的概念被提出。杰拉尔和加洛伊（Djellal & Gallouj）（2005）的研究提出了组成服务（constituent service）、中介及目标服务，服务规范创新、服务供应商能力创新等。

结合其他研究者如德弗里斯（DeVries）（2006），桑德波（Soundbo）等（2006）的概念定义，服务创新被较普遍的认为是一揽子概念的集合：产品创新、流程创新、市场创新、组织创新、技术创新以及扩大化的服务。

其中加洛伊和和温斯坦（Gallouj & Weistein）（1997）的概念模型是广受讨论和批判的（Drejer, 2004；Windahl et al., 2004；DeVries, 2006；Tether and Howells, 2007），因为他们的模型最早做出了关于产品和服务融合的尝试，呈现出一种综合的倾向。同时他们还定义了创新程度的六个类型，在很大程度上可以替代其他学者定义中的部分概念，这六种类型分别是：彻底创新、渐进创新、改进创新、组合创新、正规化创新以及特别创新（ad hoc）。特别创新被定义为"针对特定的问题为顾客提供社会（交互式）建构的解决方案。"（Gallouj & Weistein1997）

综上所述，学界中对服务创新的定义集中在两个层次上：（1）创新发生的元素。用内部审视的观点看待服务，则服务可以分为产品、流程、组织、市场、技术、供应能力等诸多元素。对于特定的行业以及差异化的创新策略，服务提供者可以在一个或多个服务元素中进行创新尝试，从而获得新的服务组合，并发现获得高绩效服务表现的新的商业机会。（2）创新发生的程度及属性。这种定义方式反映了创新对固有的服务产生的影响力水平以及创新发生机制具有的形式特点。不同的市场特征和竞争环境，将影响服务提供者对创新程度的选择，同时服务提供者也将考虑服务的情境特征而选择创新的形式。

## 二、服务创新的类型

从不同行业，不同层次，不同深度来考虑，可以有多种不同的组合来进行服务创新，创新的类型众多，下面列举几种服务创新的类型，涵盖了从主体创新到简单的风格改变各个层次。

### （一）主体服务创新

针对尚未确定的市场创造新的核心服务。它通常包括新的服务特征和崭新的服务流程。如联邦快递在 20 世纪 70 年代提供的在全国范围内连夜包裹快递服务，eBay 首创的网上拍卖服务。由于技术升级换代的加速，现在乃至未来的许多创新服务会依托信息技术与互联网技术而产生。在方兴未艾的新兴市场，诸如阿里巴巴等行业的创新者，通过借助信息技术成功地创造了全新的服务模式。

### （二）主要的流程创新

使用新的服务流程来提供现有的核心服务，通过新的模式提供额外的益处。例如，当年美国凤凰城大学通过以非传统方式提供本科生与研究生学位教育来与其他大学竞争。学校没有固定的中心校区，而是通过网络或租用场地进行授课。与其他大学相比，凤凰城大学的学生可以花一半的时间甚至更少的钱得到大学学位所能带来的绝大部分收益。近年来网络的快速发展成就了很多新兴企业，它们使用新的零售模式取代传统的商店模式，节省了顾客时间，也避免了交通不便。这些新模式常常带来新的以信息为基础的益处，如更符合顾客需求的定制化方案，可以在网络聊天室内与其他顾客进行沟通，获得与购买产品相关的更多产品的建议等。

### （三）生产线延伸

这是企业对现有产品线的拓展。第一个在市场提供某种新产品的企业可能被视为革新者；其他企业就是跟随者，通常只能采取防御策略。这些新服务是为了满足现有顾客更广泛的需求或吸引具有不同需求的新顾客，又或两者兼备。达美（Delta）航空公司作为美国几大主要航空公司之一，深度推出单独的低成本运营服务同低成本的折扣运输航空公司（如捷蓝、西南航空公司）竞争，但这些尝试没有能够获得成功。电话公司推出了多种增值业务，如呼叫等待和呼叫转移，停机保号，学生寒假和暑假漫游不收费等创新活动，也取得了不错的创新效果。在银行方面，很多银行拓展业务范围，销售理财产品、代售保险产品等等，以图以创新带来利润增长，希望借此提升与现有顾客的营利性关联。

### （四）流程线延伸

这种创新的创新程度低于生产线延伸，但是通常代表了一种新的服务传递过程。这种延伸的目的是增加便利性，为顾客提供不同的服务体验，吸引那些对原有服务不感兴趣的新顾客。通常情况下，服务供应商会在现有的高接触性分销渠道的基础上，添加低接触性分销渠道，如电话银行或网络银行服务。巴诺（Barnes & Nobel），美国最大的连锁书店就通过网站增加了网上零售服务，并借此与亚马逊（Amazon.com）展开竞争。这种双渠道的运营模式现在被称为 O2O 模式结语电子商务企业或实体企业所接受，有时也被称为"鼠标加水泥"。另外，自助服务也是员工服务之外的一种流程线延伸创新。

### （五）附加性服务创新

附加性服务创新指的是为现有核心产品增加新的便利性或增强性的服务要素，或大幅度革新现有的附加性服务。如目前许多民营快递公司都为顾客提供随时的网络查询服务，可以跟踪快递品的位置。低技术含量的创新较为简单，如零售店增加一个停车场地，或开始接受信用卡支付方式。许多服务交易，为了增加可信度，采用支付宝平台。多项附加性服务的改进可能为顾客带来全新的服务体验，尽管这些创新是围绕同样的核心产品展开的。主题餐厅，如热带雨林咖啡馆（Rainforest Cafe）通过提供新的服务体验来增加核心产品（食品）的竞争力。通过水族馆、活泼的鹦鹉、瀑布、根据环境的变化能介绍相关信息的会"说话"的树，以及定时雷电等场景布置，给顾客提供一种全新的用餐体验。

### （六）服务改进

这里最普遍的一种创新方式，主要对现有产品进行轻微调整变化，改变已有服务的性能，包括对于核心产品或者现有的附加性服务的改进。

### （七）风格变化

这是服务创新中最时尚的一种创新方式，通常不涉及流程或服务表现的变化。然而，风格变化的影响通常是非常明显的，能激发顾客兴趣，甚至能调动员工积极性。例如，把超市的货物排列位置、方式变化一下，把零售店面粉刷成另外一种颜色，给车辆更换更新颖的色彩方案，为员工配备新的工作服，改变银行支票的图案设计，或者更换员工服务内容等，通常这些改变没有从根本上改变服务的核心价值，只是改变其外表。但不能小视这种服务创新，有时它能起到意想不到的效果。

## 三、服务创新的作用

### （一）建立服务特色

服务创新是贯彻顾客导向的服务理念的一个重要方面。顾客的需要和期望是不断变化的，要坚持顾客导向，就要不断地进行服务创新，建立自己的服务特色，以特色服务更好地适应顾客的需求和期望。

### （二）保持竞争力

创新是服务企业获得和保持竞争优势的重要手段。服务企业的竞争优势比制造企业的竞争优势更容易"腐蚀"，因为竞争者可以轻易地模仿和复制服务企业提供的服务产品，即使服务企业的竞争要素中包含有很多无形要素，竞争者仍可以通过一定方法进行"解码"和复制。因此，要保持服务产品竞争力，就要不断地进行创新，服务企业需要通过服务创新来为自己赢得更多的生存空间。

### （三）提高服务质量

由于服务具有无形性和差异性，导致服务质量远比有形产品的质量更难控制，而服务创新是控制和提高服务质量的有效途径，现代服务具有以知识和信息为基础、密切依赖知识和信息的特点，因此，高科技和数字技术的应用将会大大提高服务的效率和效益。

### （四）刺激消费

随着经济和文化水平的提高，消费者对服务创新的接受程度也越来越高，服务创新对消费的刺激作用日益明显。例如，迪士尼乐园的成功离不开它推出的各种惊险、刺激、独特而又充满奇幻色彩的游戏节目，而提供这些节目的设施主要是靠应用各种尖端技术。

### （五）促进个性化营销

很多服务创新来自对顾客的个性化服务，同时，服务创新也促进个性化服务。例如，信用卡是银行业一大创新，信用卡的一项重要功能是允许适度透支，而适度透支能较好地满足用户的某些个性化需要，如临时的应急支付。

## 第二节　数字技术推动服务创新

### 一、数字经济的兴起与发展

人们对数字经济的关注始于20世纪90年代的美国。当时，现代通信技术的发展成为数字经济成长的沃土。信息传达逐渐以数字呈现，如二进制中"0""1"组合传达出不同的信息。人们对数字经济的定义是以数字化的知识信息为关键生产要素，以数字技术创新为核心驱动力，以现代信息网络为重要载体，通过数字技术与实体经济深度融合，不断提高传统产业数字化、智能化水平，加速重构经济发展与政府治理模式的新型经济形态。

随着数字化进程的推进和数字经济的发展，互联网所能承载的服务越来越多，应用场景不断扩大，社会生产力不断提升。加之互联网基础设施建设的逐步完善，网络接入的便利性以及上网终端费用的逐步下降，网络设备和网络条件等影响非网民上网的因素不断减少。中国互联网络信息中心（CNNIC）发布的第 47 次《中国互联网络发展状况统计报告》显示，截至 2020 年 12 月，我国网民规模达 9.89 亿，互联网普及率达 70.4%。移动端上网的方式因其便捷快速的特点逐渐为广大网民所接受。截至 2020 年 12 月，我国手机网民规模为 9.86 亿，网民中使用手机上网的比例达 99.7%。

自 2013 年起，我国网络零售连续多年全球第一，有力推动消费"双循环"。截至 2020 年 12 月，我国网络购物用户规模达到 7.82 亿，占网民总体比例的 79.1%。网络支付用户规模达 8.54 亿，占网民整体的 86.4%。网络支付通过聚合供应链服务，辅助商户精准推送信息，助力我国中小企业数字化转型，推动数字经济发展；移动支付与普惠金融深度融合，通过普及化应用缩小我国东西部和城乡差距，促使数字红利普惠大众，提升金融服务可得性。

此外，互联网与其他产业进一步融合，城市发展趋向智能化，医疗、家电等行业与互联网融合程度加深，线下产业链能够根据线上的服务反馈调整产品、服务内容和服务方式，互联网服务向精细化发展。在新型即时通信工具和生活类应用的推动下，手机上网对日常生活的渗透进一步加大，在满足网民多元化生活需求的同时提升了手机网民的上网黏性。在智能终端快速普及、电信运营商网络资费下调和 Wi-Fi 覆盖逐渐全面的情况下，手机上网成为互联网发展的主要动力，不仅推动了全球互联网的普及，更催生出很多新的应用模式，重构了传统行业的业务模式，带来数字经济规模的迅猛增长。

随着数字经济时代的到来，其与服务经济的融合发展，对于推动服务业转型升级、促进经济结构调整以及保障民生就业意义重大。根据中国信息通信院数据，我国数字经济对于服务业的渗透比例明显高于农业和工业。2019 年，我国数字经济在服务业领域的渗透率达到 37.8%，而工业和农业分别为 19.5% 和 8.2%。

当前服务业的快速成长与数字经济蓬勃兴起相互叠加，是在数字经济与服务业整合渗透不断加深的背景下取得的。具体来看，我国服务业领域中数字经济创新最为活跃，数字化基础设施持续升级，显著提高服务领域资源配置效率，不断改善整体服务水平，推动服务业从规模扩张向高质量发展的转变。

## 二、服务业数字化基础设施全面升级

### （一）信息通信服务业自身不断壮大

2017 年，作为新兴领域的信息通信服务增长强劲，同时其与传统服务领域的融合应用持续快速增长。其中担负驱动新动能发展重任的信息传输、软件和信息技术服务业较上年增长26%，较GDP增速相比高出近20%。规模以上服务业企业中，互联网信息服务行业营业收入同比增长42.9%，信息技术咨询服务行业同比增长35.4%，数据处理和存储服务行业同比增长39.1%；移动互联网接入流量高达246.0亿GB，同比增长162.7%。信息通信服务业自身快速发展为服务业领域数字化转型提供了雄厚的产业基础。

## （二）服务业高效可靠的底层计算基础设施初步形成

大规模、云计算等作为数字经济运行的底层技术，全面支撑服务业领域数字经济的快速发展。如阿里巴巴开发出以"飞天"开放平台为基础的大规模分布式高可用电子商务交易处理平台，可以支撑每秒钟17.5万笔的交易订单和每秒钟12万笔的支付的产生，保障了电子商务交易和支付的稳定运行。同时，数据计算技术广泛应用于公共服务等方面，为社会经济公共服务提供计算资源，如云上贵州单个平台基本集群可提供12万核计算资源、100P存储资源、500T内存资源的服务能力，推动政府数据整合、共享、开放，带动了企业、社会数据集聚及开发应用。

## （三）支撑线上线下融合应用的物流基础设施不断完善

区块链、人工智能等技术在物流领域优先应用取得显著成效，2018年2月，菜鸟网络宣布已经启动区块链技术跟踪、上传、查证跨境进口商品的物流全链路信息。这些信息涵盖了生产、运输、通关、报检、第三方检验等商品进口全流程，将给每个跨境进口商品打卡独一无二的"身份证"，供消费者查询验证。京东运用智能技术推动"无人仓、无人车、无人机"的研发和应用，智慧物流领跑全球，打造全自动化的无人智慧仓储和运输。通过机器人融入上架、拣货、搬运、包装等一系列生产，构建了一套系统化的整体物流解决方案，支持分拣、搬运、拆码垛等仓储全流程的自主实现，使存储效率提升10倍以上，搬运、拣选效率提升5~6倍以上，去年我国的快递业务量突破400亿从侧面印证了这一趋势。

## 三、服务业资源配置效率显著提升

### （一）平台组织提升服务资源配置效率

平台经济和数字技术凭借透明、共享和去中介化等优势，全面整合本地生活服务和垂直领域服务，逐步消除传统商业模式的环节众多、重复生产、信息不透明等劣势，实现小、散、乱的传统服务业资源配置质量显著上升。如住宿领域，根据住宿分享平台小猪短租发布的《2017年度大数据研究报告》显示，截至2017年底，小猪短租已覆盖了全世界37个国家，其中有384个中国城市，超25万套房源，显著改善住宿领域的资源分配效率，以海南省为例，商品住宅季节性空置率高达70%，其中三亚空置率达80%，而目前小猪在海南当地的房源有15 500套，仅三亚就达10 079套，较为充分地盘活了当地存量房资源。

## （二）数字技术融合应用显著降低交易成本

一方面，移动支付等技术的普及应用大大节约交易双方成本，有助于激活交易和提升效率。2017 年，移动支付保持较快增长，移动支付业务达 375.52 亿笔，金额 202.93 亿元，同比分别增长 46.06％和 28.80％。移动支付平台已经成为一种重要的便捷交易设施，以蚂蚁金服的收钱码为例，据统计，这项服务可以将收银效率提升 60％，节约 1％的交易成本。货车帮聚集 520 万司机会员和 125 万货主，大数据技术实现运输供求自动匹配，大幅度降低了空载率，每年货车帮项目在中国节约价值 500 亿元的燃料，减少 2 700 万吨二氧化碳排放；另一方面，不断扩大的交易规模和运行良好的各类基础平台成为更多创新应用的肥沃土壤。比如，基于移动支付的新型服务业态不断涌现，如共享单车的推出、生鲜食品 30 分钟送达服务。

# 四、服务业实现从规模扩张向规范发展转变

近年来，通过切实加强服务业数字经济平台监督和管理，以及数字技术手段的广泛应用，服务领域安全保障缺乏、服务品质良莠不齐等问题显著改观，助力服务业领域数字经济从野蛮生产向规范发展持续转型。

## （一）监管政策纷纷出台，及时弥补治理缺位

如互联网金融领域，三年来监管和合规方向持续发力，行业乱象得到进一步规范，信披、征用等互联网金融基础建设正逐步走向正轨。经过三年来的有力治理，根据有关报道，P2P 平台数量已从 2015 年最高的近 3 000 家下降至 2017 年 11 月底 1 954 家，前 100 家平台的成交量已占行业总成交额的 55％，投资人、借款人以及交易额均向大平台、合规平台聚集，反映出互联网金融告别野蛮扩张阶段。

## （二）技术手段广泛应用全面提升治理水平

以共享单车为例，针对共享单车乱象，一方面政府持续加强监管，交通运输部等 10 部门联合出台共享单车发展指导意见，各地纷纷出台有关管理细则，促使共享单车行业不断规范。另一方面，企业建立智能化、信息化、可视化技术的自行车服务系统，做好共享单车大数据的收集、管理和使用，实现科学投放，合理规划，共享单车企业服务质量明显提升，群众出行体验持续改善。在网络打假方面，阿里巴巴全球率先使用现代 OCR 等技术用于扫描审核包括身份证、发票、营业执照、专利证书在内的各种资质图，识别并拦截违规商品图片，大大净化了平台环境，提升平台治理能力。

# 第三节　数字技术在服务创新中的应用

一部《纸牌屋》，让全世界的文化产业界都意识到了大数据的力量。《纸牌屋》的出品方兼播放平台 Netflix 在一季度新增超 300 万流媒体用户。第一季财报公布后股份狂飙 26%，达到每股 217 美元，较去年 8 月的低谷价格累计涨幅超 3 倍。这一切，都源于《纸牌屋》的诞生是从 3 000 万付费用户的数据中总结收视习惯，并根据对用户喜好的精准分析进行创作。

**问题：**国内是否有利用大数据营销对影视娱乐节目进行主题定位的案例？请举例说明。

## 一、互联网技术在服务创新中的应用

互联网能够突破时空限制，让客户随时随地进行信息的发布和获取，是当今最先进的信息载体。随着互联网技术发展的成熟以及联网成本的低廉，互联网好比是一种"万能胶"将企业、团体、组织以及个人跨时空联结在一起，使得他们之间信息的交换变得"唾手可得"。互联网挂念的数字化、网络化、高速化能够让客户享受方便快捷的服务。

### （一）互联网上的服务创新

现代服务业的蓬勃发展是数字技术对其广泛渗透的结果，数字技术不仅使新的服务种类和服务功能的实现成为可能，而且大多数服务都可以通过使用某些技术而变得更为高效。数字技术的成熟与互联网的蓬勃发展，大大提高了服务的可获得性，服务机构利用互联网为客户提供服务可以降低运营成本，更好地为客户提供服务。

网络环境下，客户可通过互联网向企业定制产品、发送订单、提出服务请求和服务类型、查询常见的问题，检查订单状态，实现网上的人工智能。企业可以利用网络建立属于本企业的站点，将大量的产品信息和与之相关的信息放在网站的主页上，客户可以随时上网了解这些信息。

对企业而言，通过网络获得潜在的客户也变得更为快捷、简单。当客户在浏览企业产品信息时产生兴趣、想进一步了解更多的信息时，可以进行注册，填写有关的资料。这些注册的极有可能成为企业的潜在客户，而他们浏览过的信息也是极有价值的，企业中的服务人员可以有目的地向他们宣传和推销这些产品，使得他们最终成为企业的客户。在利用网络发布产品信息的同时，企业还可以在网上开展问卷调查，了解当前客户对产品的意见以及发现客户的诸多个性化需求，从而使产品的设计和服务更接近客户的需求，提高客户的满意度。

例如，供电企业主要通过供电营业厅、95598 服务热线、电力社区、微信平台、支付宝等渠道为客户提供办电、缴费、抢修、咨询等服务，并且已经形成了一系列服务规范和服务标准。

### （二）移动互联网上的服务创新

移动互联网，就是将移动通信与互联网二者结合起来，成为一体，是指互联网的技术、平台、商业模式和应用与移动通信技术结合并实践的活动的总称。

随着互联网技术的发展和社交平台的兴起，移动互联网的应用层出不穷，如即时通信、移动搜索、手机支付、手机阅读、手机游戏、手机视频。移动互联网的业务的特点不仅体现在移动性上，可以"随时、随地、随心"地享受互联网业务带来的便捷，还表现在更丰富的业务种类、个性化的服务和更高服务质量的保证。当然，移动互联网在网络和终端方面也受到了一定的限制。其特点概括起来主要包括以下几方面。

#### 1. 可识别性

移动互联设备是和某个客户强关联的，一台移动互联设备就代表碰上一个客户，这一特征极大地简化互联网应用中识别不同客户身份的复杂过程。此外，移动互联网不仅为客户提供价值，同时还能让客户与客户之间相互提供价值。正是基于以上原因，移动互联网不仅产生了包括移动社交在内的、众多基于客户信息识别和交互类的应用，而且提供了通过识别客户而进行精准营销的方案。

#### 2. 可定位性

移动网络可以随时随地获得终端的位置信息，而位置信息几乎可以和互联网的任何领域结合，从而为移动互联网带来了丰富多彩的创新性应用。例如，酒店可以通过微信"查找附近的人"的功能，查找到酒店附近的客户，并向他们推送促销信息或优惠活动。

#### 3. 可移动性

由于移动互联设备的便携性，移动互联网具备天生的可移动性的特点。目前的移动互联设备主要指手机、平板电脑、电子阅读器、车载导航等。同原有的个人电脑相比，具有终端屏幕更小、更加方便随身携带、更加具有个性化以及操作更加简便、灵活等特点。

移动互联网业务的新特点为服务营销模式创新提供了空间。移动互联网在服务创新中的应用就是通过移动互联网的终端以及在线营销的手段服务于客户，使客户享受到更加便利、快捷、满意的服务。例如，"支付宝钱包"与银行卡绑定便可以随时将卡中的钱任意转进转出，在现实中转账如此烦琐的事情，由于支付宝公司的服务创新，顾客通过手机操作就能全部完成。此外，企业通过移动社交化的信息分享，位置信息服务的应用，以及移动支付的便利，能够有效提高服务营销绩效和服务客户的水准。

App 代表的是应用程序（application）。App 营销是指通过手机 App 属性特征与顾客建立连接进行互动的一种促销手段，它通过与客户的短距离接触，更容易到达顾客的活动空间，并能精准了解顾客的购买行为。

App 营销作为新时代的产物，作为顾客与企业间的桥梁，具有以下特征。

1. 成本低。采用 App 营销，传播、沟通成本下降而使效率提升，能够快速地将商家或产品的理念传递给顾客。

2. 持续性。其包括内容持续存储性和传播性两方面。App 在营销过程中内容可以被无数次调用、无数次传播，做到内容传播最大化，节约企业成本。

3. 富媒体性。传统媒体通过文字、表格、图形、图片来表达企业或产品的理念和价值。而 App 营销还可以使用声音、动画、视频、3D 呈现等表达企业或产品理念和价值内容。富媒体更为生动、清晰地表达产品理念或价值，让消费者容易了解和记忆，并提升其消费刺激感。

4. 及时性。客服的及时性主要体现在及时咨询、及时反馈和及时服务三方面。采用 App 营销，将顾客需求信息及时反馈给商家，商家收到顾客需求信息后，可及时做出反馈和调整。

5. 跨时间和地区性。传统服务一定是顾客和商家处于同一时空进行交易、沟通；而使用 App，可以跨越不同时空，更省时省力。

6. 连续性。App 应用作为一种连接器的存在，可以连接商家和个人，将不同属性或特征的群体聚合在一起，并产生某种商业价值。

7. 精准性。当手机成为终端，各类 App 成为应用连接器时，商家通过采集、提炼、分析可以精准定位具有一定属性或特征的人群，并对其实施二次营销，从而产生巨大的商业价值。

8. 互动性。App 与 WEB 相比，最大区别是互动性和体验性。而互动的本质在于，通过互动和体验，可以充分满足顾客的生理和心理需求。

9. 灵活性。受益于信息科技进步，App 可以与任何科技进行接触，也可以配合使用多种技术，App 成为灵活的入口。

## 二、大数据技术在服务创新中的应用

随着网络和信息技术的不断普及，人类产生的数据量正在呈指数级增长，而云计算的产生，更是让我们快速步入大数据时代。大数据应用，真正的核心在于挖掘数据中蕴藏情报价值，而不是简单的数据计算。大数据释放出的巨大价值，吸引着越来越多的营销管理者开始探讨和学习如何借助大数据为企业的运营管理提供更好的服务。

## (一) 大数据的特点

大数据分析相比于传统的数据仓库应用，具有数据量大、查询分析复杂等特点。业界将大数据的特点归纳为 4 个 "V" ——volume（数据体量大）、variety（数据类型繁多）、velocity（处理速度快）、value（价值密度低）。大数据的 4 个 "V"，或者说特点有四个层面：第一，数据体量巨大。从 TB 级别，跃升到 PB 级别。第二，数据类型繁多。如网络日志、视频、图片、地理位置信息。第三，处理速度快，1 秒定律，可从各种类型的数据中快速获得高价值的信息，这一点也是和传统的数据挖掘技术有着本质的不同。第四，只要合理利用数据并对其进行正确、准确的分析，将会带来很高的价值回报。

从某种程度上说，大数据是数据分析的前沿技术。简言之，从各种各样类型的数据中，快速获得有价值信息的能力，就是大数据技术。

## (二) 大数据技术与服务创新

随着大数据向各个传统行业的渗透，未来的大数据技术将会无处不在地为人类服务。

### 1. "数据驱动" 是服务创新的重要方法

首先，大数据应用为服务创新提供了全新的视角。基于大数据分析技术，从海量数据中挖掘客户的隐性需求，把握业务的内在规律，促进基于客户超细分特征的业务差异化和精准化，可实现从客户视角驱动业务优化和创新，以此推动以客户为中心的营销服务模式变革。

其次，大数据应用为服务创新提供了一套全新的方法。采用 "数据驱动" 的方式，基于数据开展市场分析，设计差异化的服务营销策略，并在策略运营过程中完成迭代优化，弥补传统的 "业务驱动" 无法灵活适应客户需求、快速响应市场变化的局限，对于适应市场竞争，快速灵活满足客户的多元化需求提供了关键支撑。

最后，大数据应用为服务创新提供了一套全新的工具。典型的如 "客户标签库"，通过从大量的客户基础数据和触点轨迹信息中提炼模型，细致刻画客户的社会角色、行为偏好、信用风险、客户价值等深层次特征，大大提升了企业对客户需求的洞察力，提高服务的主动性、差异化、精准度，是提升客户体验的重要工具。

### 2. 深入了解客户需求

建立客户画像，深度挖掘客户信息，扩大客户信息含量，大数据资源为产品开发和服务打下坚实基础。客户画像（persona）的概念最早由交互设计之父阿兰·库珀（Alan Cooper）提出："Personas are a concrete representation of target users."（persona 是真实用户的虚拟代表，是建立在一系列属性数据之上的目标用户模型。）

随着互联网的发展，客户画像是企业通过收集与分析消费者人口学特征、网络浏览内容、网络社交活动和消费行为等主要信息的数据之后，完美地抽象出一个客户的商业全貌。企业可以基于客户终端信息、位置信息、消费等丰富的数据，为每个客户打上社会属性、生活习惯、消费行为和兴趣爱好标签，并借助数据挖掘技术进行客户分群，完善客户的360度画像，深入了解客户行为偏好和需求特征。

### 3. 实施精准营销与个性化服务

大数据时代，利用大数据技术能在收集的海量信息中快速筛选出对企业有价值的信息，对客户行为模式与客户价值进行准确判断与分析，使企业有可能甚至深入了解"每一个人"，可以为客户提供定制化服务，优化产品和定价机制，实现个性化营销和服务，提升客户体验与感知。利用大数据技术，通过精准直邮、短信、App消息推送、个性化广告等改善用户体验，大大提高用户的满意度。大数据还可以帮助企业在众多客户群中筛选出重点客户，从而帮助企业将其有限的资源投入这少部分的忠诚客户中，以最小的投入获取最大的收益。

### 4. 加强客户生命周期的管理

客户生命周期一般分为客户获取、客户成长、客户成熟、客户衰退和客户离开五个阶段。在客户获取阶段，可以通过算法发现和获取潜在客户，并通过价值分享的方式吸引和获取客户；在客户成长阶段，通过关联规则等算法，把客户培养成高价值客户，提升客户黏性，最终形成客户与企业之间互动、稳定的价值共同体；在客户成熟期，可以通过大数据方法进行客户分群并进行精准推荐，提供客户差异化服务，让中高价值客户获得足够的满足感以培养他们的忠诚度；在客户衰退期，分析客户衰退的原因，及时对客户进行刺激或者关怀，及时发现客户新的需求或者倾向；在客户离开阶段，可以通过大数据挖掘高潜回流客户。

### 5. 实现服务及管理的自动化

客户数据库还能强化企业跟踪服务和自动服务的能力，使客户得到更快捷和更周到的服务，从而有利于企业更好地维系客户。如电信公司通过客户接触数据分析发现，客户经常忘记兑换积分，导致积分清零或者浪费，或不清楚兑换渠道或兑换方法，只能拨打电话人工咨询。于是，电信客服中心每年第四季度针对积分客户开展主动服务，提供用户积分到期时间、积分数额、兑换渠道等信息，引导客户及时自助兑换积分。

---

**【资料链接】12-2**

随着云计算、大数据、移动互联网、物联网、人工智能等新技术的不断发展，数据呈现出爆炸式增长，并迅速成为全球各个国家和地区发展的核心生产资料。现如今，数据正在驱动百行百业变革新生，政府数字化转型也迫在眉睫。

党的十九大提出要加快建设网络强国、数字中国和智慧社会。习近平总书记强调，要运用大数据提升国家治理现代化水平，推进政府管理和社会治理模式的创新。为顺应时代发展趋势，贯彻落实党的重要指示，全国各地政府正积极推进数字化转型。

我国政府制订数字化转型方案既要借鉴国外先进理念和实践经验，也要立足于我国具体国情，做好顶层设计，善用新兴技术，注重数据共享开放，实现政府移动办事和移动办公，保障网络空间安全，从而推动政府数字化转型平稳、快速、安全的发展。

## 三、人工智能在服务创新中的应用

人工智能是一种便利且有效的服务形式，客户通过服务企业提供的技术界面，按照服务规范与标准化流程，在没有服务人员直接参与的情境下自行生产并消费服务。人工智能的快速发展，给人类发展带来了新的机遇。人工智能已广泛地渗透和应用于安防、制造、交通、金融、医疗等诸多领域，产品形式也趋向多元化。人工智能加速了服务效率的提升，深化智能化应用场景的整合，带来更加个性化的用户体验。

### （一）从服务形式看，人工智能带来个性化服务升级

首先，人工智能使得准个性化服务成为可能。人工智能可以通过算法的优化升级，对相关行业数据库和知识图谱进行深度学习，模拟人的思维活动，依据用户使用偏好、关注重点等多方面因素，为企业提供更加准确的决策，进而制订个性化服务方案，为用户提供更加精准、个性的服务。

其次，人工智能将使得服务的对象角色发展革命性改变。传统服务的客体是消费产品和服务的用户，但是当人工智能带来精准、个性化服务时，原有的用户将不再是单纯的消费者，而是变为"产消者"，全流程参与到协同制造和服务之中。

最后，场景应用将是人工智能带给服务创新的催化剂。服务是应用的核心，人工智能将通过场景的应用，为消费者提供多种场景下的服务。例如，智能驾驶汽车的出现，正是在成熟的汽车技术和智能驾驶场景的相互结合和相互促进下，综合运用计算机视觉（CV）和自然语言处理/神经网络学习（NLP）不断发展起来的。智能家居的出现，正是如语音识别、计算机视觉和智能机器人的成熟与家居场景的结合，才满足了人类对智慧生活向往。

### （二）从服务效率看，人工智能将加速要素自由流动

客户至上的时代，讲究的是服务质量与服务效率。人工智能技术的运用，将增强企业对物流、信息流、资金流等要素的搜集、分析、反馈能力，进而提升服务效率。

一是人工智能将加速智能物流时代到来。当前，客户需求高度个性化，产品创新周期继续缩短，生产节拍不断加快，智能物流成为连接供应、制造和客户的重要环节。智能单元化物流技术、自动物流装备以及智能物流信息系统成为打造智能物流的核心元素，使得物流变得更加高效、灵活和智能。

二是人工智能与金融的全面融合加速智能金融时代的到来，以人工智能、大数据、云

计算、区块链等为核心要素，拓展金融服务的广度和深度，使得全社会都能获得平等、高效、专业的金融服务，实现金融服务的智能化、个性化、定制化。例如，农业银行与百度签订了战略合作协议，通过联合创新，打造覆盖金融科技的生态圈。

三是人工智能将加速信息的交流与处理。以人脸技术为例，商汤科技的人脸识别技术能够在认证96%的人脸时，误检率低于十万分之一。这大大提高了信息处理的效率。

四是人工智能将加速智能零售的到来，提升服务效率。生物识别和行为识别技术的发展将使得无人零售场景成为现实，用户通过身份识别后可以自由购物，离店时实现无缝结算，方便高效。

### （三）从服务效果看，人工智能将提升主动服务水平

人工智能技术的应用，将打通原先横亘在生产制造与消费者之间的空间与时间界限，不仅能够拓展在线监测、智能识别、远程运维、智能诊断等后市场服务，更能实现全生命周期服务。

一是人工智能将提升主动智能服务水平。大数据和人工智能技术，可以主动感知消费者需求，甚至预判需求提前服务推送给用户，从而使得服务从被动变为主动。例如，人工智能在安防视频、图像、数据结构化领域的深度应用，将丰富智能安防的内涵与维度，实现目标监测（车牌识别）、人脸识别（属性提取）、目标分类（车、行人、物）等功能，促使智能安防迈向更高层级的"智慧安防"。同时，人工智能时代，智能服务机器人将会更加普及，其相对人类，对服务质量、服务效率和服务方式都将有较大的革新。

二是人工智能将会使得生命周期服务的普及。点对点的精准的个性化服务，将会使得企业提供全生命周期的无缝对接服务成为可能。例如，得益于健康大数据分析、物联网、人工智能等关键技术的应用，可穿戴设备、家庭智能健康检测监测设备的普及，智能医疗将实现从点状监测向连续监测、从短流程服务向长流程服务转变，提供主动、预先的智能医疗方案。

随着互联网的全面普及，人工智能发展的空间变得更加广阔，以网络为基础的人工智能日益成为电子商务的重要组成部分。

## 本 章 习 题

### 一、判断题

1. 服务创新是控制和提高服务质量的有效途径。　　　　　　　　　（　　）

2. 从创新发生的元素看，服务可以分为产品、流程、组织、市场、技术、供应能力等诸多元素。　　　　　　　　　（　　）

3. 主体服务创新通常包括新的服务特征和崭新的服务流程。　　　　（　　）

4. 大数据应用能够更加精确地把握客户的行为偏好，但是难以准确刻画客户的社会角色。　　　　　　　　　　　　　　　　　　　　　　　　　　　　　（　　）

5. 场景应用将是人工智能带给服务创新的催化剂。　　　　　　　　（　　）

## 二、单选题

1. 根据服务创新的类型，服务机构在原有的服务种类里开发新的服务品种，这属于（　　）。

　　A. 主要的流程创新　　　　　　　　B. 生产线延伸

　　C. 服务改进　　　　　　　　　　　D. 附加性服务创新

2. 移动互联网上的服务创新特点不包括（　　）。

　　A. 可识别性　　　B. 可预测性　　　C. 可定位性　　　D. 可移动性

3. 以下不属于大数据的特点的是（　　）。

　　A. 价值密度大　　　B. 数据体量大　　　C. 数据类型多　　　D. 处理速度快

4. 智能物流的核心元素不包括（　　）。

　　A. 智能单元化物流技术　　　　　　B. 自动物流设备

　　C. 智能服务机器人　　　　　　　　D. 智能物流信息系统

5. 客户生命周期划分不包括（　　）。

　　A. 客户获取　　　B. 客户成长　　　C. 客户成熟　　　D. 客户保持

## 三、问答题

1. 简述服务创新的定义

2. 有哪些服务创新的类型？

3. 为什么要进行服务创新？

4. 什么是附加性服务创新？

5. 分析数字技术对服务创新的影响。

6. 举例说明移动互联网在服务创新中的应用。

7. 举例说明大数据技术在服务创新实践中的应用。

8. 人工智能在服务创新中的应用体现在哪些方面？

## 四、分析案例

### 良品铺子微信服务

在没做微信服务之前，最让良品铺子头痛的是，有限的线下实体店完全无法容纳品种丰富的产品，很多情况下由于储藏位置有限，爆款产品常常断货。

微信服务很好地解决了这一问题。良品铺子先将线下忠实客户聚集在微信公众号，之后，只在实体店中展示零食样品，客户可以在实体店中体验产品。若客户决定购买，则由店员指导其在微店中下单，已购产品会从仓库直接邮寄至客户指定的地点。

　　紧接着，良品铺子开始运用微信服务优化物流链条，原本良品铺子得先向供货商拿货将其储存在库房，再从库房调货至每个门店，根据每家店的销售情况定时补货。但预售的方式将销售环节提到首位，良品铺子可依据销售的情况再向供货商按量拿货，且产品可从供应商那里直接到客户手中，此举为良品铺子大大节省了物流成本。

　　**思考题：** 良品铺子怎样开展微信服务？

## 五、应用训练

　　举出实例说明金融服务行业的创新策略，并分析这些服务创新对消费者的价值。

# 参 考 文 献

[1] 克里斯托弗·洛夫洛克,约翰·沃茨. 服务营销[M]. 6版. 赵伟韬, 谢晓燕译. 北京:中国人民大学出版社,2010.

[2] 泽斯曼尔,比特纳,格莱姆勒. 服务营销[M]. 4版. 张金成,白长虹等译. 北京:机械工业出版社,2008.

[3] 佩恩. 服务营销精要[M]. 郑薇,译. 北京:中信出版社,2003.

[4] 菲利普·科特勒,加里·阿姆斯特朗. 市场营销原理[M]. 郭国庆,等,译. 北京:清华大学出版社,2007.

[5] 汤姆·科普兰,多戈夫. 基于预期的绩效管理[M]. 干胜道,译. 沈阳:东北财经大学出版社,2005.

[6] 亚瑟·W. 小舍曼,乔治·W. 勃兰德,斯科特·A. 斯耐尔. 人力资源管理[M]. 张文贤,译. 大连:东北财经大学出版社, 2000.

[7] 格罗鲁斯. 服务营销与管理[M]. 苏朝晖,译. 北京:人民邮电出版社,2019.

[8] 格罗鲁斯. 服务管理与营销——基于顾客关系的管理策略[M]. 韩经纶,等译. 北京:电子工业出版社,2002.

[9] 佩里切里. 服务营销学[M]. 北京:对外经济贸易大学出版社,2010.

[10] 陈祝平,郭强,王文怡. 服务营销管理[M]. 4版. 北京:电子工业出版社,2017.

[11] 王永贵. 服务营销[M]. 北京:清华大学出版社,2019.

[12] 郭国庆. 服务营销学[M]. 2版. 北京:机械工业出版社,2017.

[13] 李克芳,聂元昆. 服务营销学[M]. 北京:机械工业出版社,2016.

[14] 韦福祥. 服务营销学[M]. 北京:对外经济贸易大学出版社,2009.

[15] 岳俊芳. 服务市场营销[M]. 北京:中国人民大学出版社,2014.

[16] 叶万春. 服务营销管理[M]. 北京:中国人民大学出版社,2004.

[17] 苏朝晖. 服务营销与管理[M]. 北京:人民邮电出版社,2019.

[18] 吴晓云. 服务营销管理[M]. 天津:天津大学出版社,2006.

[19] 周明. 服务营销[M]. 北京:北京大学出版社,2009.

[20] 许晖. 服务营销[M]. 北京:中国人民大学出版社,2021.

[21] 郭国庆. 市场营销学通论[M]. 4版. 北京:中国人民大学出版社,2011.

[22] 郑锐洪. 服务营销:理论、方法与案例[M]. 北京:机械工业出版社,2014.

[23] 唐嘉庚. 服务营销学[M]. 北京:高等教育出版社,2012.

[24] 杜兰英,芦琼莹. 服务营销[M]. 武汉:华中科技大学出版社,2011.

[25] 安贺新. 服务营销管理[M]. 北京:化学工业出版社,2011.

[26] 付亚和,许玉林. 绩效管理[M]. 上海:复旦大学出版社,2004.

[27] 韩冀东. 服务营销[M]. 北京:中国人民大学出版社,2011.

[28] 寿志钢. 内部营销理论的拓展研究[D]. 武汉:武汉大学,2005.

[29] 包德勘. YD 证券营业部营销组织建设研究[D]. 西安:西北大学,2010.

[30] 张金娟. 基于顾客价值的服务流程评价指标体系构建[J]. 价值工程,2013(07):124-126.

[31] 韩国栋. 星巴克的内部营销[J]. 企业改革与管理,2013(12):42-44.

[32] 杨锴. 服务质量的影响因素研究[J]. 现代管理科学,2010,(11):113-115.

[33] 崔明,郑刚. 当代企业家战略营销能力刍议[J]. 科技管理研究,2007(05):213-214.

[34] 张伟东,鲁泽霖. 数字经济时代服务业发展新态势[J]. 现代营销(经营版),2018(7):34-35.